《中国榜样：永远的雷锋》大型丛书

雷锋在湖南

冯　健

著

中国财政经济出版社

图书在版编目（CIP）数据

雷锋在湖南/冯健著.—北京：中国财政经济出版社，2013.1

（《中国榜样：永远的雷锋》大型丛书）

ISBN 978-7-5095-4268-2

Ⅰ.①雷…　Ⅱ.①冯…　Ⅲ.①雷锋（1940～1962）—生平事迹　Ⅳ.①K825.2

中国版本图书馆 CIP 数据核字（2013）第 023906 号

责任编辑：卢关平　　责任印制：张　健

封面设计：逸品文化　　版式设计：逸品文化

中国财政经济出版社 出版

URL：http：//www.cfeph.cn

E-mail：cfeph@cfeph.cn

社址：北京市海淀区阜成路甲 28 号　邮政编码：100142

营销中心电话：88190406　北京财经书店电话：64033436　84041336

北京中兴印刷有限公司印刷　各地新华书店经销

710×1000 毫米　16 开　24.25 印张　336 千字

2013 年 3 月第 1 版　2013 年 3 月北京第 1 次印刷

印数：1—5000　定价：36.80 元

ISBN 978-7-5095-4268-2/K·0015

（图书出现印装问题，本社负责调换）

本社质量投诉电话：010-88190744

《中国榜样：永远的雷锋》
大型丛书编委会

总 序

一个人无法选择自己所处的时代，但可以选择自己的人生道路。人所从事的职业可能要双向选择，而人生的态度完全由自己决定。雷锋，一个年轻的士兵，影响了几代人的成长，成为全国人民学习的榜样。50年来，学雷锋活动经久不息，这足以证明雷锋精神具有多么强大的渗透力和感染力。现在，几乎整个民族都在呼唤雷锋。面对社会上不尽如人意的现象，就是不情愿学习的人，也希望别人都学习雷锋了。更有人说，雷锋精神具有普世价值，是中华民族精神的集中代表，雷锋可做中国人的形象代言人。

在经过50年的学雷锋活动后，问起有关雷锋的事迹、雷锋精神的实质，仍有许多人不甚了了。这就促使雷锋的战友们、雷锋的传人们、长期坚持研究雷锋的学者们感叹不已。感叹之余，有了一个共识——组织起来，为全国的学雷锋活动做一点事情：一是还原雷锋，把一个真实可信的雷锋的光辉形象奉献给人们，使更多的人知道一个简单的道理：雷锋的一生是平凡的，谁都可以学习雷锋；雷锋精神是伟大的，谁都需要努力，才能把雷锋精神学到手。二是集50年研究成果，把理论层面上对雷锋新的认知告诉人们，使人们从中悟出道理，鼓励人们都来做社会进步的“正能量”。三是针对不同人群，编委会成员多次讨论，力求选准书名和写作内容，就这样，汇集50年的思索和探讨的成果，经过近一年的归纳和整理，就有了这样一套学雷锋的系列读物献给广大读者。这既是献给毛泽东等老一辈革命家为雷锋题词50周年的一份厚礼，更是为贯彻落实党的十八大精神，推动学雷锋活动常态化作出的一份贡献。

这套丛书有以下特点：一是具有权威性。雷锋身边的战友、培养雷锋的领导干部、看着雷锋成长的亲朋好友直接参与写雷锋，是用第一手材料叙述雷锋，其中还纠正了社会上对雷锋不恰当的传闻，还原了雷锋的真实性，维护了雷锋精神的纯洁性。二是具有完整性。有人说，这是一套既用多种形式全面地介绍雷锋事迹、系统地多专题研究雷锋精神的书籍，又是注重研究雷锋精神的时代价值，对当前学雷锋活动常态化提出了建设性意见的读物。三是具有针对性。该大型丛书分别对领导干部、企业家和职工、大学生、部队士兵等不同职业的人群如何结合本职工作学雷锋提出了参考意见，其中不乏独到之处。这些意见和看法在作者所作的多场报告中已与听众形成共识。这是一套值得收藏和系统研读的作品。对不同的读者来说，也是一套可各取所需的读物。

特别应该提到的是，2013年1月12日，中国社会福利基金会学雷锋基金管委会、辽宁省雷锋研究会、中国财政经济出版社在2013北京图书订货会上为本套丛书联合举行的推介会上，雷锋亲密战友乔安山，全国“五一”劳动奖章获得者、全国劳模李素丽，“京城活雷锋”孙茂芳，“雷锋班”现任（第二十五任）班长毕万昌等应邀亲临会场，发表了热情洋溢的讲话。“当代雷锋”郭明义虽未到会，但通过现场连线对出版本套丛书给予了很高的评价。学雷锋基金管委会名誉主任、雷锋生前战友、海军原副政委冷宽中将，学雷锋基金管委会名誉副主任、总参原兵种部政委田永清少将，分别就自己对“雷锋精神”的认识以及对本套丛书的期待作了精彩的发言。媒体及有关领导赞赏出版单位的社会责任感，高度评价图书出版活动传递的“正能量”。

学习雷锋，在于学实质——全心全意为人民服务；学习雷锋，在于行动——一言一行都为别人更幸福；学习雷锋，在于持久——一生一世讲奉献；学习雷锋，要有表率——领导干部应走在前列。

愿这套丛书助大家在追求成功的路上走得更远、更坚实。

衷心感谢在组织编写本套丛书及其开展的相关活动过程中给予我们大力支持和帮助的所有同志。

《中国榜样：永远的雷锋》编委会

2013年2月

目　录

第二篇
新少年的先锋

第三篇
在县里工作这两年

开篇的话

历史把那些专为公共谋福利因而自己变得高尚的人称为伟大的人物；经验赞美那些为大多数人带来幸福的人是最幸福的人；宗教本身也教诲我们，人人尊敬的典范，就曾为人类而牺牲自己——有谁敢否定这类教诲呢？

——卡尔·马克思语

一

这是人所共知的历史与事实：

雷锋短暂的22年人生岁月有18年是在他的家乡——湖南省望城县度过的。

生于斯，长于斯，人生之旅起步于斯。

1940年12月18日在望城（当时属长沙县）简家塘的一座破旧贫苦农家茅屋里出生的雷正兴——乳名庚伢子。雷正兴18岁时改名雷锋——就在他脚下的这片热土上度过了18个春夏秋冬，传奇般地由一个受尽苦难的贫苦孤儿，成长为志存高远、一心为公、积极肯干的人民勤务员，奏响了其光辉人生乐章的序曲。

望城是雷锋出生地，也是雷锋成长地。

望城在养育雷锋的同时，也培育了伟大的雷锋精神。望城是雷锋精神的发祥地，是雷锋精神产生、形成最终走向全国、走向世界的起点。

雷锋是望城走出的平民英雄，是望城的骄傲。望城人民对雷锋怀有深厚感情与人格认同；雷锋在望城人民心中，望城人民与雷锋精神同行。

二

综览雷锋人生18岁前留在望城的历史印痕与奋斗足迹，大致可区分为三个互有所别的阶段：

其一，血泪童年。自雷正兴出生，至1949年8月年近9岁时湖南和平解放。他在旧社会的凄风苦雨和血泪之中煎熬与挣扎了近9年。

其二，学生时代。1950年秋季雷正兴年近10岁开始“发蒙”上小学，前后持续6年，直至1956年7月高小毕业。

其三，在望城县工作时期。1956年11月17日年近16岁的雷正兴正式走上为人民服务的工作岗位。先后在望城县委机关、治沩工程总指挥部、国营团山湖农场等单位担负不同的工作任务，合计为期两年。

在上述各个时期，就人们对其称呼而言，则有由“庚伢子”而“雷正兴”而“雷锋”之别。在其童年时代，人们按习俗呼其乳名“庚伢子”。进入新社会，在学校，在工作单位，人们都称呼其为“雷正兴”或“小雷”。1958年11月初，雷正兴应招报名去鞍钢当工人，正式改名为“雷锋”。但当时只有极少数人知道，且亦极少有人公开直呼此名。所以，在望城，大凡年已六七十岁的人，都习以为常地直呼“庚伢子”或“雷正兴”其名，总别有一番情感在心头，倍感真切、亲近，且亦更能激活对其相关人和事的记忆。

三

望城是雷锋历史人文资源荟萃之地。没有哪个地方有望城那样多与雷锋生前有关的场所，以及与雷锋有关的人和事。且各皆可见、可闻、可传而播之。望城的雷锋历史人文资源可概分下述五个方面：

其一，雷锋生前活动场所。如雷锋故居、母校，雷锋工作过的望城县委机关、沩水大堤、团山湖农场等旧址或遗址，雷锋父母坟墓等。

其二，雷锋遗物、遗文、手迹、照片、证书，以及相关档案资料等。

其三，口述史料。亦即望城与雷锋生前相识相知的各相关人士亲历、亲见、亲闻的有关雷锋的史实口述回忆。包括由亲历者笔述成文的“自述”、以第一人称主述由访问者协助整理成文的“口述自传”、以问答对话方式成文的“人物访谈录”、以重大事件为主题而作的群体性“专题访谈录”等。

其四，雷锋亲族与亲眷。如雷锋世系族人中在血统上同出一源的姑妈、叔祖父、堂叔、堂姑、堂兄弟姐妹及其配偶，外家亲眷等，人数众多，他们均亲见或亲闻雷锋家世及其生平等历史。

其五，纪念性建筑与标志。如望城雷锋纪念馆，以雷锋名字命名的乡镇、道路、学校、图书馆、影视文体活动中心、店、所、队、组，等等。

所有这些历史人文资源如同一部生命的史册，集中展示了雷锋在望城的成长历程和雷锋精神产生、形成过程，对于见证雷锋光辉人生、认知与宣传雷锋事迹、研究与弘扬雷锋精神均具有不可替代的重要价值与特殊作用。

且以口述史料为例：

口述史是各相关人士亲口或亲笔叙述的亲历记忆类史料。在望城与雷锋生前相识相知的人士不仅有其亲族、亲眷、邻里，还有其读小学时的老师、同学，在望城县工作时的领导、同事以及其他友人，等等。其数成百上千。他们或曾解衣推食哺育庚伢子、为之提供监护、耳闻目睹庚伢子童年的苦难，或曾与雷正兴共度学生时代，或曾亲见亲闻雷正兴在望城县两年的工作实况；他们或曾以各种方式帮助雷正兴排忧解难，且或曾获得雷正兴的热情帮助；他们是雷正兴在望城成长的见证者乃至雷正兴为之奋斗的事业的参与者。因而，由他们口述回忆当年亲历、亲见、亲闻的与庚伢子—雷正兴—雷锋有关的史实，提供各种鲜为人知的、鲜活逼真的史料，借以补充文献记载的不足，增加其佐证，纠正其讹误，还原历史的本来面目，无疑对我们认知与研究雷锋具有不可替代的特殊价值。

这些年来，雷锋生前的老师、同学、领导、同事、旁系亲属、亲眷、邻里、友人等许多人采用“自述”、“口述自传”、“人物访谈录”、“专题访谈录”等形式，提供了大量与雷锋有关的口述史料，弥足珍贵。这些口述史料，部分已结集成书出版或存归档案，但仍有部分散见民间或尚未成文。记忆存在人们的头脑中，而人的生命是有限的。在望城曾经与雷锋生前相识相知的人，部分已先后辞世，健在的人亦均为耄耋老者。但在这些健在的老人们的头脑中依然保留着对大量史实的印记。因而抓紧时间，进一步搜寻与雷锋有关的口述史料，不留历史遗憾，实属当务之急。否则，一些珍贵的史料可能随着一些重要当事人的老去而永远消失，“千古是非无处问”，憾莫大焉。

还有，写真人真事最忌讳失实，也往往最容易失实。而就口述史料而言，因相关个人都难免受到学识、经验、阅历、修养、环境等条件局限，或年老体弱与记忆力变化等的影响，甚或因当年时代忌讳、人际隐私关系和个人心路历程等等导致在文字表述上难以言道，这也就难免影响到对某些史实忆述的客观性甚至造成某些传闻失实。尽管，一方面，我们绝不能因此而不加分析地否定相关口述史料的重要价值；但另一方面，我们亦应因此而倍加注意以科学的态度进行辩证分析，或重访当事人澄清、或据实考证，去伪存真，校正取舍，绝不能给后人留下怀疑的口实。

过去几十年来，我们利用望城雷锋历史人文资源宣传雷锋的成长历程和雷锋精神的形成过程，做了大量卓有成效的工作，获得了广泛赞誉和认同，产生了深远影响，这是毫无疑义的。在新的历史时期，我们要按照党的十七届六中全会决定提出的要求，站在新的历史高度，以历史的责任感和时代的使命感，采取有效措施和实际步骤，切实保护好、发掘好、利用好望城雷锋历史人文资源，充分发挥其在学雷锋活动中的独特作用。以便让人们更加广泛了解雷锋的成长经历和感人事迹，从中感受雷锋的高尚品德、崇高境界和人格魅力。

四

雷锋生前亲密战友、半个世纪以来坚持不懈地采写雷锋、宣传雷锋的著名军旅作家陈广生在《我们的朋友雷锋》一书中这样写道：“雷锋在中共望城县委这段工作生活，对他的成长，对他确立自己的人生追求，使其成为一名青年共产主义者，是非常重要的。”此说极有见地，是对雷正兴在望城的成长历程的真实写照和精辟概括。

“雨露滋润禾苗壮”。雷正兴在望城这种令人欣喜与赞叹的进步与成长，是党的教育、以时任望城县委书记张兴玉为代表的各级干部和广大人民群众热心培养和帮助的结果，春风夏雨，恩同再造；同时，与解放以来，雷正兴赤子情怀、不畏艰苦、自立、自强、求索不止的主观努力，亦有不可分割的因果联系。正是这两个方面的有机结合，铸就了雷正兴在望城青春之旅的飞跃与传奇。

请看例证：雷正兴出生在日寇侵华，国家和民族灾难深重的旧社会，家贫如洗，求告无门，且又连遭厄运，不到七岁即成为孤儿，寄人篱下，甚至沦为乞丐，在社会最底层备受苦难、欺凌与屈辱，心灵创伤之巨可想而知。在社会上，大凡有这类不幸的儿童在成长过程中，有的会惯常表现出某种自卑、偏执、多疑、自私、短视之类弊病。而值得庆幸的是，雷正兴则“出污泥而不染”。解放后，他沐浴着新社会的阳光雨露，医治好旧社会造成的心灵上的创伤，身心健康，茁壮成长。他积极、上进、好学、肯干、乐观、知恩图报、克己让人、团结友爱，胸怀远大目标，一步一个脚印地前进。雷正兴六年的学生时代，无论读初小还是读高小，“学习他最好，活动他最行”，是老师和同学公认的品学兼优的典范。年近16岁高小毕业，“早熟”而又懂事的雷正兴在毕业典礼上慷慨陈词，讲述了自己高小毕业后未来人生追求的目标与理想：一是当新式农民，驾起拖拉机耕耘祖国大地，建设社会主义新农村；二是做个好工人，为我国的社会主义工业化建设出把力；三是参军做个好战士，用自己的鲜血和生命去保卫我们伟大的祖国。这三大选择的理想升华就是“做人类的英雄”。四个多月后，雷正兴被望城县机关录用为公务员，从此，他怀着自己人生选择的三大目标与“做人类的英雄”的理想，正式走上了为人民服务的岗位。他言而有信，说到做到。“自制、热忱、坚持，具有自我驱动力和自我鞭策能力”，著名心理学家萨洛维对成功者意志品格的描述，在雷锋身上都有鲜明表现。正因为这样，在雷锋参加工作以后的六年峥嵘岁月，他义无反顾，“言必信，行必果”，以“只争朝夕”的精神，用一个个实际步骤和自觉的行动，逐一实现了当年他在高小毕业典礼上发言所宣示的目标与理想。

五

写到这里，浮想联翩，情不自禁，我又一次联想起青年卡尔·马克思的中学毕业作文：《青年在选择职业时的考虑》。本书题记抄录的话即出自其中。该文写于1835年8月，卡尔·马克思时年17岁。他在该文结束语中写了这样一段感人至深的话：

> “如果我们选择了最能为人类而工作的职业，那么，重担就不能把我们压倒，因为这是为大家作出的牺牲；那时我们所享受的就不是可怜的、有限的、自私的乐趣，我们的幸福将属于千百万人，我们的事业将悄然无声地存在下去，但是它会永远发挥作用，而面对我们的骨灰，高尚的人们将洒下热泪。”

雷正兴生前在望城是否读过卡尔·马克思写的这篇文章，我尚无这方面的史料予以肯定或否定。然则，触类旁通，我们不妨可作这样的推测与辨析：众所周知，在当时那个火红的年代、激情燃烧的岁月，党、团组织和教育文化部门在对青少年的励志教育中，卡尔·马克思写的这篇文章及其思想精神，是最常见最普遍采用的重要教材。千百万有志青年就是在卡尔·马克思这一光辉思想指引下，认真考虑自己人生的职业选择。敏而好学、激情飞扬的雷正兴自然不会例外。对此，细读雷正兴当年写的一篇文章，据以窥测其思想境界和认识高度，不难找到佐证与答案。请看，雷正兴这样写道：

> “如果你是一滴水，你是否滋润了一寸土地？如果你是一线阳光，你是否照亮了一分黑暗？如果你是一颗粮食，你是否哺育了有用的生命？如果你是一颗最小的螺丝钉，你是否永远坚守着（在）你生活的岗位上？如果你要告诉我们什么思想，是否在日夜宣扬那最美丽的理想？你既然活着，你又是否为未来的人类的生活付出你的劳动，使世界一天天变得更美丽？我想问你，为未来带来了什么？在生活的仓库里，我们不应该只是个无穷尽的支付者。”

据所遗留的手稿影印件辨认，此文系雷正兴1958年6月7日写于团山湖农场，标题为《你带来了什么?》。据1958年11月12日晚在离湘北去的列车上雷锋本人向同伴披露：原本是《望城报》社约他为“青年论坛”栏目写一篇文章，但他想了好些天也没有写出来，只写了这么一段话，又觉得没头没尾不像一篇文章，故没有给报社寄去，而将其随意夹在《不朽的战士——湖南革命烈士传略》的书页里。令人喜出望外的是这倒使此一珍贵文稿，因而得以随之保存下来，后被选编入《雷锋日记》而成为其开篇之作。

在这则而今已被人们视为经典的177字的短文里，当时差六个多月方可满18岁的作者雷正兴，用散文诗一样的语言，从七个方面作系列式的问与答。叩问人生，叩问未来，叩问生活，叩问你、我、他。显然，年青的雷正兴此时正激情满怀地探索着“人为什么而活着”这个古老而重大命题的真谛，且亦找到了人生价值最佳坐标点，并用朴素的语言作了生动而形象的表述。文中蕴涵的哲理既勉励作者自己，也启迪他人。这也就深切地表明：雷正兴在望城县工作期间，就已经自觉而明确地把“为人类而工作”作为自己的人生追求，决定为未来的人类的生活付出自己的劳动，“使世界一天天变得更美丽”。

六

另外，我觉得还应特别提及的是望城的历史与人文对雷正兴的成长有着很大积极影响与作用。

望城物华天宝，人杰地灵。作为建制县望城始于1951年5月，虽算新县，但其地古来即被泛称“长沙河西”。紧靠省会古城长沙的区位优势、兼有“母亲河”湘江在境内南北纵贯直通洞庭湖的地缘特征，致使这里具有独特的历史人文资源与湖湘文化的丰厚底蕴。更令人引以为骄傲与自豪的是，望城是有着光荣革命传统的一方热土，是革命老区。早在中国共产党建党初期，毛泽东就在“陶都”铜官（今属望城）亲自播下了革命火种，以铜官人郭亮为杰出代表的无数志士仁人从此走上革命道路。从大革命时期到土地革命战争时期、抗日战争时期和解放战争时期，望城境内的中共地下党组织唤起工农大众，前赴后继，进行了可歌可泣的斗争。无数革命先烈抛头颅洒热血，献出了宝贵生命。革命先烈们留下的珍贵精神遗产，薪火相传，成为永远激励人民奋勇前进的强大精神力量。

历史是生活的教科书。望城特有的历史与人文润物无声，对雷正兴的思想认识和人生追求必然有着潜移默化的作用。且举一例：雷正兴在望城时极其崇敬郭亮烈士。他对郭亮烈士的生平和革命事迹耳熟能详。辑录有郭亮烈士生平事迹的《不朽的战士——湖南革命烈士传略》一书他爱不释手，百读不厌，并将这本书随身从望城带到鞍钢，参军后又将这本书随身带到部队。足可表明郭亮烈士的革命精神始终激励雷锋在为人民服务的道路上不断成长和前进。

七

若以雷锋1958年11月初离湘北去作为时间点划分，雷锋整个成长历程拟可分一南一北两个既有明显区别而又有密切关联的时期。其

“南方时期”为18年，在湖南望城；“北方时期”为4年，其中在鞍钢当工人为期一年零两个月，在中国人民解放军部队的军旅生涯两年零八个月。南北两个时期一脉相承、相映成趣。

不言而喻，这两个时期对雷锋整个人生成长的影响与作用，既有共同之点而又各有不同之处，即既有联系又有区别，因而既不能笼而统之一概而论，也不能截然分割开来。

陈广生2003年与朱亚南合著《雷锋评传》一书中以“淬火成钢的合格工人”为题评述雷锋在鞍钢的事迹。他在“本章题记”中这样写道：“把形似零散的大事小情联系起来解读，最深的感受或可归结为‘淬火’二字。大抵可以这样讲：雷锋经由社会实践、党的教育和个人努力而逐步形成的好思想、好品格，在鞍钢得以强化、优化。恰如好铁出炉，遂行淬火，乃成上品精钢。”

诚哉斯言！还有，同样的缘由，雷锋经由社会实践、党的教育和个人努力而逐步形成的好思想、好品格在伟大的中国人民解放军部队中更进一步得以“强化”和“优化”。这也就清楚地表明，雷锋在北方时期，鞍钢把他冶炼成“上品精钢”，再加部队的淬砺，“上品精钢”终成具有特殊性能的“利剑”，最终用年轻的生命铸就了光荣的永恒。所以，概而言之，雷锋在北方时期，鞍钢的陶冶、特别是部队的锻炼与培养，是雷锋之所以能成就其辉煌人生的关键；换句话说，是鞍钢、特别是部队的淬砺与提携，将雷锋推向其人生辉煌之巅！在这方面，无论给予怎样高的评价都不会言过。

从这样的认知出发，回眸雷锋的南方时期。在望城的18年之中，从其在旧社会血泪做伴的苦难童年到解放后艰苦求学的阳光少年以及到县里参加工作成为优秀的人民勤务员的经历，我们不仅能据以了解雷锋个人履历及其特点，更重要的是从其所显示的思想感情和个人品格，我们不难发现这样一个明显的事实：即自解放以后读小学特别是到望城县委工作时，雷正兴逐渐具有的朴素、自觉的政治信念与优秀品格是他成为一个平凡而伟大战士的基础。因此，就其前因后果而论，认知雷锋南方时期在望城这段经历对认知其整个人生来说是相当重要的，进而亦可说，是把握人物成长的内在逻辑的需要。

“历史是需要回过头才能读懂的故事”。

回首解读雷锋距今半个世纪前人生的曾经往事，我们即不难理解，雷锋之所以能成为雷锋——即由当年挥手北上的一个普通的小个儿湖南伢子雷锋，终得以成长为被历史公认的一位伟大人物——是雷锋在南方时期在望城业已初步具备的正确的世界观、人生观、价值观和人生追求，进而在北方时期得到强化、优化、升华的必然结果。

雷锋是传奇、是现象、是人文之谜。

势所利事，必有其然。雷锋的成长，其南北两个时期，互为联系，缺一不可。所以，如同深刻认知北方时期对雷锋成长的巨大影响与作用的重要性与必要性一样，明确认知雷锋在望城18年的生活、学习、工作、实践与其离湘北去的4年的奋斗业绩的内在联系，明确认知雷锋在望城的18年在雷锋成长历程和雷锋精神形成过程中的不可或缺的重要作用，必有益于科学解读“雷锋之谜”，把学习、宣传和研究雷锋的活动提到新的发展高度。

八

作为望城人，令我感到极为幸运的是，我不仅与雷锋同乡，而且在雷锋人生最后的六七年——也就是雷锋16岁那年到望城县委机关当公务员直到他离湘北上在部队牺牲前这段时间，我与雷锋有将近6年的友好交往。因我比雷锋年长3岁，故他一直叫我“冯健姐姐”或“健姐”。自然，我也非常喜欢这位不是亲弟却胜似亲弟的“小雷”。岁月抹不掉心中的记忆。半个多世纪以来，雷锋生前胸怀崇高理想和坚定信念、崇尚真善美、积极向上、虚心好学、无私奉献、乐于助人、热情乐观、富有爱心的优秀品德，在我心中留下的印象是无法磨灭也是永远不会磨灭的。而所有这些，既不断升华成为激励我前进的精神动力；且愈益强烈地让我意识到，理当为宣传我在望城所见所闻的雷锋做些力所能及的工作——这，是使命，亦是职责。

雷锋离开我们以后，几十年间，省内以及全国各地的报纸、广播、电视等新闻媒体记者，还有作家、诗人、影视编导等，不时来访，我应其所求，一一为之介绍我所见到的雷锋的情况。我也多次应邀到一些单位和武警部队作相关介绍。我还撰写发表多篇相关文章，但多为应景之作，内容比较零散、粗浅、挂一漏万，不全面，亦不系统。每念及此，倍以为愧疚。值此纪念毛泽东主席等老一辈革命家亲笔题词“向雷锋同志学习”发表50周年、雷锋同志因公牺牲50周年纪念到来之际，我不揣冒昧，拟执笔将雷锋在望城的18年人生轨迹编撰成书，且亦权充我与雷锋生前身后半个多世纪的“姐弟情怀”的一次倾诉。

本书秉持论事叙史的基本写作方法，以人带史，以事系史，集中而系统地重点追叙雷正兴正式改名“雷锋”离湘北去前在望城的18年，即其童年时代、小学时代、在望城县委机关、治沩工程总指挥部、国营团山湖农场等处工作时期的历史概况，兼及其他。借以展示雷锋在望城的成长历程以及雷锋精神在望城的产生与形成历程，历史地再现有血有肉、生动而平凡的雷锋形象。

语云：“史无长短，有信乃存”。本书内容力求信而有征，立足客观真实，突出“亲历”、“亲见”、“亲闻”特色，史料性、学术性、可读性、纪念性兼备。所选材料以口述史料为主，由来有三：一系我亲历亲见所忆；二系这些年来，我在与雷锋生前在望城有交往的各级领导、同事、老师、同学、旁系亲属、亲眷、友人以及普通老百姓等的访谈中所得；三系见诸相关书刊、回忆文章与文献记载。选用时，坚持实事求是原则，以科学态度加以甄别、筛选、梳理，并用各种史料相互参证。去伪存真，取其精华。对受访者口述出现的某些相互矛盾的问题或疑义，如不能在访谈过程中得以澄清和解决，则由笔者在选编时视需要酌情加以注释和说明。对某些重要史实存在不同的说法，则诸说并录，不强求统一，且酌情予以必要的说明和考证。此外，对前段时间社会上流传的对雷锋生平事迹等的宣传产生的某些疑问、歧义、讹传和误解，亦拟以我所见所闻的事实为依据，予以必要的诠释、辩白和澄清，以资参考。

在本书相关各篇记述中，遵循《望城县志·雷锋》卷体例，一如其旧，原汁原味地沿用时人所习用的称呼——或“庚伢子”、或“雷正兴”、或“小雷”——而在事关其整个一生、或离湘北去的4年以及其身后等的记述与评说中，其名则称“雷锋”，以保持历史的真实。

九

“历史把那些专为公共谋福利因而自己变得高尚的人称为伟大的人物”（卡尔·马克思）。

事实正是这样——当年在望城成长起来的那位“青年共产主义者”、平民英雄雷锋就是被历史认定的这样一位平凡而伟大的人物。

令人无比痛惜的是，在那个悲痛的日子——1962年8月15日——雷锋在部队执行运输任务时遭遇一起无法意料的不幸事故，头部负重伤，抢救无效，壮志未酬，撒手人寰，时年不过22岁！

“有的人死了，他还活着”（臧克家诗）。

雷锋虽死犹荣，音容宛在，风范长存。

英雄事，从头说。

让我们依然一往情深地激活曾经亲历、亲见、亲闻的每个有关雷正兴的记忆，重觅雷正兴当年留在望城的足迹，铭刻历史，留下真情，在雷锋生命传奇的起点，浓墨重彩地追叙那些永难忘却的故事……

第一篇

血泪童年

我出身于贫苦家庭，在旧社会过着缺衣少吃的苦日子，那种受奴役、被欺凌的仇恨，我永远铭记在心。

——录自《雷锋日记》

·本篇提要·

毛泽东主席指出："由于帝国主义和封建主义的双重压迫，特别是日本帝国主义的大举进攻，中国的广大人民，尤其是农民，日益贫困化以至大批地破产，他们过着饥寒交迫和毫无政治权利的生活。"

雷正兴血泪斑斑的家史，就是毛泽东主席当年所揭示的旧中国千百万受压迫人民苦难遭遇的一个缩影。这也是雷正兴血泪童年的根源之所在。同时，也正因为这样，雷正兴家乡望城（当时属长沙县）虽自然环境物华天宝，风光秀丽，但社会现实则是日寇犯境，兵荒马乱，豺狼当道，满目疮痍，民不聊生。雷正兴在日寇大举侵华、国家和民族灾难深重的旧社会出生。他人生出世第一眼所见的就是祖父、父亲久卧病床，家贫如洗，求告无门。不到5年时间，亲眼目睹他的爷爷、父亲、哥哥、弟弟、母亲先后惨死。

造成雷正兴父亲英年早逝的元凶是谁？——是野兽般凶残的日本法西斯匪徒！

造成雷正兴母亲含恨自缢的元凶是谁？——是人面兽心的地主唐四滚子父子！

好端端的六口之家仅留下一根独苗——雷正兴，当时，他还未满7岁，成为孤儿，茕茕孑立，孤身一人，无衣无食。其世系族人和亲眷虽众，但均家境贫穷，自顾不暇。虽幸有六叔祖父、六叔祖母家好心收养，其他亲友也节衣缩食相助，但无不捉襟见肘，实难为继。懂事的雷正兴不忍心过于依赖和连累大家，背地里外出乞讨为生，忍饥挨冻，苦苦挣扎，在社会最底层，饱尝疾苦、磨难、欺凌、惊骇与屈辱。幸而喜逢1949年8月湖南和平解放，雷正兴在他的邻里、亲如慈父般的地下党员彭德茂大叔的带领下，投身迎接解放的革命潮流，从此获得了解放和新生！

雷正兴在旧社会受尽煎熬的近9年时间里，他备受的悲惨遭遇，是今天同龄的孩子们做噩梦也不会见到的境况。

历史不能忘记。

历史告诉未来。

从这个意义上说，而今重提雷正兴血泪做伴的童年时代的曾经往事，不无裨益。

第一章

湖南·望城：雷锋家乡

望城建置沿革：古老而又年轻的新县

①

雷锋的家乡说大是湖南省，说小是望城县。

就让我们从望城县的建置沿革说起。

先请看2007年1月出版的《湖南省地图册》刊印的“望城县图”，望城县位居湖南省中部偏北，湘江下游。东临长沙市郊区和长沙县，西抵宁乡县和益阳市赫山区，南接湘潭县，北濒湘阴县。地处湘中丘陵向洞庭湖平原的过渡地带，地势由南向北倾斜。北部湘江沿岸为冲积平原，东北部群山绵亘，西南一带多丘陵岗地。湘江自南向北纵贯境内38公里，直下洞庭湖，其支流沩水、靳江河、八曲河、沙河等呈叶状向东西两侧展开。属中亚热带季风湿润气候。自然条件优越，风光秀丽。

望城县境域自古即被泛称“长沙河西”，而成为建制县则始于中华人民共和国成立之初，与长沙县有“两合两分”的历史渊源，是一个古老而又充满活力的年轻的新县。

考诸史籍，秦置长沙郡，其附廓之县名“湘”，称湘县，即长沙县前身。自此始，望城境域即属长沙县地。汉代易名临湘县。隋废郡，改名长沙县。唐属长沙、湘潭县地。宋改属长沙、善化县地，历宋、元、明、清四朝。民国元年并善化入长沙县，望城境域仍属长沙县地。

新中国成立，开创了望城崛起新局面。1951 年 5 月 26 日，经政务院和湖南省人民政府批准，将长沙县湘江以西的全部及湘江以东西北角一部——即从其 15 个区中划出第 10、11、12、13、14 等 5 个区和第 9 区的桥驿、鹅隐、治安 3 个乡共 70 个乡镇新置望城县，县治设在岳麓山北的集镇望城坡，故名“望城县”，1952 年 3 月由此迁往县境之北湘江之滨的高塘岭迄今。1959 年 3 月，望城县撤销，与长沙县重新合并。1977 年 12 月恢复望城县建制，辖地仍按 1959 年 3 月合并前的望城县行政区划，面积 1435 平方公里，总人口约 70 万人，直属长沙市。2011 年 5 月，望城撤县设区，成为大城市长沙西北的新城区。在新世纪新时代的发展进程中，撤县建区后的望城迎来了里程碑式的新的发展机遇。滨水望城、首善之区。今日望城依托省会长沙中心城区的区位优势、农业大区的资源优势、四通八达的交通优势，积极探索具有望城特色的城乡统筹发展新路子，努力把望城打造成为长沙最亮丽的名片和湖南统筹城乡发展的示范区。

具有光荣革命传统的一方热土

②

望城物华天宝，人杰地灵，具有独特的历史人文资源与湖湘文化的丰厚底蕴。境内有长沙人类最早活动地团头湖新石器时代遗址，有反映湖南青铜文化特殊内涵的高沙脊商周遗址，有佛道交汇的黑麋古刹禅院，有初唐“四大家之一”的书圣欧阳询父子习字的书堂洗笔泉，有唐代诗圣杜甫的落寂诗篇，也有曾国藩率湘军讨伐太平军溃败靖港第一次投水自杀未遂的旧战场。而“母亲河”湘江在境内两岸滋润的一座座古镇——如发轫于唐的“陶都”铜官、“小南京靖港”、“麻石之乡”丁字湾、“千年渔都”乔口、“戏剧之乡”新康等等，则历来各具特色，商贾云集，迁客骚人流连忘返，然生流风余韵，因而不乏农耕文明向近、现代文明转变的经济与文化特征。

而更令人倍以为荣耀与骄傲的是，望城是有着光荣革命传统的一方热土、革命老区，拥有先烈们留下的珍贵精神遗产，薪火相传，成为永远激励人民前进的强大精神力量。

据《中共望城县党史大事记》一书记载，早在中国共产党成立初期，望城各地无数志士仁人就走上革命的道路，“唤起工农千百万”，顶着反革命的白色恐怖，在血雨腥风中前赴后继，英勇斗争。从大革命时期到土地革命战争时期、抗日战争时期和解放战争时期，中共望城地方组织始终组织领导工农大众坚持不懈、不屈不挠地进行可歌可泣的斗争，无数革命先烈献出了宝贵生命。在解放前二十余年革命斗争中，望城境内的铜官、麓山、霞凝、靖港、丁字湾、梅溪古塘湾、坪塘、坪山、伏龙、靳江、樟树港、白若铺、枫树铺、桥驿洪家冲等地，当年先后成为我地下党活动的据点，革命星火永不熄灭，为人民革命和抗日救国伟大事业作出了杰出贡献。

③

中共望城县委党史联络组、望城县史志档案局编印出版的《毛泽东与望城》一书序言用“毛泽东和望城有缘”、“毛泽东对望城有情”之语形象而深情地记述了毛泽东早期在望城的革命活动史迹以及毛泽东对望城革命烈士遗属如郭亮烈士遗孀李灿英及其儿子郭志成、柳直荀烈士的遗孀李淑一等的亲切关怀与浓厚情谊。1923 年 1 月，毛泽东亲自到望城境内的铜官考察工人运动，播下了革命火种。1927 年 1 月 4 日到 2 月 5 日，毛泽东亲自到包括望城（当时属长沙县）在内的五个县农村，实地考察农民革命斗争情况，并写了《湖南农民运动考察报告》，以丰富的第一手材料列举大量事实，热情赞扬农民运动“好得很”，驳斥了当时党内外一些人对农民革命斗争的责难，从而为农民运动指明了正确方向。在这篇报告中，毛泽东指出“土豪劣绅势盛时，杀农民真是杀人不眨眼”。他列举的实例之一即是：“长沙新康镇（按：今属望城县）团防局长何迈泉，办团十年，在他手里杀死的贫苦农民将近一千人，美其名曰‘杀匪’”。深刻揭露了土豪劣绅与反革命派的凶残面目。

④

望城革命先烈数以千计，风范长存，彪炳史册。在此，且以其杰出代表郭亮烈士为例：

郭亮（1901～1928）是今望城铜官文家坝人。早在长沙长郡中学读书时就结识了毛泽东，参加了毛泽东组织的新民学会、俄罗斯研究会，开始接受马克思主义。1921 年冬，经毛泽东、何叔衡介绍加入中国共产党。1922 年 5 月，中共湘区执行委员会成立，郭亮任委员，分管工人运动，成为毛泽东早期在湖南进行革命斗争最好的学生和战友。1922 年 9 月，郭亮按照毛泽东指示在岳州（今岳阳）成功发动了震撼全国的粤汉铁路工人大罢工。1923 年 1 月郭亮陪同毛泽东到铜官进行调查访问后即留了下来。他按照毛泽东的指示，在铜官创办工人夜校，建立陶业工会，发展党员，建立中共铜官陶业工人支部，这是望城也是长沙境内最早建立的工人党支部。1923 年 4 月，毛泽东离开长沙到上海中共中央工作，郭亮继任湖南全省工团联合会总干事，1926 年 8 月担任湖南省总工会第一任委员长。1927 年 4 月在中共五大当选为中央候补委员，5 月担任湖南省委书记，8 月 1 日参加南昌起义，12 月担任湖北省委书记。1928 年 1 月担任湘鄂赣边特委书记。同年 3 月 27 日，由于叛徒告密，郭亮在岳州被国民党反动派逮捕并被连夜押往长沙。28 日午夜被秘密杀害于长沙市司门口“湖南铲共法院”前坪。郭亮的头颅被装于木笼挂在司门口“示众”三天两晚，又被移至他的老家铜官东山寺戏台右边立柱上“示众”。牺牲时，年仅 27 岁。

“革命被头挂退的事是很少有的”——鲁迅得知郭亮英勇就义以后曾这样写道，愤怒地痛斥敌人的凶残，高度赞扬革命者的牺牲精神。长沙的工人冒着危险将郭亮遗体送到铜官，铜官的工人将郭亮的头颅和遗体缝合安葬在他的家乡。1957 年在此修建了郭亮烈士陵园。《不朽的战士——湖南革命烈士传略》一书辑录了《郭亮同志事略》。郭亮的英名和业绩在全国广泛传播。

⑤

郭亮牺牲后，党中央、毛泽东非常关心郭亮夫人李灿英及其年方三岁的儿子郭志成，在白色恐怖下，千方百计保证了他们母子的安全。1938 年，党中央决定把郭志成送到苏联读书。郭志成辗转来到延安时，毛泽东亲切接见了他。1950 年 2 月，毛泽东访问苏联，在莫斯科中国大使馆接见中国留学生时，毛泽东长时间握着郭志成的手，从上到下打量他，亲切地说："你长得与你父亲一样高。"并应其所求为郭志成亲笔题词"为人民服务"。郭亮牺牲后，其夫人李灿英坚贞不渝，继续跟着党坚持革命斗争。1949 年 11 月，李灿英和内兄李炳奎致信毛泽东询问郭志成情况。访苏归国后，毛泽东在日理万机的百忙中，1950 年 5 月 8 日亲自分别给李灿英和李炳奎复信，告知在莫斯科见到郭志成的情形和他不久即可毕业回国的信息。极为遗憾的是李灿英虽然打听到了儿子郭志成的现状、接读了郭志成的来信，却因积劳成疾在郭志成归国前猝然离世，母子未会生面。李灿英时任湖南衡阳市民主妇联筹委会主任，逝世后衡阳市为她举行了隆重的追悼会。

这里还值得提及的是，雷锋在望城时，即非常崇敬郭亮烈士。他对郭亮烈士的生平事迹和革命斗争故事耳熟能详。他能逐字逐句背诵郭亮烈士就义前写给夫人李灿英的亲笔遗书。他当年在望城县委当公务员时曾随同张兴玉书记等同志参加了郭亮烈士墓的落成典礼。他对辑录有郭亮烈士生平事迹的《不朽的战士——湖南革命烈士传略》一书爱不释手，经常阅读，并将这本书随身从望城带到鞍钢，参军后又将这本书随身带到部队。而今这本书已随雷锋遗物被征集到中国人民革命军事博物馆，作为宝贵的精神财富而永久珍藏。

简家塘的那座破茅屋：地主的"庄屋"与雷锋故居

⑥

现在让我们把目光聚集到雷锋生前曾居住过约 16 年之久的老屋。

望城县安庆乡（1956 年改称平安乡后称坪山人民公社）在县境东南，长宁（长沙至宁乡）公路东西穿越其境。在公路北侧不远处的蛇形山麓，有个地名叫"简家塘"的小山村——就是雷锋老家所在地，当年雷正兴就出生在这里的一间破旧茅屋里。

雷锋在部队执行运输任务时不幸以身殉职后，故乡人民无限怀念他。为永久纪念雷锋，经湖南省革命委员会批准，1968 年 9 月将雷锋出生所在地坪山人民公社长城大队更名为“雷锋公社雷锋大队”；1984年政社分设，撤销雷锋公社设立“雷锋乡”，雷锋大队改为“雷锋村”；1993年3月，雷锋乡建制改为“雷锋镇”至今。1967年奠基，在今雷锋村柳塘湾的小山包上修建望城雷锋纪念馆。且随后历经两次改扩建。而今自湖南省会长沙出发，跨越湘江，沿当年长宁公路（今统称319国道）西行约15公里就到了雷锋故里——雷锋镇，同时也就到了望城雷锋纪念馆和雷锋故居所在地。

随着城市化浪潮的迅猛推进，今日雷锋镇至长沙市区的319国道——原长宁公路东段沿线，从前的村落田园已实现华丽转身，尽成城区，楼群鳞次栉比，美轮美奂，街区繁华，车水马龙。简家塘一带也早已变成了花园般的街区和别墅区。域内雷锋纪念馆和雷锋故居参观人流如潮。

⑦

大半个世纪过去，望城旧貌换新颜。雷锋故居也在时代发展潮流中几经变迁。

如果时光回转一个甲子，也就是在20世纪50年代初期，来到安庆乡简家塘一带人们就可以看到，境内丘陵低矮，茂林修竹，溪流潺潺。在丘岗缓坡与山间谷地，到处有稻田、旱土、山塘、水坝杂然相陈。田园阡陌，庐舍星罗棋布。在南北蜿蜒延伸的蛇形山麓一处低洼地段，有一口水面约达五六亩面积的大塘，名叫“简家塘”。塘水灌溉周边的农田和供村民饮用。沿着塘基上的小路朝山冲前行，不远处有一座小山村，村以塘名亦称“简家塘”（也许因塘与冲谐音，有的书上写成“简家冲”）。解放前，这小山村是地主唐四滚子备给佃农居住的“庄屋”。这里的田土、水塘、山林、村落，大半都是唐、徐、刘等几户地主的产业。雷正兴自其祖父雷新庭以来，三代都租种唐家的田土，是唐家的老佃户。故唐家这庄屋也就是当年雷正兴等几户人家的居住地——亦即雷锋故居前身——当年雷正兴在这里出生，他的祖父、父亲、母亲、哥哥、弟弟均先后在这里离开人世。

物换星移，时过境迁。而今，整个简家塘及其周边一带的乡村历史

风貌正迅急被现代城市风光所取代。简家塘早已被填塞变为别墅群的地基，塘畔当年雷正兴居住的小山村亦已彻底改观。

⑧

据《望城县志·雷锋志》记载以及雷孟宣编绘的平面示意图等资料显示，简家塘村原本一座两进12间的四合院式的茅屋村。面积约一百多平方米。三面环山，西面临近水塘，由塘基小路出入。土砖砌墙、竹木做梁、茅草盖顶，低矮狭窄，阴暗潮湿。据推测，此庄屋约建于清季光绪或宣统年间。因当初用材和构建简陋，年久失修，破旧不堪，故雷正兴在这里出生时，这屋已难蔽风雨，岌岌可危。自雷正兴出生前后至解放时，这座庄屋聚居着4户人家：后进右厢3间房住雷正兴家；后进左厢3间房住雷春华家；前进右厢3间住雷雨庭家；前进左厢3间住谢迪安家。其中，雷姓3户是唐家的佃农。谢迪安祖籍在今涟源市枫坪乡。其父系“痘科郎中”，游方行医，家境贫寒，民国三十五年（1946）其父举家迁来简家塘转租此庄屋一角栖身。

解放后，在土地改革中，当地政府和农民协会按政策依法没收了地主霸占的土地和房产，分给贫苦大众。雷正兴在原简家塘庄屋居住的3间茅屋从此正式归他个人所有。雷正兴亦从此有了真正属于自己的家。他在这3间屋里一直居住到高小毕业后到县里参加工作，屈指算来前后持续达16年之久（雷正兴出生前其祖辈、父辈居住时间未计在内）。雷正兴到县里参加工作后，其在简家塘的住房基本闲置，1958年倒塌。在此前后，相邻的其他住户亦先后将旧房拆迁另建。整个原貌均未留下任何照片等图像资料，实为一大无法弥补的憾事。

⑨

为保存雷正兴的这份房产，其堂叔雷明义1958年左右为之在遗址上凭印象和记忆参照“原样”简易修复了3间茅房，几年后墙面裂缝渗漏严重。1990年首次扩建望城雷锋纪念馆时，按照其整体设计规划，拆旧更新，在原址上对雷正兴3间茅屋再次仿修复原，正式称为“雷锋故居”，1994年3月通过验收。2002年再次扩建雷锋纪念馆时，雷锋故居四周加砌围墙，修建庭院，成为今日人们所见到的“雷锋故居”

景观（见图1－1）。

图1－1　雷锋故居景观（旧址仿建）（据《望城家乡学雷锋五十年》图片翻拍）

这里介绍3幅摄于不同时期的照片，读者从这组照片中自然会发现雷锋故居景观的演变和差异：

其照片之一，见于抚顺雷锋纪念馆编辑出版的《雷锋画册》（大连出版社1989年12月第1版），照片显示，“雷锋故居”3间茅屋比较低矮，梁柱、楼枕、桁条、门窗等木料和砖块以及施工均较简陋，屋顶遮盖的是普通的稻草。此为雷锋堂叔雷明义在遗址参照原貌印象于1958年左右代为初次重修所成。此照片约摄于20世纪60年代初期。

其照片之二，见于中共望城区委党史联络组、望城区史志档案局编印的《雷锋家乡学雷锋五十年大事记》（2012年5月长望新出准字第2号），照片显示，与前者相比，“雷锋故居”房间高大，所用木料、砖块及施工均颇优良，堂屋正面无墙敞口，各房墙体下部内外加了齐窗台高的简易粉刷，屋顶遮盖用料改用当地较好的“黄丝茅”，并在屋顶及周边用竹木条加固，系首次扩建雷锋纪念馆期间拆旧重修所成。此照片摄于1994年左右。

其照片之三，见于中共辽宁省委宣传部、中共抚顺市委、抚顺雷锋纪念馆编辑出版的《雷锋画传》（人民出版社2012年2月第1版），其

所刊印的“雷锋故居”照片与《雷锋家乡学雷锋五十年大事记》所刊印者系同一实景，所不同之处主要在对前者房前屋后的草木、泥土、杂物等进行了清理，整修了庭院，给人以焕然一新之感。此照片约摄于21世纪初期。

这3幅照片所揭示的雷锋故居“前世今生”的种种信息表明：雷锋故居建于雷正兴曾住过约16年之久的旧居遗址，基本再现了土砖竹木茅草构造的原生状态。其美中不足则主要在于因雷正兴旧居早在1958年倒塌无存，且未曾留下真实图像资料。其堂叔雷明义代为第一次简易修复时虽保持了遗址，但地面房屋建造式样则主要仅凭对旧时的印象与记忆，势难与其原貌一模一样。这也就给第二次仿修复原更增大了难度。然而，瑕不掩瑜。雷锋故居仍不失为真实地再现雷锋人生旅途的一处不可磨灭的历史标志，亦是我们学习与研究雷锋的不可或缺的一处珍贵历史遗迹。

⑩

雷正兴等几户人家当年在简家塘住的小山村虽地处山冲，但并不怎么闭塞。这里出门半里、里把或二三里地，就散布有村落人家，鸡犬之声相闻。其中，有的人家即是雷正兴的亲族或亲眷。而向南走约里把路就上了长宁公路，交通可算相当便利，便于与外界联系。这样的环境条件也就为雷正兴童年和少年时代的活动提供了较宽广的地域。

“地图是超越语言与文字的特殊载体”。在此，我特请望城雷锋纪念馆原馆长雷孟宣忆述和描绘了一幅《20世纪50年代雷正兴居地简家塘与周边地域平面示意略图》（见图1－2）。

雷老馆长比雷正兴年长7岁，是雷正兴的本家、是雷正兴童年和少年时代生活成长的见证者之一，近半个世纪以来坚持学习、宣传、研究雷锋，卓有所成，今虽近八十高龄，仍才思敏捷。他亲忆亲绘的这幅地图信而有征。图上标记的如简家塘、柳塘湾、黄花塘、碟子塘、龙迥塘、上车庙、向家冲、清水塘、长塘冲、荷叶坝、中坝、茶林塘、黄司塘、宁家冲、谢家湾、伏冲塘、推山、分路口、真人桥、杉树桥子、蛇形山、梅子岭、彭德茂住地、刘家祠堂、土地庙等等一系列地名，以及

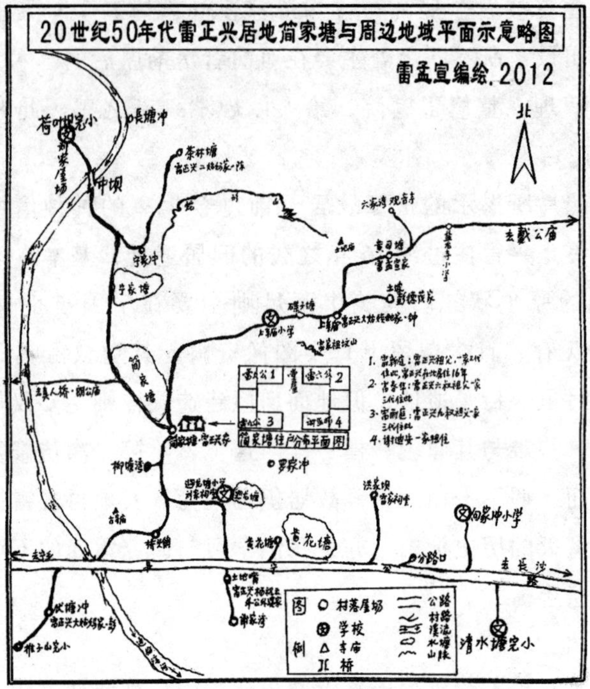

图 1－2　20 世纪 50 年代雷正兴居地简家塘与周边地域示意略图（雷孟宣编绘，2012 年）

长宁公路、乡间小道、山脉、溪流走向，等等，均具有反映当地历史、地理特有现象的功能，必有益于人们了解雷锋故居、寻访雷正兴童年和少年时代的活动足迹。

第二章

雷锋家世（上）

雷锋亲族四代简介

⑪

望城系雷锋祖籍所在。据《雷氏族谱》记载，许多代以前，雷氏先人就在境内落户，世代平民，亦乏祖传产业，劳作为生。据雷孟宣提供的资料，雷正兴—雷锋自其曾祖父以来世系简表如下（见图 2－1）：

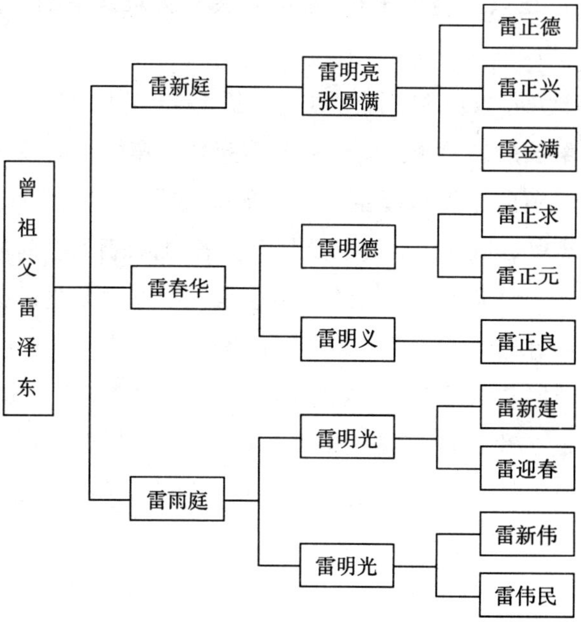

图 2－1　望城雷氏族谱

雷锋曾祖父雷泽东生育儿女长大成人者有三男二女。其中，雷锋祖父雷新庭排行老大，人称“雷大爹”；雷锋两位堂叔祖父，雷春华排行第六，人称“雷六爹”；雷雨庭排行第九，人称“雷九爹”。雷锋的两位堂姑祖母，一位嫁给周家，一位嫁给钟家。

上述雷锋四代亲族中，除表列者外，其祖父新庭还有两个女儿，大女儿嫁给彭家，小女儿嫁给陈家，她们即系雷锋的两位姑妈。雷春华也有两个女儿，即系雷锋的两位堂姑妈。螽斯衍庆，雷泽东支派四代人丁兴旺。雷锋嫡亲堂叔祖父、堂叔、堂兄弟之辈达十多人之众。各有后嗣，从而在当地成为一个颇大的家族。

雷家自曾祖父以来，世代家居今望城简家塘，佃种地主唐四滚子占有的几十亩田土为主业，农闲时兼谋其他生计。如雷泽东农事之余，学会了唱皮影戏，又经他耳提面命，其子雷春华亦从父亲的口传中学有所成，成为当地民间一位业余皮影戏艺人。

雷锋（雷正兴·庚伢子）：在国家民族灾难深重的岁月凄然出世⑫

民国二十九年农历 11 月 20 日（公历 1940 年 12 月 18 日），在长沙县望岳乡（解放后属望城县安庆乡）简家塘一座破旧茅屋的贫苦农家，一个顽强而健康的小男孩降生了。从他那亮晶晶的大眼睛、丰盈的额头、隆起的鼻梁、微启的双唇以及带有笑意的饱满而白净的圆脸上，显出一股才气、一道灵光，令人预感到这是一个不同凡响的孩子。祖父、父亲、母亲还有他的堂叔祖父等亲族长辈，几番斟酌，决定给这位小男孩起一个寄予厚望而又吉祥、响亮的名字——“正兴”，希望这孩子的出生能给家庭带来兴隆旺盛，未来兴旺发达。又因适逢农历“庚辰”年，肖相属龙，故叫乳名“庚伢子”。就是这个名叫“雷正兴”的小男孩长大至 18 岁那年更名“雷锋”，后来成长为被历史公认的一位平凡而伟大的人物。

雷正兴出生时，家里已有 4 位亲人，即祖父雷新庭、父亲雷明亮、母亲张圆满、哥哥雷正德，乳名再伢子。在他约五岁那年，又添了弟弟雷金满，这是后话。故雷正兴一家其亲人加上自己先后共计 6 口之众。如果时势相助，必成多好一家子。

然而，雷正兴生不逢辰——因为那是日本帝国主义大举进攻，日寇铁蹄已进犯湘境，国家民族灾难深重的年月。所以，雷正兴出生时，因家遭兵燹之灾，再加地租、高利贷和苛捐杂税的盘剥、疾病折磨，故一家人已濒于绝望。凄然相向，无奈眼前。据老辈亲友们回忆，当时，雷正兴家里贫病相煎。他祖父因积劳成疾，病魔缠身，行将就木。他父亲因“文夕大火”惨遭其殃，被“国军”打成内伤，吐血便血不止，卧床养病。母亲为给父亲治病，变卖了家中所有的粮食、衣物，家里已到了无米下锅的地步。哥哥再伢子也因长期营养不良，骨瘦如柴，甚至没有了玩耍的力气。屋里除了两张破床、一只破柜、几条破凳，其他什么都没有。破茅屋东倒西歪，霜风雪雨从破窗与墙壁裂缝和破屋顶吹漏不停。况且，就连这几间破茅屋，也没有一寸地、一根茅草能说是雷家的，因为这是地主唐四滚子的“庄屋”，雷家没有半点所有权可言。更为残酷的是，就在这样的境况下，灾难与死神仍未罢休，依然一次又一次地继续摧残着这个贫困而又不幸的家。

⑬

雷正兴满一周岁后不久，祖父病亡；约过三年，父亲病亡；又过一年，长兄病亡；不久，他的小弟弟（系“遗腹子”）病亡；此后未一年母亲含恨自缢身亡。前后不到六个年头雷正兴接连先后失去 5 位亲人，仅留下他孤身一人，当时他还未满 7 岁。

雷正兴 5 位亲人去世时间简表如下（以去世时间为序）：

亲属关系	姓名	在生岁数	去世年月 *
祖父	雷新庭	未满 60 岁	民国三十一年（1942）初
父亲	雷明亮	38 岁	民国三十四年（1945）春
长兄	雷正德	13 岁	民国三十五年（1946）秋
弟弟	雷金满	未满两岁	民国三十五年（1946）冬
母亲	张圆满	37 岁	民国三十六年（1947）中秋

* 因无实况原始记录可考，生卒年月资料源自众人口述回忆，有的有“虚岁”或“实岁”之差，月份亦多系大概。

雷正兴上述5位亲人身世，本书对其父与其母各皆另外单列一章记述，对其祖父及其兄、其弟身世，本章分别予以概述。

雷锋祖父雷新庭：劳苦一生含恨病故

⑭

在简家塘一带，谈及雷锋祖父雷新庭，凡是熟悉他的人，没有不说好的。人们都说他是好人，勤劳、节俭、不怕吃苦、为人厚道；说他是个苦命人，中年丧妻，老年更苦；说他持家有方，家风好，兄弟和睦，邻里友好，乐于助人，远亲近邻、大人小孩都与他合得来；说他生性聪明，崇尚耕读，肚子里装了墨水，知书达理。

雷新庭约生于清光绪八年（1883），膝下一儿两女——即雷锋父亲雷明亮以及两位姑妈。约在民国十五年（1926）雷新庭两夫妇商量，把当时年约6岁的张圆满（即雷锋母亲）接回家做童养媳，同时把自己的两个女儿也送给邻居做童养媳。约过了四五年，也就是雷新庭约38岁那年，妻子病故。从此，他就全身心地扶助当时尚未完全成年的儿子和儿媳妇维持家计，直到行将年届花甲时在贫病交加中含恨离开人世。

⑮

知名作家殷云岭1996年初夏时节自其家乡山东微山湖畔远道来到雷锋故里采风。他以雷孟宣等人亲历记忆口述的史料为据，在其长篇传记文学《雷锋传》中，对雷新庭的人生片断作了下列描述：

> 雷新庭这位智商很高的农民却找机会上了一年私塾，又加上坚韧的自学精神和极高的悟性，而在人们心中形成了知书达理的印象。他高高的身材，白净的皮肤，双目有神而举止大方。他读过《三字经》、《百家姓》以及《治家格言》等书，言语之间，不乏书卷之气。
>
> 这位被传统文化熏陶过的忠厚人正直、善良与人为善。他的人生信条是："不以恶小而为之，不以善小而不为"。他举止谨慎，

“闲非口不开，忍气免伤财”。他教育下辈人尊敬长者，自己又十分爱护少小婴幼。无论做小或之后的做老，他都堪称典范。善良人汲取了知识的营养，便将善良的所为赋予了理性色彩。对于下辈、平辈、甚至长辈人的教育，他是通过讲故事的方式进行的，使人听懂了其中的道理，又避免了好为人师的厌嫌。他刻苦自励，勤俭节约，惜时如金，谦和谨慎。便是插种一方水稻，也要株正距匀，横平竖直。

他坚信依靠自己的勤劳与节俭，可以使自己的家庭发达起来，一滴汗水，便会有一粒粮食的收获。对于苦雨般繁密的祸难的来临，他具有超凡的忍耐力和充满着“时来运转”的希望，而告诫他人所用的言语，是警句，是锦言，颇多乡俗韵味：“稻怕胎里旱，人怕老了穷”。不要“今朝有酒今朝醉，明日拮据明日忧”。

基于这种棋弈风格的人生设计，他为自己不满十岁的独子雷明亮，讨来一个年仅六七岁的小女孩做童养媳（即雷锋的母亲雷一嫂）。他尽心尽意，甚至踌躇满志地养起了他们。将心血和汗水注入山坳中的水田，产出一担担白米，一半儿交给唐家，一半儿吃穿用度。

⑯

雷新庭一生务农。长期以来，雷新庭与六弟雷春华、九弟雷雨庭分头佃种地主唐四滚子在简家塘一带的几十亩稻田。其中，雷新庭佃田两担多（约合10亩）。按照当时契约，“二五开租”——即收获的稻谷东家、佃户各得一半。雷新庭风里雨里，当牛做马，劳碌奔波，费尽千辛万苦，遇上好年成才得以维持全家人的半饱生活。如遇上灾年，田土收成不好，常遭地主上门逼租夺佃的威胁和恐吓，家里的日子过得异常艰难。更为惨重的是，日寇侵犯，兵荒马乱，长沙“文夕大火”之灾殃及其儿子雷明亮遭遇伤病与失业，一家人因此家底耗尽，濒临绝境。

饥寒交迫与精神疾苦的深重摧残，使雷新庭不过五十岁就积劳成疾、步履蹒跚，如风中残烛。此时此际，在盼了7年又盼来了一个小孙子雷正兴出生，雷新庭自然极其欣喜，他一身病痛也好像减轻了许多。他时常挣扎着将庚伢子抱在怀里，在屋里屋外亲昵嬉笑不停。庚伢子满一周岁时，雷新庭特意嘱咐儿媳张圆满把家里唯一的一只母鸡杀了，设法弄点好吃的，请来隔壁六叔驰娭，也算热闹体面地为庚伢子祝一周岁。小小庚伢子见到爷爷也显得格外亲热。雷新庭死后一年多，不懂“死”为何事的庚伢子还时常哭着叫着“我要爹爹”。

⑰

据乡亲们回忆和陈广生在《雷锋全传》等书中记录，雷新庭终因地主逼租，忧愤病亡。那是民国三十年（1941），时逢天旱，田土歉收，凶年饥岁，佃户们那能交得起租子？年关时节，地主唐四滚子凶神恶煞似地闯进门来，逼着病重的雷新庭立刻交租还债。雷新庭据实回话：“今年年景太差，禾镰上壁就揭不开锅了。一家人不吃不喝也交不起今年的租子。”唐四滚子那里让人分辨。他瞪着眼睛斥责说：“契约上写得明明白白，当年租当年还。快过年了，你是还钱还是还谷？”雷新庭再三好言请求宽限，唐四滚子横眉立眼，哪里肯依？但他看着眼前冷火秋烟、空荡荡的破屋，感到确实也没有什么油水可榨，便凶狠狠地回绝说：“今年你抗租不交，明年你们就莫想种我的田了，我要把田收回！”任凭雷新庭怎么哀求，唐四滚子理也不理，气汹汹扭头就走了。

常年道：“种田怕天旱，佃户怕夺佃。”几十年了，雷新庭一家就靠佃种唐四滚子在简家塘的田土和住唐家的庄屋过日子。若被夺佃则无田土可种、无房屋可住，全家老小难免死路一条！雷新庭老人越想越气越急，一身老病也更加危重。忧愤交加，急火攻心。就在地主和有钱人家张灯结彩、杀猪宰羊，迎新祈福的鞭炮声中，年不过六十劳苦一生的雷新庭老人含恨而亡。他是一位临死不糊涂的人，他定然明白自己的身后：久卧病床的儿子、当童养媳的女儿、独木难支的媳妇、可怜的再伢子、襁褓之中嗷嗷待哺的庚伢子，何以谋生？何处栖身？……故可想而知，雷新庭老人定然是满腹心事、满怀愤恨而撒手人寰！

雷新庭老人辞世后，葬于碟子塘雷家坟山。2012 年仲春，堂侄雷正求等率亲族为之刊立墓碑。

雷锋长兄雷正德：死于劳累与肺病的童工

⑱

作为长兄，雷正德比二弟雷正兴年长7岁，生于民国二十二年(1933)，乳名“再伢子”，寓意为长辈们希望雷家日后再添一个男儿。似乎可这样说，长兄再伢子出生时的家境比7年后弟弟庚伢子出生时要好一些。因为他适逢雷家唯一的一段温饱日子。据雷家族人、亲眷和邻里们忆述：再伢子的模样像父亲一样健壮，像母亲一样秀美，天资聪颖，爷爷教他识字、写字、做算术题，他一教就会，勤学好问。祖父、爸妈、亲友们都十分疼爱他。他懂事早，做事勤快，小小年纪就常跟着爷爷、母亲到田里土里除草、播种、插秧，上山打柴、放牛、割草，里里外外很多力所能及的事他都争着干。父亲从长沙城里做事回家休息，再伢子总抢着搬凳子请父亲坐，端热茶请父亲喝，跟前跟后亲热得不得了。一家4口，欢聚一堂，其乐融融。那些日子，常有人在雷大爹——雷新庭面前竖起大拇指赞扬：再伢子将来又会像他父亲雷明亮一样是雷家好子弟、好后生，有出息！听到这话，雷大爹自然从心底里为自己心爱的长孙乐开了花，笑得合不拢嘴，嘿嘿地答谢道：托大家的吉言，说得好！

然而，好景不长！约在再伢子6岁那年，厄运残酷地降落在他们的这个家，从而陷入灾难的深渊！

因为，如同当时的“文夕大火”使古城长沙化为灰烬，“文夕大火”之灾亦殃及雷明亮，他不仅失去了工作，更为严酷的是摧残了雷明亮原本健壮的体魄，使他几乎失去了劳动能力，全家不仅亦因此失去了主要经济来源，而且为治病医药而耗尽了本来就很微薄的家底，落得个一贫如洗。再伢子9岁那年，祖父去世。祸不单行。此后第三年，父亲雷明亮遭犯湘日本法西斯匪徒毒打不治身亡，雷家的顶梁柱被彻底摧毁。此时，再伢子年仅12岁，庚伢子年仅5岁！

就这样，简家塘雷新庭那曾一度颇有风光、令人羡慕的一家子，转眼之间，家破人亡，孤儿寡母，缺吃缺穿，有时竟靠乞讨为生。

⑲

穷人的孩子早当家。再伢子看到家里经常无米下锅，吃了上餐不知下餐在哪里，他就手牵着弟弟庚伢子到外乡讨饭。新年正月初一就外出“送财神”。这是一种变相的乞讨办法。即是将印有财神爷赵公元帅像的纸片，新年挨户相送，乞求主家回送钱、米等物。再伢子非常疼爱弟弟。遇上狗来了，他总是上前护着、挡着，不让弟弟受害。讨到了吃的，他总是先让给弟弟吃，宁可自己挨饿。

再伢子看到母亲身体瘦弱、憔悴、脸色蜡黄的情景，深知母亲的哀伤、痛楚与艰难。为能给母亲分担一点忧愁，减轻母亲一点负担，他决定自己外出做工谋生。一天，他对母亲说：“妈妈，让我进城找点事做吧。我能做，我都十二岁了。”母亲听了，又是欣慰，又是心酸。她想起丈夫外出做工挨打受累的遭遇，看到再伢子瘦弱的身体，不由得百感交集。她哽咽着说：“你还没有长大，身体又不好，妈妈哪能让你出去遭罪啊！”母亲的慈爱，更激发再伢子的感恩与回报之心，他以小男子汉的神态、以一种与12岁不相称的小大人的口吻一再恳求说：“妈妈，我长大了，找点事我做吧！”母亲本来实在不忍心让再伢子在这么小的年纪就孤身一人外出谋生，但有什么办法呢！母亲想，与其让再伢子在家挨饿受冻，还不如让他到外边找点事做，赚口饭吃。弄得好，兴许还可以攒几个钱帮家里一把。想到这些，母亲痛下决心，决定让再伢子到外边找点事做。

据望城雷锋纪念馆模范讲解员谭芳芳执笔为彭德茂整理的回忆文章记载说：那是民国三十四年（1945）初冬，庚伢子母亲托人把再伢子送到一个姓钟的远房亲戚在津市办的新胜机械厂做童工。再伢子临行之前，他妈妈千叮咛万嘱咐：“孩子！出门在外，不比在家，一切要靠自己，做事千万留神”！再伢子对妈妈说：“妈妈，你放心吧！我会照顾好自己的。”就这样，再伢子向妈妈和弟弟庚伢子告别后就同亲戚上路了。那时交通不便，到津市400多里的路程全靠两条腿走，再伢子跟着亲戚，直走了好几天才到达津市。新胜机械厂的设备简陋残缺不全，都老掉了牙。老板为图省钱，很少捡修。再伢子是学徒，厂里只管三餐饭，没有工资，干的却是很重的活。老板每天让他和大人一样干十几个小时，这对一个只有12岁而且身体瘦弱的孩子来说，实在是太苛刻了。再伢子经常累得眼冒金花直喘粗气。繁重的体力劳力使他时时感到饿，又餐餐吃不饱。哭脸还只能偷偷地哭，被老板发现了，就会挨骂，甚至挨打。什么远房亲戚？姓钟的在为自己能多赚一点的算计中黑了良心，六亲不认。再伢子举目无亲，无依无靠，但他仍然一天一天地坚持着，咬紧牙关硬挺着，身体一天天地瘦下去，直瘦得皮包骨。祸不单行，不久他得了肺病，整日干咳不止，还要坚持干活，经常累得昏昏迷迷神情恍惚。一天，再伢子在机器旁干活，干着干着，由于疲劳过度，他实在挺不住了。这时，不幸的事故发生了，再伢子的左手指和胳膊被机器扎伤了，鲜血直流，染红衣服，滴落到了机器上、地上。幸亏身边的工友及时关掉机器，才捡回一条性命。十指连心肝，一阵钻心的疼痛使再伢子几乎昏了过去。狠心的老板看到这个瘦得不像人样的孩子，又被机器扎伤了胳膊和手指，觉得再也不能从他的身上榨出一滴油了，留下他是个累赘，就把他解雇了。可怜的再伢子拖着个伤残身体，沿路乞讨了七天七夜才回到简家塘。5岁多的庚伢子看到日夜想念的哥哥回来了，高兴得大喊："妈妈！哥哥回来了。"他满以为哥哥给他带了好吃的东西回来，但他和妈妈迎上去仔细一看，只见哥哥的左手和胳膊用一块破布包扎着，满脸满身的污垢，枯瘦如柴，如木头人一般，只能眼睛间或转动一下才知是个活人。母亲把再伢子包扎伤口的破布打开，伤口已经溃烂，恶臭难闻。看着儿子的伤口，母亲的心有如刀剜一般。家里已经负债累累，靠乞讨过日子，又哪有钱给孩子治伤病啊！

⑳

据当年在简家塘庄屋租住的隔壁邻居谢迪安回忆说：再伢子的伤口是他父亲谢医生用中草药医治好的。谢医生虽说只是个痘科郎中，但多年游走江湖，也会号脉看病，还能自配中草药治病。那天下午，谢医生上山采挖了几种治伤的草药材，回家锤成药膏，连夜走到隔壁再伢子家，用一盆摊凉了的开水，把再伢子伤口上那些气味恶臭、溃烂坏死的血肉仔细清洗干净，敷上伤药膏。药很见效，接连照样换洗敷药，不久再伢子胳膊和左手指的外伤一天天好起来。没想到，不满一个月，再伢子伤口刚好一些，又背着母亲到近三十里外的长沙河西荣湾镇一家印染作坊找事做，一心想挣点钱给家里人弄口饭吃，谁知又一个死神正加紧朝他走来！

那就是夺走再伢子生命的肺结核病！上面说了，再伢子在津市新胜机械厂当童工时染上了肺病，民间称之为“童子痨”。成天干咳不止。在那个年头，得这种病，就如同等死。谢迪安记得，他父亲第一次给再伢子治外伤回来后提起再伢子的肺病，说过这样的话：“那伢子恐怕活不过冬天。”再伢子外伤刚好一些就又到印染作坊做工，无异于雪上加霜。再伢子拼死拼命干活，劳累过度，吃的东西根本谈不上营养，肺病加重，又没有钱医治，咳出的痰里带着鲜血，身子一天天垮下来。当母亲和庚伢子把再伢子从印染作坊接回家时，再伢子已极度虚弱，大口大口地吐血，气息奄奄，没过几天就死了。乡亲们用几块薄木板钉成一口棺材把再伢子装殓埋在碟子塘雷家坟山。死时约民国三十五年（1946）秋，年仅13岁。

雷锋弟弟雷金满：未满两岁死在母亲怀里

㉑

雷正兴唯一的亲弟弟是个“遗腹子”，民间又称“背父子”，即他父亲雷明亮死时，他还由母亲怀着尚未出生。约生于民国三十四年（1945）初冬。其二哥雷正兴比他约大5岁。

在雷正兴三兄弟之中，出世时的家境以这位三伢子所遭遇的最为凄惨。母亲给他取名“金满”，她渴望这个小三儿有福，为她这个绝望的穷家带来金玉满堂。然而，眼前的现实却桩桩事与愿违。家里经常无米下锅，外出讨米要饭也常填不饱肚子。小金满常睡不安，饿醒就哭，一口口咂吸着妈妈干瘪的双乳，然而把奶头咂出血来也没几滴奶汁。没有吃、没有穿，母亲哪能有奶汁哺育心肝宝贝似的儿子？

多少年后，时年约近6岁的庚伢子——雷锋在忆苦时还依稀记得他这位可怜的小弟弟的模样：干瘦如柴，哭声嘶哑，小小的脸腮瘪下去，额上布满老太婆似的褐皱，没有血色，像一只病猫似的懒得动弹。他快满两岁了，不仅站立不起来，往往连坐也坐不稳，细长的脖子已挑不起他那一颗脑袋。在那些日子，庚伢子不时被好心的亲属、邻居领去吃点东西。而作为母亲，雷一嫂心如刀绞，却又像失去知觉似地呆痴着，抱着已不会哭、也不爱动的小儿子，更感到悲哀与无助。就在严冬到来的时候，小金满又得了病，高烧不退，再加腹泻，没钱治病，没奶喂养，没拖几天，未满两岁的小金满一动不动地死在母亲怀中！时为民国三十五年（1946）冬，仅比再伢子晚死几个月。

至此，雷明亮的三个儿子，在雷明亮死后第二年相继死了两个，仅留下未满 6 岁的二儿雷正兴与寡母相依为命！

第三章
雷锋家世（中）

雷锋之父雷明亮：惨遭日寇毒打不治身亡的好汉

不灭的口碑：好后生好丈夫好父亲

㉒

砍头不要紧，
只要主义真。
杀了雷明亮，
还有后来人。

据《雷锋全集》注释，上面抄录的是雷锋1960年写在日记本上的一首诗。大家知道曾与郭亮烈士并肩战斗的湖南革命烈士夏明翰（1900～1928）英勇就义前曾写下了一首正义凛然的就义诗："砍头不要紧，只要主义真。杀了夏明翰，还有后来人。"这一首血写的诗篇一直广为传诵，激励着共产党人和人民群众。夏明翰烈士的生平事迹与郭亮烈士的生平事迹一道，均被《不朽的战士——湖南革命烈士传略》一书辑录出版。雷锋熟读此书，自然早就熟读过夏明翰烈士的就义诗。这里，他抄录夏明翰烈士这首遗诗且又改用父亲雷明亮之名自有其深意所在。对此，不妨可理解其意既在对夏明翰烈士的崇敬，也在对父亲的缅怀，且借以抒发自己继承先烈革命精神，完成先烈未竟之业的壮志豪情。

雷明亮是好汉，口碑载道，可惜遭日寇毒打，不治身亡。雷明亮的许多往事，其生前好友彭德茂、堂叔婶雷张氏、本家雷孟宣等人的口述史料，雷锋生前的回忆，以及陈广生、殷云岭等的文稿中都有多方面记载，从而有助于我们对雷明亮的身世有较为全面的认知。

㉓

那还是清光绪三十一年（1906），简家塘那位给人以“知书达理”印象的佃农雷新庭喜得贵子。他给新生的儿子起了一个吉祥而又有进取意义的名字——“明亮”。雷明亮长大后生育的第二个儿子雷正兴，就是后来成为世人学习楷模的雷锋，这是后话。

雷新庭共生育一儿两女。作为独子的雷明亮，自然成为父母的掌上明珠。雷明亮生前身材较高，体格健壮，天资聪颖，动作敏捷，做事有条理，守规矩，孝敬父母，对人有礼貌，从小就很招人喜欢。因家里贫穷无力供他读书，雷新庭就用自己自学的那点文化教儿子识字、写字，具体而细微，教诲不倦。雷明亮聪颖好学，记性好，接受能力强，举一反三，逐渐脱离了文盲状态，常用字以及简易的算数和记账等知识，基本上记会于心。亲友邻里都称赞雷明亮智慧过人。还有令人赞美的是，雷明亮手脚勤快，爱劳动，吃得苦。从小他就跟随父亲到田里土里做各种力所能及的农活，心灵手巧，做得像模像样。有了这样的好帮手，家里佃种的那些田土都被父子俩耕种得很精细，收成也常比旁人的好一些。

在雷明亮约近10岁那年，父母为他讨来一个年仅六七岁的小女孩做童养媳，她名叫张圆满，完婚后被尊称“雷一嫂”，也就是雷锋的母亲。民国九年（1920）13岁的雷明亮与比他小3岁的张圆满“圆房”，也就是正式结婚成为夫妻。这种“童养媳”和“童婚”习俗在那时是相当普遍的社会现象。雷明亮与张圆满可谓前世修来的好姻缘。两人青梅竹马，共苦共乐，亲如兄妹，勤俭持家，孝敬父母，教育儿子，成为当地美谈。雷明亮是大家赞扬的好后生、好丈夫、好父亲。为了家业兴旺，雷明亮从十五六岁年纪开始，在农闲时节，就挑起箩筐扁担，做起了“河西大米生意”。把湘江西边乡里的白米贩运到湘江以东长沙城里去卖，不过二三十里旱路，米价却高过六七成甚至翻一番。尽管这是强壮劳力干的辛苦事，但尚未成年的雷明亮却不辞这份辛苦，常累得腰酸腿痛，也从不叫苦歇息。自然，这对雷明亮日后在长沙仁和福油盐号的“伙计”与“先生”生涯不无某种启迪作用。

历史的荣耀：农协自卫队队长

㉔

在雷明亮人生中，最能引以为荣耀的是他在大革命时期参加农民运动，并被选为本乡农民协会自卫队队长，激情满怀地站在农民革命运动的前列。

众所周知，在1924年至1927年的大革命时期，湖南的农民运动在全国来说是数一数二的。毛泽东在《湖南农民运动考察报告》中热情赞扬的包括望城境域在内的长沙县的农民运动搞得轰轰烈烈。在乡里，时年十八九岁的雷明亮接受了进步思想，萌发了革命“造反”意识，带头加入农民协会，参加了梭镖队，威风凛凛，一身正气，被选为农民协会自卫队队长。在农民协会开展的打击土豪劣绅、减租减息、平抑粮价、破除封建宗法思想、组织发展生产、支援北伐战争等各种活动中，雷明亮都自觉发挥积极带头作用，成为农协的得力骨干。

这是雷明亮和农友们扬眉吐气的一段时光。恶贯满盈的地主唐四滚子虽携家眷躲进长沙城内老巢逃避了游乡的惩罚，但他也不敢贸然出城下乡收租，雷明亮和其他许多佃农一样初次尝到了“耕者有其田”的甜蜜。然而，风云突变。1927年，蒋介石和国民党反动派发动“四·一二”反革命政变；不久，5月21日晚，在反动军阀何健策划下，许克祥在长沙发动了反革命的“马日事变”，疯狂屠杀共产党人和工农革命群众。到5月底止，长沙及附近各县就被反动派杀害1万多人。白色恐怖笼罩城乡各地，地主和“还乡团”回来了，唐四滚子回来了，农民协会遭到了摧残，加入农会的农民遭到血腥镇压。雷明亮成了被追捕的“痞首”，只得逃离简家塘，另谋生计。

在仁和福油盐号的“三级跳”：伙计·站店·先生

㉕

雷明亮在长沙仁和福油盐号帮老板做事 9 年左右。这期间的后一段，也使他们家有了几年难得的衣食无愁的温饱生活。

大革命失败后，雷明亮为躲避反革命派的追捕，只得离家出走，东躲西藏。他逃到长沙城内，和那些居无定所、出卖力气干重活的苦力们生活在一起，打零工、做帮工，什么苦活脏活他都下大力去做，从而得以掩护自己的真实身份。这样熬了一段时间后，几经辗转，他找到了一份相对稳定的工作，到一家店铺——仁和福油盐号做“伙计”。成天扛盐袋、抬油桶、装船卸车，买进卖出，满手油污，满脸黑汗，极为辛苦。雷明亮眼尖耳灵，做事勤快，待人友善，颇得老板赏识。所以，做了很长一段时间的“伙计”之后，老板要他不再做卖苦力的“外勤”，改为“站店”，就是站柜台，收银卖货。这个角色虽不像外勤那样全要拼体力，薪金和待遇也比“伙计”高一些，但要求懂得生意经，招揽顾客，善于应对，只赚不赔。

雷明亮是个聪明人，灵敏机智，站店勤学好问，逐渐摸清了行情，在营销中扬长避短，让仁和福油盐号在“商战”中屡占上风。货钱两清，不差不错。这样，仁和福油盐号老板在经过了极多时日的观察、考验之后，决定提升雷明亮任本号的“先生”，也就是为老板当“高参”，协助抓营销管理，给的薪金和待遇也比“站店”提高了许多。自然，仁和福油盐号因有这样一位“仁先生”而更见生意兴隆，财源广进。

这样，简家塘那座茅屋的雷新庭一家四口人——其孙系民国二十二年（1933）出生的再伢子——因雷明亮在仁和福油盐号当了“先生”而有了从未有过的生活不缺柴米油盐、不愁吃穿用度的景象。据雷孟宣忆述，那段时光，他的这位年轻的族人穿上了时兴的长衫，脚穿皮鞋洋袜；他的年轻美貌的妻子雷一嫂也穿上了长褂子旗袍，再伢子也里外都是新衣。尽管这只是时人所谓的“战时繁荣”泛起的一朵泡沫型的浪花，是昙花一现，但它毕竟是雷明亮奋斗中一段因偶然因素而遇到的小小的幸运。然而，覆巢无完卵。处于国家与民族生死存亡危机之秋的仁和福油盐号和它的“先生”雷明亮，在长沙“文夕大火”的覆盆之冤中惨遭劫难而一蹶不振。

长沙“文夕大火”殃及雷明亮连遭厄运抱恨终天

㉖

长沙“文夕大火”之灾殃及雷明亮，他从此连遭厄运，每况愈下，全家陷入苦难深渊。

据林增平、范忠程主编《湖南近现代史》记载：

民国二十七年（1938）10月25日，日寇侵占武汉，接着派18万重兵分两路进窥湘境。还在武汉陷落前夕，国民党军事委员会各机关已陆续由汉迁湘。当日军逼近岳阳和汨罗吃紧之时，蒋介石等高级文武官员正在长沙。蒋介石惊慌失措，乃急于11月7日在长沙蓉园召开军政人员会议，指示实行“坚壁清野”和“焦土抗战”，如果长沙难保，即付之一炬。12日在撤往南岳途中，蒋介石又电令湖南省主席张治中：“长沙如失陷，务将全城焚毁，望事前妥密准备，勿误。”是日张治中的长沙警备司令酆悌奉令决定，由警备第二团团长徐崑为放火总指挥，以3人为一组，共编成100组，计300人，等日军进攻长沙时，就执行放火计划。徐崑在接到命令后即通知部属：如闻警报声响，或看见一处起火，就可放火。刚巧那晚南门外的伤兵医院不慎失火，警备团士兵看见，即迅速出动，提着煤油火器，不分商店民宅，一概放火焚烧。顷刻之间，长沙城区成了一片火海。因是日电报代称为“文”，故史称“文夕大火”或“长沙大火”。此次大火，总计烧毁房屋5万余栋，烧死市民2万余人，其他财产损失不可数计。然而，其实是时日寇还未占岳阳，亦尚未进攻长沙，长沙却被国民党自己一炬焚毁，人民对此极为愤慨。14日，周恩来和叶剑英赴南岳出席蒋介石召开的军事会议。会上，周恩来当面斥责火烧长沙是“便宜了敌人，难住了自己”，要求严惩纵火凶犯，发放救济灾民款。经过周恩来等据理力争，蒋介石不得不同意采取三条善后办法：一、拨款50万元救济灾民；二、调集5千民工清理街道，掩埋尸体，搭盖寓棚，安置灾民；三、严惩放火凶犯。20日国民党当局宣布：“长沙警备司令酆悌、警备第二团团长徐崑误信谣言，惊慌躁切，辱职殃民，罪无可逭；省会警备局长文重孚未奉命令放弃职守；皆判处死刑。湖南省政府主席张治中用人失察，防范疏忽，革职留任；责成善后，以观后效。”

上面，我们之所以用较长的篇幅回顾此一历史事件的始末，是因为这是历史上湘人刻骨铭心、永难忘却的痛与恨！因内忧外患而造成的这场大火，将秦汉古城长沙化为一片废墟，亦使成千上万民众和家庭惨遭其殃。即如上列第二章多次所述，雷明亮的遭遇就是其中的一个典型实例！

“文夕大火”之灾是雷明亮人生厄运的开端，也是他包括日后出生的雷正兴等在内的全家人陷入苦难深渊的一大根源之所在。因那天在冲天大火中，仁和福油盐号老板指派雷明亮到湘江边的码头照看货物。“惊慌躁切，辱职殃民”的警备团士兵以“妨碍公务”为由，不准雷明亮拢场照看，雷明亮据理力争，于事无补，反被一伙士兵打成重伤。对雷明亮这次遭打的缘由还另有一说，即称“文夕大火”后，雷明亮在江边码头为老板看管货物，溃败中的“国军”强拉雷明亮当挑夫，雷明亮又讲理，又求情，恳求放过他，但那伙“国军”蛮横无理，见雷明亮不依不从，就加以“汉奸”罪名，拳脚枪托相加，将他打成重伤。在“文夕大火”中元气大伤的仁和福油盐号老板推卸责任，就将伤势严重卧床不起的雷明亮辞退，他因而失业回简家塘的家中医伤养病。

好汉也怕病来磨。这次，雷明亮不只伤了皮肉，更要命的是严重伤及五脏六腑，吐血便血不止。体瘦骨露，四肢无力，刚三十岁出头，走路竟要撑棍，稍一动弹就气喘吁吁，吐出发黑的血痰。为给丈夫治病，雷一嫂煞费苦心，不辞辛劳。她毫不犹豫地变卖了家中的粮食和衣物，买来中药西药。好心的邻里送来治内伤的乌鸡、豺鱼等偏方，还有人踏遍青山采挖来治内伤的草药。雷一嫂还去到庙中磕头烧香，祈求菩萨保佑。然而，凡跌打损伤，皆来如山倒，去如抽丝，更何况一身内伤。雷明亮的伤痛治了一年多才有所好转，而身体健康状况则大受损伤，与此前相比判若两人。

再衰三竭：第二次失业

㉗

在这个家中，雷明亮这个血性汉子是顶梁柱，家里的主要经济来源都靠他。然而，自遭“文夕大火”之灾殃及以来的这段时间，雷明亮大多数时日是躺在床上。失业而又内伤加身的他，不仅不能挣钱养家糊口，反而要家里不断花钱给他买药治病，把本来就很微薄的家底都淘尽了，借贷无门，经常无米下锅。作为当家人，雷明亮自然更明白因他的不幸而给全家造成的苦难，更能体谅到积劳成疾的老父亲和费尽心机苦苦撑持家计的贤惠妻子的痛苦心境。作为两个儿子的父亲，雷明亮可怜他那不过六七岁的再伢子，忍冻挨饿、瘦骨嶙峋，没有书读，小小年纪就不得不跟着爷爷和母亲下田土做事；他更为嗷嗷待哺的庚伢子而心痛与愧疚，可怜他刚出生就备受饥寒，睁眼所见尽一片哀伤与凄凉。在那些日子，不分白天黑夜，雷明亮躺卧在病床上，长时间望着破旧的茅屋顶发呆，冥思苦索而五内如焚。他真没想到他本人、他这个家竟然因“文夕大火”飞来横祸而败落到这等地步。但他无疑是个有责任心而又勇于担当的好汉，大难临头他仍不气馁不灰心，他祈望时来运转，他常做梦都在谋划着再如往日一般，依靠自己的本领和勤劳再为眼前这濒临绝境的一家人闯出一条活路。

所以，在病床上煎熬一年多后，待伤病稍好一点，雷明亮就强撑着身子，走到长沙城里去找那个曾给他家带来了几年温饱的“仁和福”。可是，时过境迁，“仁和福”已成了明日黄花，荣华落尽。所幸，遇到熟悉的人热心推荐，雷明亮在一家叫“利生”油盐号的店铺找到了一份工作。在这家比“仁和福”小得多、也冷僻得多的店铺，雷明亮要从“伙计”的差事从头做起。从早到晚，扫地、打水、开门、上板、购货、送货，一身灰土，一脸油污，每天忙得喘不过气来，而一日三餐则简单得不能再简，谈何营养。这对原本带病劳作的雷明亮的尚未痊愈的内伤而言无异于火上加油。事实上，雷明亮也深感自己的力气已大不如从前旺盛，动作也大不如从前敏捷，在繁重的劳动中有时甚至走神，注意力分散。雷明亮极大地克制自己，不遗余力，因为他知道没有别的退路，他必须坚持干下去，以求能挣一点钱买点米让家里人有口饭吃。雷明亮是个忠厚老实的人，他按照老板的要求，拼命地干好每一桩事，并还真心实意地为老板出一些改进经营增加盈利的办法，其意不只在于求得老板的好感，更是出于对老板雇用他的感激之情。谁知这“利生”的老板不仅比“仁和福”的老板眼光要短浅得多，而且怀小心眼，无端猜疑，以怨报德。经过一段时间的察言观色，“利生”老板见雷明亮不仅做事吃得苦卖力气，还懂得经营之道，在生意场上也是一把好手，不由得疑心顿生，进而往极端处想，怀疑雷明亮是共产党、是暗探、是难免惹来麻烦的人。老板怕“养虎为患”，因而寻机借故“放虎归山”。约在民国三十年（1941）秋的一天，雷明亮拖板车送货不幸扎伤了脚。“利生”的老板借机“客客气气”地辞退了他，雷明亮无奈又失业回到简家塘。

抱病抬轿

㉘

此后约近3年，雷明亮就住在简家塘那三间破烂的庄屋里抱病和妻儿耕种佃田，而在农耕之余，则当轿夫和他的邻居好友彭德茂搭档抬轿，聊以维持一家人半饥半饱的生活。

五十多年后，彭德茂依然深情地回忆说：当年他们是一对情投意合的好搭档。那时候，从长沙到宁乡的长宁公路上，汽车、马车、黄包车、轿子连成了串。雷明亮和彭德茂的轿子掺杂其间，抬地主，抬资本家、少爷、小姐，抬商人、保长和汉奸。只要有主顾，他们就顾不及吃喝，买一把豌豆，一路走，一路嚼。渴了就喝稻田沟里和池塘中的生水。晴天一顶草帽，雨天草帽一顶。为了行动轻省，不能穿蓑衣，穿草鞋，赤脚走路。下雨、下雪天，穿底子钉了铁钉的破雨鞋，以防滑倒摔了主顾。有钱人脾气大，稍不如意就会吹胡子瞪眼，大声呵斥，心也黑得发臭，一个小钱也要争破脸皮。在那种黑暗的年月里，你不敢轻易反抗；他们可以抓你，甚至杀你。倘若逞一时英雄，一家老小便会遭殃。所以轿夫遇事常只得忍气吞声。码头上一个姓刘的打手头子，是闻名乡里的恶霸，戴着墨镜、礼帽，每日里横行霸道。那一次他坐雷彭两人的轿子，却不给钱，两位轿夫据理力争，却换来一顿痛打。

在一种特殊情况下，出于自卫与求生的本能，雷明亮与彭德茂也做过一次反抗：那一年冬季天寒地冻，望城坡下了雪雨。长宁公路被汽车轧出了一条条深沟。人走上去磕绊油滑。他们抬上了一位穿皮袍的富客。在路上，走在轿子后面的雷明亮视野不佳，摔了跟头，皮袍富客自轿上栽下，被尖利的冰凌割破了皮袍。面对着暴跳如雷的皮袍富客，雷明亮目瞪口呆，不知如何是好。幸而彭德茂临机应变有了主意，他贴近雷明亮耳边低语一句，两人抬起空轿，拔腿便跑，一口气上了山坡，钻了林子。不过那以后接连好几日，他们也不敢再上路抬轿，唯恐遭皮袍富客报复。老天有眼，这回他们终得以免遭赔那件皮袍甚至挨打的灾祸，也算一次小小的幸运。

彭德茂记得，自己比雷明亮年小 9 岁，当轿夫时他二十六七岁，雷明亮三十五六岁。从春到夏、秋到冬，年复一年，两人抬过的人数以千计。抬轿是重体力劳动，这对曾受过严重内伤摧残的雷明亮而言，则如牛负重，倍感力不能支。在极度的劳累中雷明亮经常痼疾复发，一次次吐出鲜血，令彭德茂悲悯和唏嘘不已，却又无奈爱莫能助！

英年早逝：犯湘日寇罪责难逃

㉙

雷明亮 38 岁那年，因遭日本法西斯兽兵毒打，不治身亡。这是日寇犯湘的又一起灭绝人性的罪行。

有如前述，民国二十七年（1938）10月25日，日寇占领武汉，接着以18万重兵两路进窥湘境，扬言要于“一周之内占领长沙”。自此至日寇投降，围绕先后三次“长沙会战”以及“常德会战”等无数大小战役，日寇接连不断疯狂进犯，狂轰滥炸、杀人放火、奸淫掳掠，给长沙市区河东河西及周边各县区域造成了毁灭性的破坏和灾难。据《望城县志》记载：抗战时期境内沦陷一年零五个月。据东城、扬桥、新康、白马、乌山、坪塘等乡不完全统计，日军杀害我百姓近2000人，奸污妇女300余人，抓夫上千人，烧毁房屋227栋，抢走和宰杀猪牛2000多头，造成财产损失难计其数，城乡广大人民群众因此陷入水深火热的苦难之中！雷明亮家所在的简家塘一带临近长宁公路，因而一直是日寇进犯的重点地区，一次次惨遭日寇烧杀洗劫！

当地乡亲们依然记得，民国三十三年（1944）6月长沙沦陷，日寇过了湘江，沿着长宁公路建立据点，不断进行“扫荡”，丧心病狂，见人就杀，见房就烧。住在长宁公路两旁的老百姓都逃命“跑鬼子”，纷纷躲进偏远的山中。这年秋季的一天，鬼子兵又来窜犯。雷明亮一家也随大伙逃到了一个叫做宁家冲的山沟里。在宁家冲的山沟，逃难聚集的人很多。大家风餐露宿，虽获得了暂时的安全，但困扰雷明亮一家、也是困扰许多家人的问题便是饥饿。当时鬼子来得又快又凶，大家光顾逃命，来不及多带粮食衣物，进山几天就没得吃了，孩子们哭着叫饿，大人个个饥肠难熬。

雷明亮不甘坐以待毙，左思右想，决定出山回家看一看。一是想寻找点粮食和衣物救助家人，二是牵念着那几间茅屋是否存在。他还有一个梦想：如有万一的机会，他还想找彭德茂一起去抬轿。雷一嫂不许他回去，情愿一家饿死，也不让他自投虎口。再伢子和庚伢子也以不同的方式——抱腿搂腰强留他。但是，他像一个踏探雷区的勇士一样，趁天还未黑，义无反顾地走出了宁家冲山沟。

雷明亮肩扛一支青竹做就、油光闪亮的既可挑担、又可防身的扁担，左转右转潜身从山林中走出来。他看见了他们住的那几间茅屋，总

算侥幸避过一劫尚未化为灰烬，怀着一种酸楚的心情奔向它。把藏在家里的稻谷装了两箩筐，还随手捡了几件御寒的衣服。他提心吊胆挑着担子拔腿就走。尽管他小心翼翼地躲身、绕道，可在半路上还是撞见了两个鬼子兵。两个恶狼似的日本国的兽兵端着明晃晃的刺刀向他包抄过来，以刺刀相逼，夺了他的粮食衣物，还强令其跟随去长沙“苦力的干活”。雷明亮在日兵拖拽他的时候，奋力挣扎反抗。两个日本鬼子把他平摔在地上，用枪托凶残地毒打他，直打得雷明亮口喷鲜血，昏死在地。

雷明亮苏醒后，一脸的血，一身的伤，踉踉跄跄连爬带走，空手返回宁家冲时已是第二天太阳快当顶了。这时，他已无一点儿力气了。鬼子兵退缩到据点后，乡亲们把雷明亮抬回简家塘，他再也没能下床。雷一嫂一边为雷明亮到戴公庙烧香，拜菩萨，一边想方设法弄来各种治病药物。雷明亮多么地想活，一切能治病的草药、矿物和动物骨肉，他都大汗淋漓地强吞下去。但病情却一天天加重，不见丝毫好转。每次剧烈咳嗽之后便是喷涌而出的鲜血。雷明亮虽自知难逃一命，仍强忍着肉体的致命摧残，以一种十分留恋的眼神看着自己的妻儿，看着窗外青松颤抖的绿叶，从来不说一句令人伤心的话。这种以坚强的毅力和对家人的爱所支撑的求生欲与精气神，使他生命的终点延续到民国三十四年（1945）的春天。弥留之际，他盯着怀孕的妻子，握着再伢子的手、摸着庚伢子的头，喘息着说：“往后，可苦了你们娘崽了……”

殷云岭在《雷锋传》一书中对雷明亮的后事作了这样的描述：

> 这是一桩人见人悲的惨事：两个小燕似的孩子围着哭号无泪的妈妈，悲声震天。虽然包括雷一嫂在内的雷氏家庭、雷家的亲邻都知道受了致命伤的雷明亮必死无疑，但到这一天果然来临了，仍使人悲痛欲绝。他仅有38岁的年纪，他曾经有过的体面、聪明、威武的形象还印在人们的心头，与而后的伤病、憔悴——惨死形成了巨大的反差。而且，他是死于日本兽兵之手，人们在痛哭他时也同时想到了遇难的千万乡邻，因而形成悲怆的共鸣。

因为是悲惨地死去，雷一嫂便怀着补偿丈夫的心情，谋求一种较为体面的安葬：她想找一口棺材，但没有钱，没有可以卖出的家产。在那种人人自危、朝不保夕的日月里，没有人借得起这笔钱。雷一嫂只好将几亩赖以活命的佃田转佃出手，凑出钱来，买一口她看着像模像样的棺材，埋葬了她的雷哥哥。

碟子塘雷家坟山从此又增加了一个中年汉子——雷明亮的坟墓，距其先父雷新庭之墓约二百米，山向各异，单冢无碑，坟堆低矮。67 年之后的 2012 年仲春，堂侄雷正求等率亲族为雷明亮之墓刊立石碑。

第四章

雷锋家世（下）

雷锋之母张圆满：一位被逼上绝路的良妻贤母

育婴堂的张家弃婴

㉚

雷锋母亲张圆满有着由育婴堂张家弃婴—杨家养女—雷家童养媳—与雷明亮成婚—生育三个儿子—被逼含恨自缢身亡的个人经历。在她的人生之中，不幸—有幸—不幸交错。她是当地备受赞扬的良妻贤母。令人扼腕叹息的是，她在遭受一连串灾难祸害之后因不堪凌辱被逼上绝路而过早地惨离人世！

且从张圆满的出生及其娘家说起。

关于张圆满的出生时间，一些资料多称之为“1910 年”，语焉不详。据张圆满的嫡亲七哥、时年 87 岁的张翌舒 1991 年 10 月中旬的一天对专程前往采访的陈广生回忆说：“辛亥年元宵，张圆满一出世，就便悄悄地送给了长沙市一家育婴堂”。张翌舒是颇有学识与修养的文化人，他讲的这个时间该是准确的。据此查知，其时为清宣统三年农历辛亥正月十五日——公历 1911 年 2 月 13 日，肖相属“猪”。

张圆满的父亲——即雷锋外祖父——名叫张春华，从小学锻工。出师以后在湘江之畔的霞凝港街上开了一家叫“张宏发”的铁器店，打制各种大小铁制生产生活用品，全家靠他打铁营生。在那清末民初时期，兵荒马乱，民不聊生，张春华的铁店生意萧条冷落，加上子女太多，生活相当困难，一家人经常受饥寒交迫之苦。

张春华先后生育了 3 男 5 女共 8 个子女，其中有两个子女相继夭折。第七个是男孩，名字叫张翌舒；张圆满第八，是张家最后一个女孩子。当初为她起名“圆满”，并非美好意义上的圆满，而是人多为患已经“足够”、谢天谢地不要再生了之意。由此看来，有些资料称其名为“张元满”，似有悖于其名的本意。

㉛

张圆满出生不久就被父亲悄悄地送到长沙市洋人办的一家育婴堂。那是个什么地方呢？看看其来历就知道。

在积贫积弱的旧中国，19 世纪下半叶，伴随着外国侵略者而来的洋教入湘，传播所谓“基督福音”。西方一些国家的传教士们，变着各种戏法、打着“行善”旗号，笼络人心，为传教开路。兴办育婴堂即其手法之一。所以，究其实，育婴堂名义上是慈善事业，实际上是帝国主义残害中国儿童的魔窟。

育婴堂收容的几乎无一不是贫苦人家的孩子；又因封建社会重男轻女，故被送到育婴堂的大都是女孩。清末长沙已有好几家洋人办的育婴堂。在这类有美好名称的育婴堂中，皮包骨的孩子们九死一生，常常有小小的尸体在夜间被丢入湘江，这已是人们无一不知的秘密。往育婴堂送孩子的父母都知道，他们狠心把孩子丢在那里，如同闭着眼睛把亲生骨肉丢入湘江之中。所以，被贫穷逼得走投无路的父母们在陷于无法顾及骨肉之情的绝境时，把孩子丢弃到育婴堂也就再不问这孩儿的生死。

张圆满就是这样成千上万地被丢弃到育婴堂的婴儿中的一个。而此前，张圆满的一个同胞姐姐同样被其生身父母送进了育婴堂，且谁也不知其生死下落。育婴堂有这样一条规矩：只收留 5 岁以下的孩子。一满 5 岁，家人就要领回去。如果家人不再认领，育婴堂也不会再留，可以任人抱养。男孩子还多有主顾，女孩子则大多无人理睬。张春华的家境一年不如一年，自知无力认领，故将两个女儿送进育婴堂后均未及过问，听其自生自灭。

㉜

因为这样的遭遇，张圆满长大后，很长一段时间对霞凝港的双亲产生了强烈的怨恨，亦不相认。直至事后二三十年，张圆满接连生了三个孩子，且又连遭一次次灾祸，逐渐理解了“当家方知柴米贵，养儿才知父母恩”的俗语所蕴涵的理念，再加上霞凝港张家不时的传信、问候，张圆满方才逐渐体谅了当年父母舍她育婴堂的苦衷，也就逐渐萌生了相认与“归顺”之心。

约在雷明亮死后一年左右，贫困已极的张圆满手抱着小金满，带着庚伢子从简家塘向东北沿着蜿蜒曲折、崎岖不平的乡间小路，一步步行走四五十里旱路、渡过湘江来到了霞凝港街上那家“张宏发铁器店”。这是时年已三十三四岁的张圆满带着两个孩子第一次回娘家。起初，店里的人还把她娘儿三个错当成沿街讨饭的人。直到店里的一家人——她的父母、她的兄长等人终于证实讨饭的妇女就是他们的亲女儿、亲妹妹——已被遗弃多年的小圆满，她带着两个癞猫似的孩子回娘家来了。一家人，确切地说是“两家人”都抱着痛哭起来。张圆满泣不成声地诉说起了她的童年、青年和今日之遭遇，令父母兄长唏嘘不已。她和她的孩子在这里吃上了大碗的白米饭。但过了两三天，娘家人随着米缸的光洁而变幻着眼神。这使张圆满有了明显的感觉：他们仍在怕她，怕她带过来的三张口，怕她久住而不去。于是她饱含泪水知趣地、伤心地告辞了。她的父母、她的兄长谁也没有挽留她。据熟知详情的雷孟宣回忆说，在张圆满辞别霞凝港之前，她的铁匠父亲送给她一对精心打造的、可安装于扁担两端既能钩挂水桶，又可钩挂竹筐的铁钩。张圆满收下了它，但未舍得将它安装在扁担上，而是转卖给了用得起这对铁钩的人家，换来了两升救命大米。

㉝

在这唯一次娘家之行，张圆满见到的兄长中自当有她的七哥张翌舒，这也是至今人们提及最多的张圆满的一位有血缘关系的娘家亲人和雷锋的亲舅父。据张翌舒那年在接受陈广生采访时自述其身世：由于家里穷，他只读了6年私塾和小学，后来刻苦自学，考上了上海江南学院新闻专科，毕业后回长沙，参加了进步工会活动。“马日事变”时被国民党反动派下令通缉，逃亡武汉、上海等地。解放前曾在私办的《长沙交通报》、省、县民政机关工作，曾任长沙县民政科科长和省民政厅视察。解放后送进革命大学学习，以后就在湘潭、益阳和省教育厅机关干部文化补习学校教学。享受离休待遇，过着幸福的晚年生活。

陈广生问张翌舒是否看到过雷锋。张翌舒说：“1947年上半年，张圆满带着6岁多的雷锋来长沙市区乞讨，恰巧被我发现，我马上到报社预支两个月薪水给雷锋母子，要他们回去另谋生路，以后就没有机会见到了。”1963年，张翌舒听到雷锋不幸牺牲的消息，流下了辛酸的眼泪，并写下了悼雷锋的一幅挽联和七绝一首：

挽联是：五口之家余一子，庚儿可以不去；
九泉之下晤双亲，舅父理应先来。
七绝是：耗噩传来感慨深，万人景仰学雷锋。
英雄业绩传千古，不禁逢人夸外甥。

杨家养女胜似亲生

㉞

张圆满是不幸的，出生仅几天就遭生身父母遗弃，被送进了凶多吉少的育婴堂。好在这不幸之中，她却有幸偏巧遇到了一位救星杨一嫚——她就是后来被人们广为传颂和赞扬的张圆满的养母、雷锋的“杨外婆”杨一娭毑。在此还顺便提及的是，对这位救星杨一嫚的宣传多称呼其名为“杨一娭”，有误。方言中“嫚”（mān）指女孩子，也说嫚子；“娭”（āi）系由娭毑（āijiě）一词而来，“娭毑”系对祖母和年老妇女的尊称。“嫚”（mān）与娭（āi）谐音。年轻的杨一嫚为人之祖以后被尊称杨一娭毑。可能系后人在宣传时将其名误写为“杨一娭”，以讹传讹，似应修正。

杨一嫚家居简家塘附近的坪山河边村。那年，杨一嫚生了个男孩，可惜出生不久就死了。她年青奶水充足，就设法找到洋人办的那家育婴堂当奶妈，以求用奶水换几个铜钱补贴家用。在由她喂养的4个婴儿中，她特别偏爱霞凝港张铁匠送来的这个叫张圆满的女婴。悄悄地把奶水多半给小圆满吮吸了。当奶水日渐枯竭时，她毅然舍弃了做奶娘的工钱，把小圆满抱回家来抚养。杨一嫚要领养小圆满既出于她巨大的同情心，亦是被这个漂亮、聪明、坚强、懂事的小女孩迷住了心窍。小圆满的乖巧、伶俐、眼泪和甜嘴儿都使杨一嫚欲罢不能，也博得杨一嫚的丈夫杨大叔这个厚道、老实农民的热情支持。杨一嫚在育婴堂一文钱未得抱回小圆满时，开头还说是替人家喂养的，日子久了，竟直说成是自己的亲生女儿。约过了6年，杨一嫚又生了一个男孩，取名叫杨庆松。她告诉小庆松叫小圆满为姐姐，对待小圆满仍然像亲生女儿一样。

㉟

为什么后来小圆满又成了雷家的童养媳呢？七十多年过去，在杨一娭毑去世以后，1981年7月接受陈广生采访时，杨庆松谈起了她姐姐张圆满的这段往事。他说："母亲疼爱他姐姐胜似亲骨肉，家里再穷，也设法让姐姐穿戴得像个富贵人家的女孩。母亲逢人总说姐姐是她亲生女。邻里也夸赞姐姐眉眼清秀，长大一定是个俏妹子。但是，母亲生了他以后，由于家中拮据，父亲就不想要这个女儿了。父亲背着母亲同雷锋的祖父雷新庭做成一笔交易：雷家用了几担谷子把六岁的姐姐领去做了童养媳。"杨庆松说，在那种社会里，乡里历来重男轻女，穷人生了女儿说是"赔钱货"，早点许配人家少赔钱；穷人有了儿子又担心长大讨不起媳妇。早早讨个女孩在屋里，从小下力干活，长大生儿育女。乡里穷人多半是这样繁衍生息的。雷家也是如此。

对张圆满而言，在她的人生之中，从杨一嫚而杨一娭毑，数十年如一日，不似亲娘胜似亲娘。而且，不只是杨一娭毑把张圆满看成"亲生女儿"，杨庆松和妻子也从来都把张圆满看成亲姐姐，从而很好地填补了张圆满自出生就失去的父母之爱。这样，张圆满对张姓生父生母因无记忆则毫无感情可言，而把感情完全倾注到杨家养父养母一方。她一直认杨家为“娘家”，把自己看做与杨家血肉相连的一员。她也处处用言语与行动报答着杨家的大恩大德。兴许与这种情况有关，在一些媒体传播的文章中，有的甚至将“张圆满”之名写成“杨元满”。在这种氛围中成长的雷正兴，从来就认杨一娭毑作亲外婆，认杨庆松夫妇作亲舅父、舅母。而在他成为孤儿以后的艰苦岁月里，杨家外婆和舅父、舅母在自家也很贫困的境遇中，仍然想方设法关怀、呵护他们的这个苦命的庚伢子。

从童养媳到雷家里里外外一把手

㊱

确可谓吉人天相，作为雷家童养媳，张圆满的景况之美颇令人称赞。她从一开始就幸运地得到了雷家长辈的关爱与呵护、得到了雷明亮的友爱，而这也是杨一嫚之所以终于赞同丈夫的决定把张圆满给雷新庭家作童养媳的一个很重要的因素。因为杨一嫚也很了解雷新庭夫妇都为人厚道、与人为善；还有她也感觉到雷明亮是个好伢子。所以，她凭自己的直觉认为，她为自己的爱女找到了一个好婆家。日后的事实亦充分证明了这一点。

在接张圆满来家之前，通情达理的雷新庭夫妇就把自己的两个女儿送给邻居当童养媳，一个送给陈家，一个送给彭家。首先体验其中的苦处。从而一则告诫自己加倍地体恤来家的张圆满，二则用以善换善的心境盼望别人也能善待自己的女儿。雷新庭夫妇像待亲生女儿一样养育着张圆满，深情地疼爱她、细心地教育她。张圆满聪明伶俐，尊敬长辈，手脚勤快，扫地、洗碗、洗衣、学做饭菜，大小家务事都认真学、仔细做，很得公爹公婆欢喜。

张圆满与比自己年长三岁的雷明亮一起生活劳作。小明亮上山砍柴，小圆满跟着采野菜；小明亮下田插秧，小圆满在旁一把一把递上秧苗。穷小妹跟着穷哥哥，形影不离，吃饭一张桌，歇息一间屋，耳鬓厮磨，亲密无间。她和他都知道长辈和大人们都说过，他们俩将来是夫妻，因而虽彼此少小年纪，蒙昧中对此般关系耳濡目染，却明白极早，甚至逐渐生出半羞半喜的情怀。民国九年（1920）雷明亮 13 岁，张圆满 10 岁，茅屋墙头贴上结婚的大红喜字，雷杨两家长辈和亲友邻里，按乡俗庆贺雷明亮与张圆满“圆房”，这也就标志着他们俩正式结拜成为夫妻。这种在今人看来颇难理解、不成婚姻的“圆房”，当时对雷明亮和张圆满这对稚气未脱的“新人”却有着花好月圆的甜蜜。

结婚以后就是大人了。在雷家，因雷新庭排行老大，雷明亮又是长子，皆堪称“一”，故按当地乡俗，张圆满被称呼为“雷一嫂”，无疑这是尊称，是郑重其事之举。张圆满确也茁壮地成长起来，转眼没几年，她就出落成为一个身材苗条、体态丰满、唇红齿白、眉清目秀、娴雅文静的大妹子。被人称嫂的她，更加持重了，温柔中透出娴静与宽厚。“圆房”后不几年，公婆病逝，雷一嫂张圆满成为家庭主妇，开始操持一家人的生活，理家务、煮茶饭、缝补浆洗、人情来往，她都要细心安排。张圆满飞针走线做衣、绣花、捻线、纺纱、织布，乃至打草鞋无所不精，令方圆村邻称羡不已。她和公爹、丈夫一道水里泥田耕种佃田。农闲时际，雷明亮挑担贩卖“河西大米”，她也跟着提篮小卖：糯米糕、糯米团、土产小吃。小夫妻俩同心协力、同甘共苦，一家生活虽贫寒一点，但也苦中觉甜。因而当地人人羡慕雷明亮有个心灵手巧、吃苦耐劳、贤慧而又美貌的好妻子。

山歌不唱不风流

㊲

许多人还记得张圆满常与雷明亮对唱山歌的情景。张圆满生性热情大方，爱说爱笑爱唱山歌，她也经常教雷明亮学会唱。那时，在田里劳动、上山打柴或在家闲来无事，小两口都爱一展歌喉行乐、逗笑，唱的大都是当地流行的山歌、放牛小调等流行民歌，甚至还唱过宣传革命斗争的新民歌。如那年轰轰烈烈的农民革命运动在望城开展起来后，张圆满和她那位当农民协会自卫队队长的丈夫雷明亮常唱一支当时普遍流行的新民歌：《共产不共不自由》，其歌词是：

共产不共不自由，
山歌不唱不风流。
共起产来郎先去呀，
唱起山歌妹带头，
好比湘江大水流！

张圆满还经常爱唱一支本地流行的《打铁歌》，其歌词是：

张打铁，李打铁，
打把剪刀给姐姐。
姐姐留我歇，
我不歇，
我要回家学打铁……

每回唱起这首歌，张圆满总情不自禁地想起自己的不幸身世。但她知道，霞凝港街上那家铁店的生身父母已不认她了，她只有唱这支山歌以抒心中莫可名状的幽怨。她把这支歌一次次唱得十分动情，并教雷明亮也学会唱。后来她还叫庚伢子也学会唱。雷正兴对母亲教会他的这支歌心领神会，那回在天顶乡向家冲小学开展文艺活动，他还登台演唱过这支《打铁歌》，这是后话。

夫妻恩爱苦也甜

㊳

张圆满与雷明亮虽然家庭经济贫寒，然而他们的婚姻是美满的，她得到了真诚的爱，享受到了家庭应有的亲情、温暖与尊严。所以，事隔六十多年后，1981 年 7 月，杨庆松和他的妻子对前来采访的陈广生谈及当年雷家的情况和他们的姐姐张圆满在雷家的日子，依然赞美之情溢于言表。杨庆松说：

听老辈人讲，雷家祖祖辈辈有种田的，有唱戏的，名声都不错。雷锋的祖父靠佃种地主几亩薄田糊口度日，雷锋的父亲雷明亮从小跟着父亲种田。我姐姐精明、洒脱，讨人喜欢，在雷家从未受过虐待。雷新庭老人疼爱儿媳胜过疼爱儿女。邻居们说我姐姐做了雷家童养媳算是有福的。我姐姐十岁同雷明亮拜了天地成了亲，很快就成了雷家里里外外“一把手”，开始由她操持一家人的生活。种田、交租、打柴、做饭、养猪、喂鸡，没有她做不来的事。有些邻舍女子甚至忌妒她太能干、太洒脱了。她不甘心丈夫在地主田里埋没一辈子，全力支持他进城去做工，盼望他日后有出息。丈夫几个月不回家她不在乎。农忙时，她同公爹一起下田育苗、插秧、施肥、踩田、收割。地主不许佃户女人下田干活，说是“女人下了田，肥田变瘦田”。男人不在家，公爹年纪大，她不下田吃什么？她不听邪，白天下田给人瞧见怕地主找麻烦，她就夜间顶着月光干。夜间田里的蚂蟥极活跃，把她细嫩的腿和脚叮得直流血。想买双长腰胶靴穿上干，既没钱也难买，她就用破旧布做了双长筒布袜子，像穿胶靴那样套起来扎在大腿上，夜间下田，蚂蟥拿她没办法，地主拿她也没办法。她成了乡里少有的女种田能手。农闲时她不闲，她学会了刺湘绣、织蚊帐，做针线，赚取手工钱。她打的加麻草鞋既结实又美观，穿在脚上也舒服。买过她草鞋穿的人至今还说：“雷一嫂当年打的草鞋，远近驰名，乡里第一！”

杨庆松的妻子接着丈夫的话头深情地回忆说：

“我这苦命的姐姐，人长得清秀不说，同样的粗布衣裤穿在她身上，准比穿在别人身上好看，乡里谁不夸……”举个例子说：我这位姐姐平时干活，腰间总系着一条深蓝麻花布围裙，长长地拖在脚面上，做工极精细。围得时间久了，颜色洗淡了，又划了两个破口，该换条新围裙了。你说怎么着，她一夜之间飞针走线，使这旧围裙变得比新围裙还漂亮——她把旧围裙浆洗一遍，然后用深色布头剪成两只展翅的燕子，把它镶嵌在旧围裙的两个破口处，第二天重新系在腰间，再新的围裙也比不上这旧围裙好看。

不离不弃：呕心沥血力撑穷家

㊴

细数张圆满入雷家门以来的三十一二年，特别是她成年后操持一家人生活的这些年，作为雷家里里外外一把手，供养老人、相夫教子，她始终无私地、毫无保留地付出了自己的极大热忱、智慧和努力。遭“文夕大火”之灾殃及，家境每况愈下，乃至濒临绝境的十多年间，即如前述，为给丈夫治病、为抚育未成年的孩子，张圆满担当最重、付出最多。在雷明亮连遭厄运，旧伤未癒，新伤叠加乃至不治身亡以后那些年，张圆满既当娘又当爹，含辛茹苦、呕心沥血，不离不弃，无怨无悔，无不令人为之动容，有口皆碑。

张圆满22岁、雷明亮25岁那年——民国二十二年（1933）——他俩的长子雷正德——再伢子出世。再伢子开初运气比较好，他出生后的头四五年，因雷明亮在长沙仁和福油盐号由“站店”而升任“先生”，所得薪金和待遇较高；在乡里，雷新庭亦尚有一定劳动能力，能与张圆满一起把佃田种好，故一家四口吃穿不用愁。这是张圆满和雷明亮一生奋斗中唯一因偶然因素而遇到的一段短暂的温暖日子。在张圆满与雷明亮生育的三个儿子——再伢子等三兄弟之中，仅只再伢子有此幸运。然而，即使再伢子也在他5岁以后即时乖运蹇，而与其后出生的两个弟弟庚伢子、三伢子小金满一样过着缺吃少穿、饥寒相煎的苦难日子。

长沙“文夕大火”后，失业、伤害、疾病、干旱、歉收，以及日本法西斯匪徒的凶残，无数灾难祸害接连不断摧残着张圆满一家人。造成民国三十一年（1942）初，张圆满的公爹病故。民国三十四年（1945）春，雷明亮因遭日本兽兵毒打不治身亡，时年34岁的张圆满即丧夫守寡。当时亡夫雷明亮给她留下的是12岁的再伢子、5岁的庚伢子和尚未出生的不知是男是女的胎儿，别无其他半点家产。

独木难支：哺养三儿痛失二

[40]

在这样一个流年不利、惨遭不幸而又一贫如洗的家庭里，张圆满没有向命运低头，她义无反顾、勇于担当，坚强地拼命撑持着这个家。当时生活的苦难则是常人所难以想象的。据殷云岭在《雷锋传》中披露，珍藏于中国人民革命军事博物馆的《雷锋日记》“秘密卷”中，有雷锋在部队写的一篇回忆文章，较为详细地记述了当年生活的苦难情景：

>……只好把睡的床都抬出去卖了，在地上砌几块土砖，取下房门板，搭着睡觉。
>
>我们住着一间破草房子，屋顶漏着天，后墙倒塌。要是天下雨，外面下大的，屋里就下小的。我妈怕雨淋湿了我的脑袋，拿着一个破脸盆罩在我的头上。又怕冻着我，拿着破烂麻袋披在我的背上。冬天我们住着这间破房子，冻得没法，只好拿几捆稻草堵住风口，冷得实在不行了，全家人紧紧地挤在一起，又拿上几捆稻草盖上……

度日如年的这一家四口遭遇的艰难困苦以及他们为生存而作的挣扎，在前列第二章有关再伢子小正德、三伢子小金满身世的记述中人们已可窥一斑。而事实上，在极端困苦的情况下，为养活三个未成年的孩子，张圆满也如同许多穷苦人一样，有了谁都不敢不钦佩的勇敢举动，即带着孩子们外出讨饭。这段讨饭的历史，珍藏于军事博物馆中的《雷锋日记》“秘密卷”里的1960年10月15日的日记中，雷锋有这样的记载：

>……在今晚演出的评剧《血泪仇》里，看到了像王东才、小贵芳他们遇到了阶级敌人的迫害，甚至被强奸逼死的惨景，不禁引起我无限辛酸的回忆。我出身在一个很贫穷的农民家庭，我父亲靠

给地主当佃户来维持一家半饱的生活，终年辛勤的劳动，到了新年初一，全家五口人，有米不到半升，哥哥只好领着我出去送财神，讨点饭回来吃……

抗日战争时期，我父亲被那毒辣残酷的日本鬼子打死，全家无法生活，哥哥只好到一个小小的机械厂当徒工，妈妈抱我那三岁（指虚岁）的小弟弟，带着我去讨吃……

珍藏于军事博物馆中的《雷锋日记》“秘密卷”里，雷锋在一则日记中还披露了他妈妈曾想把弟弟“卖给有钱人家”的事。这则日记从可怜的讨饭生活写起：

……我哥哥常带着我出去要饭，看到富人就央求他们，老爷太太请给点吃的。要是碰上有钱人家做喜事，就去讨点剩饭菜吃。看到桌上有掉的饭菜，也用手捡了起来装在一个要饭的破布兜里，留着下顿吃。要是离家近一点，就送回家去给小弟弟吃。

我妈怕养不活我那幼小的弟弟，想把他卖给有钱的人家……

张圆满曾产生过卖三伢子小金满的念头过去鲜为人知，这可能是藏于“秘密卷”里的秘密之一，这是雷锋成年后忆述的一桩家庭往事，长期不为外人所知，而今已难究其详。在当时那种人吃人的社会里，卖儿卖女是穷苦人在走投无路时的一种极为痛苦的选择，“一木难支大厦之将倾”。故不妨猜测，张圆满产生这种念头时其心境必痛如刀绞，她定然已意识到她实已无法将自己心爱的小金满养活，留下必死，她想为他找一条哪怕是凶多吉少、九死一生的活路。

事实上，不知何因，张圆满并没有把她的三伢子小金满卖掉。而其结局是在民国三十五年（1946）秋，13 岁的再伢子小正德病死后没多久，在接着到来的严冬季节，未满两岁的三伢子小金满也连病带饿死在他母亲怀里。而事至如此，张圆满和雷明亮生育的三个儿子仅剩庚伢子小正兴一棵独苗。

最后岁月的搏击

㊶

民国三十六年（1947），是张圆满人生的最后岁月，也是她人生中最黑暗、最悲惨的岁月。

此前两年之内，她的三位最亲近的人——丈夫雷明亮、长子再伢子小正德、三伢子小金满接连死去，眼前相依为命的就只有刚满6岁的庚伢子小正兴。所以，这是十亩地里的一棵金玉之苗，是唯一可能续下雷家香火的传人。张圆满仍然没有绝望。她强忍三位亲人相继离世的悲痛，决心千方百计把庚伢子养大成人，让雷家薪火相传，以告慰九泉之下的雷明亮。为此，提篮小卖、讨饭、做女工等等，凡能为庚伢子挣到一口饭吃的事，她都拼命去做，不惜忍受着百般艰辛、劳累乃至欺凌与屈辱……

那年，张圆满四处求情，借来了少许资金进城趸来些香烟、火柴、糖果，煮些茶盐鸡蛋，盛在竹篮里，领着庚伢子到黄花塘集上做小生意。日本鬼子投降以后，地痞流氓横行乡里，军警匪特为非作歹，搅得四处乌烟瘴气，鸡犬不宁。张圆满的小生意没做几天就做砸了，血本无归。据说有一天，她领着庚伢子，拎着盛货篮子，走进黄花塘附近一家赌场，企望多卖几文钱。不料有个赌徒拿了他的烟糖不给钱。她跟这个无赖争辩起来。吆五喝六的赌徒们一起哄，把她篮子里的东西，砸的砸，抢的抢，全给毁了。她哭喊，她咒骂，要赌徒们赔偿。那群无赖嬉皮笑脸地全溜了。

经历了这场劫难，张圆满不敢再提篮小卖了。她像鲁迅小说《祝福》中失去了儿子之后的祥林嫂那样，手持防狗竹棍，挎着粗布口袋，牵着庚伢子再次到外乡讨饭。早起悄悄出去，傍黑悄悄回来。她生性刚强爱面子，就是穷死也不愿在本乡讨饭吃的。在外乡外地，娘儿俩从这家到那家、从河西乡村到河东长沙城里，一天又一天地行乞。本章开头写到的张圆满与她七哥张翌舒1947年上半年的一天在长沙城里巧遇，即是这段行乞历史的例证之一。

㊷

事过若干年后，有人提出了这样的问题："母子俩困苦到了如此境地，张圆满为什么不改嫁？"20世纪80年代末，陈广生曾带着这个问题在简家塘一带走访过许多人，他在访谈记录中写了人们对此问题的解读：

"寡妇门前是非多，亲戚邻里闲话多，她想改嫁也不容易。"彭德茂老人说，雷一嫂做了寡妇，也是百里挑一的清秀女人，乡里乡外有些不三不四的男人，不断到她屋里纠缠过，结果一个个都被她骂了出来。本乡有个姓吴的裁缝是个鳏夫，为人还算忠厚老实，时常拿些针线活儿找雷一嫂帮忙，来往较为密切。亲友们对此有些议论。多数人认为，男鳏女寡，年纪相仿，倒也般配，如能成其婚事，母子俩也就有了依靠。但不晓得为什么，这件事终究未成。

㊸

虎落平阳被犬欺。人在屋檐下，不得不低头。想到行乞毕竟不是长久之计，张圆满再次萌生了到有钱人家做女工、当佣人的想法。而这对张圆满来说并非头一次。当地许多人记得，庚伢子出生那年，贫病相煎，一家人的生活担子，全落在张圆满的肩上。庚伢子还没满月，正值年关时节，张圆满横下一条心，把襁褓中的庚伢子放在家里，每天早出晚归，给一户有钱人家做女佣去了。有病的祖父和父亲哄着喂着庚伢子，以便让张圆满能安心出去挣几文钱养家糊口。时过六年多，碰巧这个时候，住在长沙城郊的地主唐四滚子家派人来，说是他们家的四小姐要出嫁，指名要张圆满去帮她做新嫁妆，为她刺绣被面、床罩、龙凤枕套、嫁衣、绣鞋等等，并说若做得好不会亏待她的。张圆满讨厌唐家人，一想到唐四滚子上门催租讨债的那副嘴脸，气就不打一处来。可是，眼前窘境迫使她顾不得这许多了。东家召唤，她不得不去，况且这也是一次挣口饭吃的机会。于是，她毅然把庚伢子寄托在隔壁六叔娭毑家里，只身到唐家做嫁妆去了。

对张圆满此次为唐家做嫁妆之行的细则还有一说，即是因为唐家这次要做的事儿很多，所以需要较长的时日，唐四滚子命张圆满住到唐家大院去。张圆满也未多想，只向老地主提出：“我的庚伢子怎么办？”唐四滚子爽快地答道：“叫他跟着去就是！”于是庚伢子也跟过去吃饭。善良而单纯的张圆满还以为自己这回碰上了一点好运气，难得东家老爷这样发善心。

然而，福兮祸所伏。善良的人们谁能想到，就是这次看似平常的唐家做嫁妆之举，却使张圆满像受到了天大的屈辱和致命的摧残似的，从此陷入百口莫辩、思想极度痛苦而又绝望的深渊，以致不日竟走上了含恨自缢的不归路！

玉　碎

㊹

据陈广生在简家塘一带多次实地走访后采写的文章记述，关于雷锋母亲张圆满之死，当地乡里传闻不少，传说不一。乡里没有人能说得清楚。这是留下的一个谜团，一个若明若暗的谜团。就以张圆满去唐家做嫁妆之举为例来说，张圆满这次为唐家四小姐做嫁妆在唐家呆了多久？地主小姐给了她什么报酬？她在唐家到底经受了什么迫害？还是遇到了其他什么威逼利诱和不幸？彭德茂说乡里没人讲得清。传说她被老地主的儿子唐七少爷奸污了，却拿不出真凭实据来。人们只记得，她从唐家回来以后，躲进自家茅屋里很少出来。只见她领着庚伢子到丈夫坟前去哭过。她已失去往日的洒脱和刚强，失魂落魄的，眼神怔怔的，见了谁都不说话。“雷一嫂，你怎么啦？”乡亲们看她问她，她不肯作答。顶多讲一句“我傻，我真傻……”再就没话了。

㊺

张圆满选择的自缢时间是民国三十六年（1947）中秋之夜。

对于张圆满悬梁自缢与她在给唐家四小姐做嫁妆期间，被唐七少爷强奸直接相关的传闻，雷锋成年后亦有所知。如在前述1960年10月15日日记的未公开发表的下半篇，雷锋这样写道：

一九四六年春天，我哥哥在工厂左手指被机器轧断，脑袋被撞破，鲜血染红了里外的衣裳。厂主哪管这些，把我哥哥开除，无钱治，不久就死去了。我那幼小的弟弟受不住那种生活的折磨，同年冬天被活活饿死。我妈妈被无耻的地主强奸后，被赶出来，我可怜的妈啊，被迫自杀……

雷锋生前作忆苦报告，多次讲过母亲的遭遇。他这样悲愤的述说不知撕裂过多少人的心："妈妈死得太惨了，若能活到今天该有多好……"

㊻

殷云岭以他实地访谈所掌握的大量第一手材料为据，在《雷锋传》中对雷锋母亲张圆满之死作了多方面的记述。他披露说：雷一嫂被强奸后的死，彭德茂、雷孟宣的叙述是这样的：因为雷一嫂是在唐家住了较长的日子，所以无法知道唐七少爷何时强奸了她，只知道她在临死之前，回到她自家的破烂茅屋里"住了三夜"。在回家的三天三夜里，她不吃不喝，啼哭不止，悲痛的程度，几乎超过了丧夫失子。庚伢子的六叔娭毑和九叔娭毑（即雷一嫂的六婶和九婶）想探得雷一嫂的心事，她不愿说出来，但还是半吐半露了真情。更使她的婶娘惊惶不已的是，她吐露了已经"怀孕"、自己不愿再活下去的信息。六叔娭毑和九叔娭毑曾经苦苦劝说她：恶人必有恶报。告诉她，她是无辜的、清白的，告诉她不能丢下不满七岁的庚伢子。但是，一朵洁白的莲花，容不得溅上半点污泥。她是一块无瑕的美玉，宁为玉碎、不为瓦全。兴许出于这样的想法，故她选择的死日是农历的八月十五日——中秋节这一天。这一天晚上的满月最明亮而皎洁，像她的名字一样，圆圆满满。

㊼

据知情人介绍，雷一嫂在自缢之前还到刘家祠堂的皮影戏场去过，有人看见她眼神凄凄地东张西望，人们沉浸在皮影戏《三官吊孝》的欢乐中，并未对她多加注意。根据事后人们的推断分析：雷一嫂在那样的时候一定无心去看热闹，而是在寻找自己的孩子，想最后地再看他一眼。人在临死之前，一定会思绪极多。她也一定会明白，在她死之后，

她的庚伢子便会成为没妈的孤儿，心中定有断肠的苦痛。没有人知道她当时是不是看到了庚伢子，不管是看到或看不到，她都要赶着这个庚伢子没在她眼前的时辰去死。

雷一嫂从戏场回来就去找了她的六婶——庚伢子的六叔娭毑。她眼神幽幽，声儿苦苦地告诉老人家：她晚上要去串一个门儿，要老人家“好好地照顾庚伢子……”

那便是她临死前最后的话了，也是一种最后的拜托和乞求，是托孤之言。可惜的是，六叔娭毑当时没能破解它，她只当这位孤单、痛苦的侄媳要在这样的夜晚，去找一个能够一吐心中苦水的人聊一聊，那句“好好地照顾庚伢子”的话，只是指定于那一个晚上的拜托，六婶没有想到她会在那一天的晚上去死。

㊽

戏散的时候，六叔娭毑去雷一嫂房前看过，她没有回，只有庚伢子站门边，等着妈妈。她把庚伢子带回了家中，过后又去雷一嫂门前：门仍是关闭着，没有动静。她一夜无眠，数次探望，直到天明，仍未见回。她开始惊慌，与她的家人开始到处找寻雷一嫂，并追问庚伢子：妈妈昨晚给他说没说过什么话？

据六叔娭毑的儿子、庚伢子的堂叔雷明义所述及回忆文章所载：

> ……有钱的人家正过中秋节，雷一嫂独自坐在窗前。庚伢子偎向她，唤她去看皮影戏，看到她的眼睛很红，脸上挂着泪珠。她一把搂过了庚伢子，哽咽着说：“亲儿子，你还这么小，要是没有了妈妈，可怎么活呀?”
>
> 小小的儿子回答她：“妈，你别哭，等我长大了养活你……”听了这句话，她哭得更加厉害。后来，她端来了一盆清水，为小儿子洗净了手和脸儿，又在自己身上脱下了一件夹衣，说：“庚伢子，穿上这件衣裳，少挨些蚊子咬……快去看戏吧！看完戏就到叔娭毑（按隔壁六叔娭毑）家去睡觉，妈妈晚上出去有事，明天回来……”

小小的庚伢子并不知道这是亲妈临死之前的话。他是个听话的孩子，便哭着去看戏了。一看戏也就忘了这不知名目的委屈，也随着剧中的皮影人儿笑。散戏回家的时候，他又想起了妈妈，但没能见到妈妈，便跟着叔娭毑去睡觉。第二天，在众人的追问下，庚伢子讲出了妈妈嘱咐的情形，大家便径直去了他家屋子。从窗子往里看，黑乎乎看不见任何东西。门锁已经不见，门闩却闩得紧紧。庚伢子高声地叫妈妈，小拳头敲打着门板，仍不见开。雷明义使劲地撞开了那扇破门，看见雷一嫂吊在了房梁上，早死了多时。庚伢子扑上去，抱住了妈妈的腿，一个劲儿地哭喊着孩子话：“妈妈，妈妈，你怎么了？怎么了？……”可是妈妈再也听不到年幼的儿子的呼喊了。

㊾

这是把人变成鬼的社会，这是昏天黑地的年月，这是惨绝人寰的日子！就是这样，年仅 37 岁的张圆满——雷一嫂，在饱尝苦难、备受欺凌、满腹心事而又深怀着对庚伢子的慈爱和对人世的眷恋的极其复杂和矛盾的状态之中，被逼无比凄惨地自己结束了自己的人生！

张圆满——雷一嫂被逼上绝路而自缢身亡。庚伢子的哭声如利刀割锯着亲邻们的心肠，人群爆发了悲恸的合哭。六叔娭毑哭得死去活来。九叔娭毑一家来助丧事。雷一嫂最亲近的本家六叔祖父成了丧主，堂弟雷明义在哭嫂的同时也在东奔西忙，为亲邻发送丧帖。丧帖要首送娘家，坪山河边村的杨一娭毑已经成为雷一嫂心目中的亲妈。河边村杨家接到了丧帖，庚伢子心目中的亲舅舅——杨一娭毑的儿子杨庆松奔丧而来，哭叫着亲姐姐，抱起了他的小外甥庚伢子。这位舅舅和六叔祖父家等众位亲邻凑了些钱物，买了一口薄板棺材，择地于碟子塘雷家坟山雷明亮之墓的右下方约二三十米处，设独冢庄严而体面地安葬了这位苦命的良妻贤母——是的，无论怎样，张圆满无愧于这四个字——于夫，她是一位无与伦比的贤慧妻子；于儿，她是一位平凡而又伟大的慈母，嘉言懿行，堪称楷模。

2012年仲春，她的堂弟雷明义的儿子雷正求率亲族为其墓刊立墓碑。

㊿

对雷锋母亲张圆满的身世与评说，过去几十年来，报刊、广播、影视、出版等各类传媒，口述史料，展览图文乃至网络微博等均所述不绝，我亦时有浏览，感慨良多。在众多相关文献资料中，借此机会，我特别推介陈广生于20世纪80年代末采写的长篇纪实作品《一位祥林嫂式的母亲》，此文7000多字，系作者在此前多次实地广泛采访的基础上，再次到雷锋故里简家塘，专题采访雷锋的堂祖父母、堂叔堂婶、舅父舅母、姑父姑母，以及凡是接触过雷锋母亲的人，从而掌握大量第一手资料，精心写成；该文已辑录成书由辽宁少年儿童出版社1990年出版，书名《我们的朋友雷锋》。而今重读，我依然深感此文实可称系统而准确地记述雷锋母亲张圆满身世的信而有征具有权威性的佳作之一。

还须予说明的是，将张圆满的身世与鲁迅小说《祝福》中的主人公祥林嫂相比喻的不是陈广生而是雷锋本人。对此，陈广生在文中这样忆述其原委说：

> 记得1960年初夏，雷锋借去我珍藏的一本《鲁迅小说集》，读后我们闲聊起来。我问他最喜欢鲁迅哪一篇小说？他说最喜欢《祝福》。问他为什么？他说看了鲁迅笔下祥林嫂，使他想起自己母亲的命运。这引起我极大的兴趣。请他谈谈他母亲什么地方像祥林嫂？可他一时又没有讲出多少具体事情来。相反，他倒提了个问题：不知鲁迅先生为什么把这篇描写旧中国妇女苦难生活的小说叫做《祝福》？为谁祝福呢？鲁迅先生决不会为祥林嫂祝福吧？我对这篇小说缺乏研究，一时也没回答出来。事后我重读了小说，觉得有些弄懂了，准备再遇到雷锋时，同他谈谈我的读后心得，并期望他认真回忆一下他母亲到底有哪些类似祥林嫂的事情。不幸的是，当年这件事因故拖了下来，直到传来了雷锋因公牺牲的消息，我们再无法交谈了！

51

在此，另特附记的是，关于雷锋五位亲人的坟墓情况。因当时社会政治黑暗、日寇侵华、封建地主欺凌、民不堪命、贫病相煎，故雷锋出生后所见的五位亲人即其祖父雷新庭、父亲雷明亮、母亲张圆满、长兄雷正德、弟弟雷金满约五年间相继死去。对其葬地坟墓情况，有的文章称其同地接连并建一字排列，委实有误。据我们2012年6月实地寻谒和雷锋嫡亲堂弟雷正求（比雷锋小半岁）实地指认，上述雷锋的五位亲人死后均安葬在碟子塘雷家坟山（今“雷锋故居”北侧约两华里处）。雷锋其兄与弟均系未成年夭折，按习俗埋葬后不保留墓，今不可考。雷锋祖父、父亲、母亲其墓今存。即原均单冢散建，山向各异，互隔二三十米至一二百米不等，封土低平，均未立碑。望城区委、望城雷锋纪念馆等单位领导极为重视与支持保护雷锋父母与祖父的坟墓。由望城雷锋纪念馆拨款对三处墓地均予简易整修。由雷正求牵头会同雷锋的各位嫡亲堂兄（雷正求、雷正元、雷正良、雷新伟、雷伟民等）联名代立三块石碑，并在碑上分别刻字标明“雷锋祖父”、“雷锋父亲”、“雷锋母亲”，分立各自坟头，以期引起人们的注意。长期以来，在雷锋的相关宣传与研究中，雷锋苦难家史、血泪童年是不可或缺的重要组成部分。而在这方面，其祖父、父亲、母亲及长兄、弟弟的悲惨身世即是极其典型、极具说服力的重要史实。顺天应人，雷锋家乡人民代替雷锋行孝道，妥善保护好雷锋三位亲人的坟墓，使之得享应有的哀荣与尊严，告慰雷锋于九泉，无疑是一件大得人心、极有意义之事。

第五章
孤儿苦旅

不足七岁的小孤儿：何处为家？何以为生？

52

这是何等悲惨的局面！在父死约两年零八个月、长兄与小弟死约年把之后，母亲又死了！可怜庚伢子从此成为了举目无亲的孤儿，而他时年仅六岁零九个多月！

父母双亡，家贫如洗，无食无衣，这个连遭厄运的不幸家庭中的唯一幸存者——庚伢子——这个未满七岁的瘦小的孤儿何处为家？何以为生？往后的日子可否平安？……

这是雷家所有亲族、亲眷、邻里在听到雷一嫂自缢身亡和为之治丧时无不在心中萦绕着的问题，亦更是庚伢子面临的非常现实而紧迫的问题。

雷家亲族、亲眷虽众，但均家境贫穷，自顾不暇。在当时那样的社会里，穷苦人家多一张吃饭的口，就等于米缸里多一个洞、等于饭碗多一条裂缝，自然亦等于增加一份饥饿乃至死亡的风险。遥想那年，庚伢子的外祖父不就是因为一个穷字，为减少家里吃饭的人口而忍心先后将两个亲生女儿遗弃育婴堂的吗？……唉，是呀，家家都有一本难念的经。收养一无所有的庚伢子，“是不能也，非不为也”，难啦！

六叔祖父雷春华：舍身救孤

53

如同当年张圆满在育婴堂巧遇救星杨一嫂，她的儿子庚伢子在面临绝境时幸有大恩人六叔祖父和六叔婆驰大慈大悲，毅然决然宣布收养了他。庚伢子从此又有了温暖的家、有了贴心的监护人。同时，在六叔祖父一家的带动下，雷家的其他亲族、亲眷也纷纷伸出援手。这样，既减轻了六叔祖父家的压力，亦有益于庚伢子生活条件的改善，让他心灵的创伤更好地得以缓解乃至愈合。

六叔祖父绝地救孤，曾令多少人为之赞叹和惊愕，因为他们在饥馑之年收养庚伢子这个无望的孤儿，实为把生存的机会和条件匀分于他人，自己的家人就多出了一分挨饿的危险，其心地多么地无私和善良。对这种大恩大德，由庚伢子而成长起来的雷锋终生未忘。长期以来，广大雷锋生平的研究者对六叔祖父和六叔婆驰当年舍身救孤的忘我义举，始终给予极高的评价。

即如第二章所述，六叔祖父雷春华，是庚伢子祖父雷新庭的嫡亲弟弟，排行第六，故人称“雷六爹”。他有两个儿子，也就是庚伢子的堂叔雷明德、雷明义。他有两个女儿，也就是庚伢子的两位堂姑妈；有三个孙子也就是庚伢子的堂兄弟雷正求、雷正元、雷正良。他的长孙雷正求仅比庚伢子雷正兴小半岁。当时，他家已有 8 口人，再收养庚伢子，男女老少，9 口之众，一大家子人吃饭问题之大与难可想而知！

当时，乡里大家都知道，雷六爹的家境并不比庚伢子家好出多少。他家依靠佃种唐四滚子的 5 亩水田，还罢田租，所剩无几。幸而雷六爹还有一身绝好演技，能带班外出演皮影戏，从而挣几个钱助以养家糊口。然而，即算这样，毕竟因家里吃饭的人口多，禾镰上壁就靠东挪西借过日子，一大家子人等米下锅乃至饿肚皮也是常有的事。

六叔婆驰始终牢记着侄媳临终前的拜托和乞求：“好好地照顾庚伢子”。自此直到她 1954 年病逝的七年多时间，她老人家对庚伢子各方面的关爱胜过对自己的亲孙。她处处想方设法给庚伢子找吃的、做穿的，给他弄药医伤治病，晚上带着庚伢子睡。雷一嫂死后，庚伢子就和六叔婆驰住。但没过多久，庚伢子提出要搬回他家原先的房子住。按乡里迷信的习俗，说刚有人死去的屋里邪气重，不清静，如果住进去，睹物伤情，庚伢子的三魂七魄将会跪着受折磨，那还了得。六叔婆驰坚决不同

意。后来在下进东边腾出一间房子让庚伢子住，庚伢子和他妈原先住的那两间房好长时间一直空着，没人敢住进去。自然，最难处还是吃的问题。庚伢子吃住在六叔娭毑这个人口众多的大家庭，“僧多粥少”。吃饭时，庚伢子怯生生、眼巴巴在一旁呆着，不敢主动动碗筷。此情此景自然深深地刺痛着六叔娭毑的心。所以，每次开餐，她都注意给庚伢子打上一份饭菜。而懂事的庚伢子，每端起碗，就总把六叔娭毑盛给他的饭菜背地里偷偷匀一些给弟妹们吃，推让说自己吃不了那么多，其实他也并没吃饱。这类事有多少次让六叔娭毑发觉，她都不禁慨然兴叹、潸然泪下。

在庚伢子亲眷中，他的一位姑妈——即是当年祖父雷新庭送与陈家做童养媳的那一位，她很疼爱庚伢子。姑母老实、勤劳，却很穷。姑父会打“推子”。“推子”学名“砻”，是去掉稻谷壳的工具，形状略像磨。先以竹篾片和篾条编织成圆形的箍子，用黏土和泥打入箍内，再以木板包严泥块，木板上装钉木齿，制作成像一盘石磨一样，推转起来便可磨掉稻谷的壳子。这种活计又苦又累，谁家要做“推子”，他便挑起工具到谁家门就地打制，做得筋疲力尽，也难挣几个钱。庚伢子常常去看姑母姑父，一进家门便扑入姑母怀中痛哭，姑母亦哭。哭穷死的哥哥、侄子和屈死的嫂子，哭可怜的庚伢子。去一回哭一回，心中郁结的思念、委屈一齐随泪水流出。赶上吃饭的机会，姑母才能留庚伢子吃一顿饭。但姑母儿孙多，也常在饥饿中，难以多留，赶不上饭时，姑母便塞给庚伢子一点红薯、萝卜、野果等零食充饥。

在那些日子，庚伢子的各位堂叔祖、堂叔、姑姑以及杨家外婆、舅舅等等，这家或那家，常在快吃饭时，把在门外逗留或路过的庚伢子喊进屋，让他吃上一餐饭或给点别的什么食物。懂事的庚伢子一般也不“白吃”。谁家叫他吃了饭或给了他吃的，他大多在事前或事后给送去一捆柴火或猪牛吃的青草，或帮着做点别的什么事，也算他的酬谢与回报。庚伢子的这些举动，越发令人心酸，大家感觉到他是一个有心胸的好孩子，也就越发疼爱他。

跟着六叔祖父为皮影戏伴唱伴口饭吃

㊹

长沙一带流行一句民谚："浏阳的鞭子，河西的班子。""鞭子"指的浏阳烟花鞭炮；"河西班子"即是指望城境内的皮影戏演出团队。"皮影戏"也叫"影戏"、"影子戏"、"灯影戏"。用灯光照射兽皮或纸板做成的人物剪影以表演故事的戏剧。集历史、文学、民俗、诗、词、歌、赋、音乐、曲艺、剪纸、雕刻、绘画、吹、打、弹、唱等于一体，历经两千多年，有"民间文艺活化石"之称。望城皮影戏剧目、唱腔多同地方戏曲互相影响，由艺人一边操纵，一边演唱，并配以乐音。演出场地简便，戏台、厅堂、禾场、地坪乃至秋收后闲置的干田旱土等都行。就地搭成一个简单的台子，幕布一挂、灯一亮、锣鼓响起，精彩的皮影戏剧目就上演了。

有如前述，雷锋曾祖父雷泽东会唱皮影戏，经他耳提面命，其子雷春华也就是庚伢子六叔祖父从父亲的口传中学有所成，成为当地民间一位皮影全能艺人，什么角色都能演唱。因而他带的"雷家班"，是河西几十个皮影戏班中知名度最大的戏班之一。他每年有一多半时间在外唱戏。像正月十五元宵前后个把月，清明插秧前后两个月，秋收割禾到入冬时节两三个月。平常时间，大户人家生日婚庆、红白喜事之类他也常被请去唱皮影戏。

六叔祖父主张学戏要打小学起。早年间，他曾对侄媳说过：庚伢子天生一付好嗓子，身腰柔韧，弹性好，空心跟斗我才教他几下，他就会了，实在是块学戏的好材料。他表示有意收庚伢子为徒。但侄媳回答：庚伢子还小，过两年再说吧。谁知时运不好，侄媳死了。他收养了庚伢子之后，决定做主让庚伢子学戏，庚伢子自然求之不得。所以六叔祖父外出唱皮影戏时，每次都要带上他这位可怜而可爱的本家小孙子。庚伢子对影戏兴趣浓、聪明好学、记性好，看罢几场戏后，竟能唱出几段，且不怯人众之场。七八岁的小孩为皮影戏剧伴唱，更惹人喜爱。遇上主家或看戏的人发欢喜心，竟也给他这个机灵可爱的小角色赏几个钱。不过，按当时戏班规矩，庚伢子毕竟不能算班里的正式成员。他只是因为有六叔祖父的关系和面子才得以跟班来伴一口饭吃。六叔祖父当然有这个自知之明。幸喜庚伢子能充当童声伴唱，这也就多了一个跟班的由头。而对庚伢子来说，不仅能跟着看戏还能学着唱，又有饭吃，乐得每回都跟着六叔祖父去。可惜没过几个月，又遇到了一个不幸的情况是，六叔祖父多年积下的风湿病严重到了几乎寸步难行的地步。一个游走四方靠影子戏吃饭的艺人，走不动了，不能挑戏担外出了，也就没戏了。断了这条财路，六叔祖父家生活更困难了。而这对庚伢子来说，无疑是一个双重的打击。他不仅吃饭的难题更大了，且他幼小的心灵里曾一度向往的跟六叔祖父学唱皮影戏的愿望也就过早地落空了。

55

无论外出唱影子戏还是在家的闲暇时间，六叔祖父常给庚伢子讲皮影戏剧中的各种故事，什么《桃园结义》、《岳飞抗金》、《武松打虎》、《孙悟空三打白骨精》、《哪吒闹海》等等，讲得绘声绘色，庚伢子听得如醉如痴，往往听完一个又缠着六叔祖父再来一个，几乎入迷。六叔祖父讲的那些戏剧故事，以及带庚伢子外出演唱皮影戏的那段颇为特殊的经历，如同播撒了中国传统文化与文艺的种子，对庚伢子日后的成长则潜移默化，产生了多方面的积极影响。如我们后面将予记述的由庚伢子成长起来的雷正兴的“作家梦”以及他在诗歌、散文、小说创作和写日记等写作中所初露的才华，人们不难从中发现庚伢子这段童年生活衍生的某种潜在意识的作用。

还有，由庚伢子为皮影戏剧伴唱得赏钱的事说起，他三婶颇动感情地回忆说：庚伢子从小就是一个不自私、自觉节俭的好孩子，不丢一粒米、一根菜。跟六叔祖父一起唱皮影戏，别人赏给他的几个零钱，从来都是“交公”。但若在年节亲邻给点“压岁钱”，他则有另一原则——攒够褂钱买褂，攒够鞋钱买鞋。他的储钱场所使你难以发现：在房墙上挖一小洞，钱放进去，再用泥灰抹平，天衣无缝。该拿出时和盘托出，给人一个惊喜。

讨饭流浪：难以言状的悲惨生活

[56]

庚伢子童年时代讨饭流浪的悲惨生活，长期以来，令人无不为之悲酸与怜悯。自新中国成立以来，由庚伢子而成雷正兴而成雷锋，在其短暂22年的人生之中，对曾经的这段悲惨岁月始终刻骨铭心未曾忘怀，且据以不断深化自己对旧社会的恨与对新社会的爱，并用以转化成自己成长、前进与奋斗的重要精神力量。

据回忆与考察资料显示，庚伢子的乞讨生活时断时续，约自四五岁开始至近九岁结束，前后约近5年。即自其父雷明亮民国三十四年（1945）春死后至1949年8月湖南和平解放。在这些年月里，庚伢子多次在外乞讨为生，每次持续时间自三五天、十天半月到个把两个月甚至更长，时间长短不一，总的时间难以数计。大致可划分为母在前与母死后“两个阶段”，以及与长兄小正德结伴乞讨、母亲在生时伴母乞讨、母亲死后只身乞讨“三种情况”。

在前一阶段中，即母亲生前约近3年那段时间，庚伢子时年约四五岁至约近七岁。因父亲雷明亮遭惨无人道的日本兽兵毒打而不治身亡，家里不仅失去了赖以为生的唯一劳动力，且为安葬父亲，母亲只好将赖以活命的几亩佃田转租出手凑钱买棺材，家里落得个一无所有。这样，时年未满五岁的庚伢子只得与他那位时年约十一二岁的长兄再伢子结伴外出讨饭，这段历史，第四章摘录的雷锋1960年间写的相关文稿和日记中，已有片断记载。再伢子去津市做童工以及他13岁那年肺病不治身亡以后，庚伢子伴随着母亲外出讨饭。先是母亲抱着襁褓中的三伢子小金满，领着庚伢子，母子三人沿门乞讨；小金满因病饿而死以后，就是母亲手牵庚伢子讨饭了。第三章开头提到的与庚伢子有血缘关系的七舅张翌舒民国三十六年（1947）上半年在长沙市区偶然遇见亲妹张圆满，那就是他们母子俩在乞讨时恰巧被张翌舒发现的。这事也从一个侧面见证，那段时间，庚伢子母子俩行乞之地已由河西一带乡村遍及河东长沙街头。

⑰

庚伢子乞讨生活最艰难、最悲苦的时间段是在他母亲被逼上绝路自缢身亡之后。在当时那样的社会里，一个未满 7 岁的小孤儿，孤身一人，乞讨—流浪—乞讨，其难、其苦、其惨，均是常人所无法想象的！

谈及这段历史，我们不能不作应有的背景分析，以求能较为客观而公正地识其本末。

前面在说六叔祖父雷春华舍身救孤的忘我义举时，我们已提到，其实，雷六爹的家境并不比庚伢子家好出多少。收养庚伢子后，全家九口之众，而家里主要经济来源则一靠佃种的 5 亩水田；二靠雷六爹演唱皮影戏挣一点钱补贴，且不幸他又因痼疾风湿病严重到几乎寸步难行，不能外出演唱，这条财路也就断了。这样，雷六爹这一大家子人的吃饭问题也就更难上加难了，到了已揭不开锅而全家人经常饿肚的地步。

面临此情此景，聪明又懂事的庚伢子看在眼里，急在心中。他不愿因自己而过于加重六叔祖父家的负担，不愿因自己而过于拖累大家。在这种状况下，庚伢子也自然而然地联想到母亲在世的时候，家里无米下锅，他们就常外出讨饭而得以免遭饿死。讨饭总比饿死强。于是庚伢子下定决心外出讨饭。对此，六叔祖父和六叔娭毑怎么说也不赞成，堂叔、堂婶和弟妹们也好心好意挽留他，但庚伢子的那股倔脾气也来了，他怎么也不听劝说，竟执拗地一次次背着大家偷偷地外出讨饭。有许多次，六叔娭毑一再拦住门口夺下庚伢子的讨米袋，不让他外出，但没有作用，庚伢子总能设法出走。起初在邻里间讨吃餐把两餐，或在附近人家讨吃一两天连夜不归家，接着去外乡讨饭三五十天不见人影，乃至常接连个把两个月日夜在外，几乎成了流浪儿。讨饭去到的地方越来越远、越宽。

⑱

庚伢子讨饭流浪饥寒交迫，风餐露宿，他所遭遇的苦难、病痛、惊吓、欺凌、打骂、屈辱，都是言语所难以形容的。彭德茂的一篇回忆文章中谈到了庚伢子流浪讨饭情况的几个片断，摘录如下：

庚伢子再也不忍心给叔祖母和乡邻们增加负担了。1948 年一开春，他就瞒着叔祖母开始沿门乞讨去了。

讨饭，有谁能体味到其中的滋味？穿得破烂不堪的庚伢子，打着一双赤脚，拿着一个破碗，背着一个黑布袋，一家一家地哀求着，“爷爷，娭毑，伯伯，婶婶行行好吧！给一点吃的吧！”那凄楚的声音，那饥饿的目光，那黑乎乎枯瘦如柴的小手，令人心酸泪流。有一次，可怜的庚伢子东一家西一家讨了一天，也没有讨到什么吃的东西，饿得他两条腿打颤，虚汗直淌。他壮起胆子向一扇朱红大门走去，还没等他喊开门，一条恶狗就窜了过来，对着庚伢子狂叫不止，吓得他一边用木棍打一边跑。这时地主婆从屋里走出来，看见庚伢子用木棍打他的狗，便破口大骂：“你这个小叫化子，好大的胆，竟敢打老子的狗！”说着便唆狗咬庚伢子，庚伢子哪里躲得赢，恶狗猛扑过来，一口咬住了庚伢子的大腿，顿时鲜血直流。庚伢子痛极难忍，大哭起来高喊：“妈妈、妈妈！我要妈妈……”

在这种情况下，庚伢子怎能不想念妈妈呢？和妈妈讨米的日子，虽然也苦，但跟着妈妈一道，一切都有妈妈挡着、护着。每当听到恶狗狂叫，庚伢子就紧紧地揪住妈妈的衣襟，妈妈也把庚伢子紧紧地搂在怀里保护着，一边赶狗一边抚摸着庚伢子的头说：“伢子！别怕，有妈妈在呢！”有时在半路上遇到了大雨，妈妈就赶紧脱下自己的衣服为庚伢子遮雨，讨到了一碗饭，总是先给他和弟弟吃。可是现在妈妈死了，谁来疼他、照顾他呢？

也不知在外流浪了多久，一天庚伢子终于回来了。他老远就喊：“叔娭毑！”六叔祖母赶紧从屋里奔出来：“是庚伢子回来了吧？”六叔祖母仔细一看，见庚伢子瘦得不成人样，一身又脏又臭，六叔祖母一阵心酸，一把搂着庚伢子的头泣不成声地说：“伢子，你再莫去讨米了，我们喝粥多放一碗水，有叔娭毑在，就不会把你饿死的。”听了六叔祖母的话，庚伢子在外受的苦和委屈一下涌上心头，他扑在六叔祖母的怀里大声地痛哭起来。

在外讨饭流浪，特别是在乡村城郊，遇恶狗袭击是常有的事。遭遇得多了，再加上旁人指点，庚伢子逐渐有了对付恶狗的办法和勇气。据谢迪安回忆说：庚伢子有一手打狗的绝技。他曾对小迪安说过，狗不怕打，你越打，它越起劲；你越跑，它越要追。莫看恶狗张牙舞爪的，你只要沉得住气，用细条子对准它的鼻子狠抽，就那么一下，它保管服软。十天半月的，看见你就夹紧尾巴，变老实了。所以，当年那些儿时伙伴们，看到庚伢子对付恶狗的这一手，都佩服得五体投地。在庚伢子面前，一群狗可能构成威胁，但若是一条狗是奈他不何的。彭德茂回忆提到的一条恶狗猛扑过来一口咬住了庚伢子的大腿一事，吃亏之因则在这一次庚伢子误以一边用木棍打一边跑的办法对付，看来可能事发在庚伢子掌握打狗绝技之前而不幸被咬，这也就不以为怪了。

⑲

由庚伢子而成长起来的雷正兴走上工作岗位以后，1958 年在望城县委机关工作时写了一首题为《党救了我》的新诗，共分 8 段 58 行，其中第四至第五段共 24 行，集中描述了他童年时代讨饭流浪的悲惨生活，抄录如下：

……

剩下了七岁的我，
只好到处流浪。
今天流落到东家，
要上一碗洗锅汤；
明天站在西家大门口，
他放出一群恶狗，
咬得我手脚稀烂，
撕破了我的衣裳，
屁股胳膊露在外边。
捡了破烂麻袋，
还算好衣身上穿。

夜里找不到住地，
就睡在人家屋角的阶台上。
冬天在梦中冻醒，
那结了冰的破衣刺骨钻心；
夏天躺着，两手双脚不能停，
那长脚的毒蚊子，
咬得痛心，满身发腫通红；
秋天一到，
痢疾拉得真不像人；
春天不冷也不热，
那暴雨飘上台阶淋湿我浑身。
这悲惨的生活，
使我真不想活在人间……

背上的疮疤与手上的刀痕

[60]

陈广生在《雷锋在我心中》一书中有一个深刻而形象的概括："他（雷锋）是从灾难深重的旧社会，带着脊背上的疮疤、手背上的刀痕和心灵上创伤走进新中国的。"疮疤和刀痕是孤儿庚伢子童年时代深受贫穷折磨和地主欺压留下的痛苦标志，同时也是黑暗的旧社会留在庚伢子心中的血与泪的记忆。由庚伢子长大而成的雷锋在部队作忆苦报告中，一次次含泪展示着自己背上的疮疤和手上的刀痕，表达自己不忘过去的苦珍惜今天的甜，更好地为祖国为人民服务的信念和决心。

这两件事在有关庚伢子童年生活的记述中大多在所必录。诸文对其事实本身记述大同小异，而对发生的具体时间则不尽一致，甚至互有牴牾。这方面报道最早、最多者首推陈广生。他在1963年4月出版的《毛主席的好战士——雷锋》一书中就有地主"徐松林的娘"，"狠心地在小雷锋左手的手背上砍了几刀"的记述。他在1988年1月出版的

《雷锋》一书中所记述的雷锋的“脊背上生了‘背花疮’”，其时为“1948 年青黄不接的时候”；地主徐二恶婆“挥起柴刀在雷锋手背上连砍了几刀”，其时为 1949 年“立夏前的一天”。后者发生时间的记述与雷孟宣相关的回忆文章的记述吻合。《望城县志·雷锋》卷所记正兴手上“被徐二婆用柴刀砍伤，留下三条刀疤”，记其时为“民国三十七年立夏日”疑为“民国三十八年（1949）立夏日”之误。据诸家所记综合分析，拟可认定为庚伢子“背上的疮疤”发生时间大致为民国三十七年（1948）入夏时节；“手上的刀痕”形成时间大致为民国三十八年（1949）立夏日前后。

61

民间所称“背花疮”即医家说的无名肿毒恶疮一类。谚云“不怕长蛇头，只怕生背花”。手指长疮严重的叫“长蛇头”，十指连着心，痛起来要人命。这背花疮生在脊背亦即脊柱骨的皮肉之上，痛起来比长蛇头厉害十倍，且因着生部位险要，弄得不好危及生命。其起因多为受有毒蚊虫叮咬，皮肤红肿抓破感染恶化所致，故多发生在入夏热天人打赤膊易引蚊虫叮咬的季节。

民国三十七年（1948）入夏时节，庚伢子又一次背着离开六叔祖父家外出讨饭。白天挨门乞讨，晚上就露宿在别人家的屋檐下阶台上。由于蚊虫叮咬，满身起了红疙瘩，奇痒难受。疮头开始只有指甲大小，因庚伢子用脏手使劲地抓，结果发炎红肿，皮破流脓流血，没过几天，竟形成一个大浓包，走路腰不能伸，晚上痛得不能入睡。由于疼痛难忍，庚伢子只好赶回六叔娭毑家，六叔娭毑见庚伢子瘦得不成样子，腰伸不直，忙掀开庚伢子的衣一看，大吃一惊说：“这是背花疮，可了不得！搞得不好，要丢命的！”六叔娭毑连忙找来了补好的干净衣服，打来了水，给庚伢子先洗了澡，六叔娭毑自己也把手洗干净，按民间偏方的办法，把庚伢子脊背上大浓包内的脓血挤掉，形成的伤口又大又深。请邻居谢医生开了药方外敷内服。六叔娭毑还到山上去挖回十多种中草药，用炉锅煮水，内服外洗，坚持每天洗四次，每次洗完，就到屋外的桐子树上摘来新叶，用开水烫过贴在伤口上护肤祛毒。在六叔娭毑的精心护理下，花了一个多月时间，庚伢子身上的背花疮形成的大洞竟然奇迹般地慢慢地癒合了，但在脊背上留下了一块拳头大小的疤痕。[62]

幸而大家极担心的事没有发生，庚伢子没有死于“背花疮”，这次又捡回了一条小命。别看庚伢子少小年纪，他却是很重感情知恩图报的人。这回脊背上的恶疮得以治好的事，使庚伢子心里对六叔祖父一家特别是对胜似慈母的六叔娭毑更增添感激之情，这也就促使他对因收养自己让六叔祖父一家加重了负担，受到拖累而更加感到难过与不安。他意识到自己没有别的办法来改变这种状况，自己能做的只有两点：一就是外出讨饭，这样多少能给省下一口吃的；二就是抽时间多给做一点事。所以，庚伢子背花疮治癒以后，又多次继续外出讨饭，任你怎么阻拦也不行。讨饭回来在六叔祖父家停留的日子，庚伢子就默默地主动多做事，打柴、放牛、打猪草以及洗碗、扫地等家务事，凡是力所能及的，他都争着去做。庚伢子看到灶里天天要柴烧，他会打柴也喜欢打柴，故他总特别注意抓住时间和机会上山打柴。庚伢子打柴有个习惯，总爱邀集一班穷孩子结伴而行。平时，他们大多在这一带的荒山野岭打“野柴”。打得多了这些地方的柴也稀少了。这一天，也不知庚伢子是不是吃了什么豹子胆，竟然带着小伙伴们到宁家冲地主徐满料子的山上去砍柴，无异于太岁头上动土。结果被徐满料子的恶婆娘发现，她抢过庚伢子的砍柴刀，在庚伢子左手背上狠狠地砍了三刀，从而在拇指与食指之间留下一道很深的永世磨不灭的刀痕。雷孟宣在《仇恨的刀痕》一文中忆述其始末如下：

1949年初夏的一天中午，庚伢子和几个小伙伴商议，要到宁家冲子地主徐满料子的山上去砍柴，因为徐地主的山很宽，柴长得特别好。但徐满料子的老婆很恶，对山上的柴看管得很严。庚伢子不信邪，就是要到这山上去砍。他们商定，选择离家比较近、便于逃跑的地方砍，由一个人放哨，两个人砍柴，放哨的要尽量靠近屋边，一旦发现情况，就马上发出信号。大家一开始就使劲地砍，很

顺利，没有发现什么动静。可意想不到的是地主婆突然从山外边回来，正巧在出口处遇上了庚伢子。她恶狠狠地抓住庚伢子。大声骂道：“你这些穷小鬼敢到老子山里砍柴，怕是活腻了！”庚伢子顶着她的话说：“这山里的柴是吃露水长的，为什么砍不得！”地主婆一听火了，就冲过来要抢走篼箕和柴刀。在争夺时，地主婆紧紧地抓住了刀柄，举刀接连三下砍在庚伢子手上，顿时鲜血直流。庚伢子忍住伤痛，顽强搏斗，终于夺回了柴刀。地主婆悻悻而去。这时小伙伴们按照偏方寻来了棣木子、青苔等草药，用口嚼碎给他敷上，帮助庚伢子把柴整好，送他回家。庚伢子含着泪花回到六叔娭毑身边，诉说了徐地主婆砍手的经过，六叔娭毑心疼得落泪了。后来伤口受到感染，溃烂流脓，吃饭端碗都困难。六叔娭毑又到山上挖些消炎解毒的草药给他医治，将近一个月时间，伤口才慢慢癒合。从此，这鲜明的刀痕永远留在他的手上，这深深的仇恨，永远铭记在他的心里。

个性与天磨

63

诚如那句民谚所称：“能遭天磨是铁汉”。如上所述，庚伢子从出生到快满 9 岁这段时间，老天爷给他的各种各样的磨难实在够多的了！真不知当年那命运之神为何如此这般冷酷无情地对待这个不幸的小孩。幸而令人叹以为奇特的是，庚伢子的小命却出人意料地顽强而健全地活下来了，他在苦水的浸泡中竟然也能不停地成长。故确可谓不似铁汉而胜似铁汉。

在磨难与辛酸苦楚中的成长，使庚伢子平添了在正常情况下成长的儿童所难见或少见的见识与能耐。熟悉这个“小人精”的亲邻们回忆：随着庚伢子逐渐成长懂事，他那聪颖、热情、纯朴以及自尊、倔强等等个性特点也就日渐凸显出来。他明显地早熟，爱思索、爱探究，行为敏捷而又注意稳重。他不是任性顽童，亦非百依百顺。在孩子的群体中，年龄比他大一点的喜欢他，比他小的佩服他、羡慕他，以至他往往能成为那群孩子的“小头领”。庚伢子往往比同龄的孩子显得更有眼光，别人看不到的，他看到了，别人想要做的一些事，他往往先干一步。六叔祖父家收养他后，他知道自己在家中的地位，虽不卑不亢，却也知老知少，凡事有个小小的思量。说话好听，做事利索。痛苦中想爸爸、想妈妈、想哥哥是常有的事，且常在独自一人的时候，几乎每次都想得泪流满面。但一旦玩耍起来，那机灵、调皮、甚至淘气的小性子——其实也就是儿童的天真就暴露无遗了。你不让他做的事，他自以为可行，则可能缠着、闹着甚至瞒着你去做，但也不会捅什么大漏子。你不让他动哪样东西，他明着不动，待到无人时就要研究一番，看为什么不能动，如果动出了小问题，他常常掩盖得很好。偶尔，也跟着伙伴们搞点恶作剧。当然，这也没有什么可奇怪的。皇帝老子也有他的儿时嘛。

(64)

庚伢子在简家塘童年生活的轶闻趣事，不啻其个性剪影，仍有部分存留在当地亲邻们的记忆中，兹记述若干实例如下：

例之一，庚伢子拜师学武。

此事约在庚伢子6岁左右的时候。谢迪安的堂伯父谢二爷5岁开始拜师习武，继其名师掌门之职后，在宝庆、蓝田、湘乡一带广设武馆，成为盛名远播的一代宗师。那次，他来简家塘谢迪安家探望并小住一段时间。这位谢二爷很喜欢他侄儿二伢子（谢迪安乳名）和庚伢子这对“油盐坛子”（按：俗语，指玩得很要好两个小朋友），就现场表演武术给他们看。庚伢子一看就来了兴趣。那天，在六叔祖父的引领下，庚伢子跪地连叩三个响头拜谢二爷学武打。接着，在师父指点下，庚伢子开始“扎马步”、练阴阳掌等基本功以及格挡擒拿等动作。庚伢子脑子灵活，勤学苦练，上手较快。但他母亲担心庚伢子身体吃不消，又怕他学打赚打惹出祸兮，反对习武，再加上没过多久谢二爷也有事走了，庚伢子习武的事半途而废，只是往后有时摆个架势玩玩罢了。

例之二，庚伢子喜欢游泳。

他堂叔雷明义想到他是孤儿独苗一棵，怕他出问题，不让他游泳。

庚伢子就偷偷摸摸跑出来，到附近一口山塘练习游泳。一次庚伢子偷着游泳被叔叔发现挨了一通骂，他还又哭又闹。不过，可能因被管得严了，庚伢子游泳仍是低水平，水性差。

例之三，砍柴玩“打杈”游戏的高手。

庚伢子和穷伙伴上山砍柴，每当歇息之时，他们便要玩一种叫做“打杈”的游戏。先选比较长和粗的柴棍，在地上栽一根柴棍，叫做“一根葱”；栽上两根柴棍，叫做“两棵菜”；栽上三根柴棍，叫做“三杈架”。这也就分成了三类不同的等级。参与“打杈”者每人先凑份子，即各砍一捆数量大致相等的柴集中按等级分类成堆。打杈时，人要远离相当的距离用柴刀打倒栽着的柴棍，既要有准头，又要有力度。按事先议定的规则轮流上场，谁将哪个等级的“杈”打倒了，哪个等级旁边的柴堆分子就归谁所有。庚伢子是玩这种游戏的高手，每次打杈，他赢得的柴总比谁都多。

例之四，烧烤小鲜鱼。

有一次，堂叔雷明义在塘中捕鱼，庚伢子站在岸上看，手却伸进鱼篓，用一条细柳枝穿起一串鱼儿，夹在胳肢窝里走开。谁也不会怀疑一个光着身子的小孩会顺手偷走鱼。庚伢子拿着鱼走到一个比较隐蔽的地方，与小伙伴们聚一起，用干树枝烧烤这些新鲜的鱼儿。只有贪馋的孩子们才知道这味道多么地甜美。

例之五，小小的恶作剧。

有一回，庚伢子他们几个孩儿咕唧一阵，决定玩个“新鲜明堂”。他们在人们必经的地方挖一个小坑，尿上尿，用小树枝架平，撒上泥土拍实。哪个倒霉的人走路不小心踩上去便陷，尿泥沾在脚上。躲在一旁观看的那一伙细伢子，看到那个倒霉的人哭笑不得的样子，高兴得逃跑得比兔子还快。

例之六，就是不下跪。

庚伢子母亲自以为命苦，家里有人病了就去戴公庙烧香磕头，求菩萨保佑。可是菩萨并不显灵，庚伢子父亲、哥哥仍然相继死去。这回，三伢子小金满连病带饿，没钱治病，没奶喂养，母亲没有别的办法可想，又只得求菩萨。她在自家立的“桃符”前烧了高香，那天又带着庚伢子去戴公庙求神。在庙里，母亲叫庚伢子和她一起下跪磕头，可不知为什么，平常很听话的庚伢子，这回却倔得狠，就站在一旁呆呆地站立着，怎样叫他就是不作声，不下跪，使母亲和场的人大惑不解，却也无可奈何。

例之七，丢桃符。

这事发生在庚伢子母亲死后很久的一天。在庚伢子自家的茅屋中，有他可怜的母亲生前曾长期供奉着的一块从戴公庙求来避邪驱鬼的“桃符”。那天不知庚伢子怎么想的，他在屋里看到后，不声不响，竟抓起了那块“桃符”，那么用力地、狠狠地扔入了简家塘的深水之中。他只是一个七岁多的孩子，竟敢于冒犯神灵。他们家一连串的祸难未使他害怕，却激起他造反的一掷！这使当时所有见到这一情景的人无不为之惊讶和不解。

例之八，“菩萨地”砍柴。

在长沙、望城、宁乡一带，各村大多有为神权专辟的“庄地菩萨”地。这样的地无人敢种，只任由树木杂草茂盛地长着，无人敢动。简家塘等村专辟的“菩萨地”在黄花滩，树木交错杂生，阴风习习，令人望而生畏。庚伢子不信邪，动员他那班穷伙伴们到“菩萨地”去砍柴。一开始，许多受家长迷信思想影响大的孩子们畏缩不前，不敢响应。庚伢子就单枪匹马闯入密林，大捆好柴片刻工夫就砍来了，人却平安无事。于是小伙伴们惊叹、羡慕、而且悔及自己的胆小了。伙伴们经过小心初试得胜，即就得寸进尺，越砍越大胆，自然谁也没见什么菩萨惩罚、大祸临头。一些细伢子疯砍“菩萨地”木柴有人惊诧，却无人制止。因为还有另一种更为玄妙的说法：砍柴者会有大祸，目击者也不吉祥。倘若目击者再喊“不许砍柴”之类的话，大祸即迁至喊话人。这几乎是一种毫无道理的说法，但愈是毫无道理愈能显示神权的深不可测。因此，当这群小小的造反队伍在“菩萨地”砍伐之际，却从未受过任何阻挡。即便是地主“徐满料子”老婆一类的人，也只是包藏着祸心，静等着“菩萨”惩罚他们。然而，他们没有受到任何惩罚，连父母的训斥、阻拦也没有受到，且反而受到了无言的赞许。庚伢子的六叔祖父、六叔娭毑对于他的贡献是又欣慰而又心疼，每到砍柴回家歇息，六叔娭毑便要拿起庚伢子那一双瘦小的手儿，为其拔去柴刺，用偏方涂抹擦伤，亲切地叮嘱他“多加小心”，庚伢子也不无得意地回答“娭毑放心，我会注意的”，到“菩萨地”砍柴的劲头更足了。

第六章

跟着彭德茂大叔：冲破黎明前的黑暗

庚伢子讨饭的见闻与思考

(65)

历史在革命斗争中前进，庚伢子在苦难中磨炼成长。开辟历史新纪元的 1949 年的到来，三湘大地如凤凰涅槃，浴火重生。湖南人民终于在是年 8 月赢得和平解放。这也就意味着庚伢子血泪做伴的苦难童年的结束，开始走向幸福成长的美好未来！

谈起那些难忘的日子，简家塘一带年在七十岁以上的老人们至今还记得，随着新的年份——公历 1949 年（民国三十八年）的到来，这河西河东的长沙老百姓都越来越明显地感觉到，眼前这个年头与往年大有不同，很多异常气氛在社会上像春风一样或明或暗地弥漫开来。不管你是喜还是愁，谁都不能不相信这世道真要变了，旧社会就要灭亡了，新社会正以排山倒海、不可阻挡之势大踏步走来……

简家塘一带虽是穷乡，但非僻壤，并不是荒远偏僻的地方。前面说过，这里有长宁公路过境，东去省城长沙亦不过 30 华里。所以，发生于长沙城里的什么事情、什么新闻，大都很快就会接连不断地在这一带的老百姓中一传十十传百地传播开来。眼前的一些气氛，更使那些当时年过三十岁的人自然而然联想起二十多年前当地曾发生过的农民革命运动。当年传播过的“共产”口号又再现了不用说，而且还多了很多新名词，其中流传最多的两个字叫“解放”。这些方面传来传去的很多事情、很多新闻让那些有钱有势的地主老财们无不心惊肉跳；而贫苦老百姓听了心里无不惊喜欲狂。不用说，庚伢子听了更是喜得心花怒放，并在心里引起一连串惊奇与思考。

㊅⑥

过年以后，庚伢子讨饭，每回都喜欢沿着长宁公路向东走，经荣湾镇，渡湘江，到长沙街头四处转。他原本生性爱热闹，眼前的时势对他更有吸引力。看到的事情、听到的新闻多得不得了。比如说，他经常看到街头一些墙壁上贴着红红绿绿的纸写的标语，可惜他对写的内容一个字也不认识，但他看到那些军警不知为什么见到这些标语就一边叫骂一边动手撕掉。他也几次看到一些学校的老师带着学生打着大横幅在街上游行，横幅上写的字他不认识，但他听清了他们振臂高呼的口号："反饥饿"、"反内战"、"反迫害"。他也几次看到，在街头围观墙上标语的人群和参加游行的师生，在遭军警驱赶时，有的被打得头破血流乃至被戴上手铐抓走。他甚至还听到很多人传说，有位姓高的大学生因带头写标语和参加示威游行，被军警抓去打死后还将他的尸体用麻袋装着丢入湘江水中。同时，他还在多处街头都听到有人交头接耳地传说：北方很多地方都解放了，共产党的军队很快就要打过长江了，等等。总之，许多过去见所未见、闻所未闻的事，眼前在长沙街头则屡见不鲜、屡有所闻。

这是当年湖南黎明前光明与黑暗的搏斗。庚伢子对自己在长沙街头所见所闻的这些现象的实质及其深层次的原因与道理自然弄不明白，他只能凭自身体验与直觉对某些表面现象有一点肤浅的看法和简单的思考。比如说，"反饥饿"，庚伢子当然自以为很懂，因为对饥饿的滋味他尝得太多太多。按他的理解，"反饥饿"与"要饭吃"是一回事，这有什么错呢？因而他极为同情那些因参加"反饥饿"游行而遭军警打骂甚至被抓捕的人。为什么反饥饿要饭吃竟然也被认为"犯法"呢？为什么反饥饿要饭吃也要遭军警打骂甚至被抓捕呢？在那些日子，庚伢子对这些问题心里不知想了多少次，但仍然似懂非懂，不得其解。回到简家塘家里，他向六叔祖父滔滔不绝地讲述自己在长沙街头讨饭的所见所闻，但六叔祖父只是很有兴味地细听，并不回答他提问的那些“为什么”，而只是反复告诫说：这是大人做的事，细伢子不懂不要问，不要乱讲，免得惹祸兮。庚伢子是个早熟而又爱思考、爱探究的孩子，自然不会满足于这样的回答。怎么办？他想到了彭德茂大叔。他相信如果找彭大叔谈，彭大叔定会给他脑子里的那一个个“为什么”找到正确答案。

做梦都盼着这一天

(67)

彭德茂1916年生，贫苦农民出身，时年约33岁，家住简家塘西北约3华里处。种过佃田，打过零工，当过轿夫，为人正派、耿直、敢说敢做、好打抱不平，是雷明亮的生前好友，对雷家一直热心相助。庚伢子成了孤儿以后，彭德茂对他更是关怀备至。但庚伢子并不知道，彭德茂已经秘密加入了中国共产党，是地下党员。他以在长宁公路拉黄包车作掩护，正按照地下党组织的部署，积极开展推动湖南和平解放的革命斗争。庚伢子对彭大叔一直十分亲热，心里有什么不明白的地方大事小事都喜欢问彭大叔，很听彭大叔的话。彭德茂也像对待自己亲儿子一样，循循善诱，热心对庚伢子进行教育和培养（见图6－1）。

图6－1　彭德茂（1916～　）
（据资料翻拍）

据陈广生、朱亚南在《雷锋评传》中记述：这一天，庚伢子在返回家的路上，正巧遇上彭德茂大叔拉着黄包车在长宁公路上走，车上没有坐客人，彭大叔停车在路旁坐下，与庚伢子像父子俩一样交谈起来。庚伢子一股脑儿谈起了他最近在长沙城里讨饭的一些最新见闻，特别提到他听说的“北方很多地方都解放了，共产党的军队很快就要打过长江了”这个惊人的消息。因为自己并不知道“解放”的确切含义，他就问彭大叔：是不是解放了坏人就不敢欺压好人了？彭大叔听了高兴回答说：庚伢子聪明，就是这个话！彭大叔看到旁边没有外人，就压低嗓子在耳边悄悄地对庚伢子说：共产党领导的解放军正在消灭国民党的军队，蒋光头的大小衙门一连串垮台，无论在乡下在城里，坏蛋们没了依靠，都要打翻在地，穷苦人翻身解放，当家做主的好日子就快来到了。庚伢子急切地问：大叔、大叔、共产党、解放军能到我们这里来吗？彭大叔肯定地告诉他：会来的，会来的。你这个苦伢子怎算有盼头了。见天色不早了，彭大叔让庚伢子坐上黄包车，一口气把他拉回了简家塘。临分别时，彭大叔还小声叮嘱：刚才讲的那些话，眼下不能随便讲出去，跟谁也不能讲，一定要记住。懂吗？庚伢子使劲地点头回答：我懂！

㊳68

春风化雨，点滴入土。彭德茂大叔的路边耳语给了庚伢子希望与力量。从此，像有根线牵着似的，庚伢子往彭大叔家里跑得更勤了。说是出门讨饭，其实很多时候是去听彭大叔讲那些“不能告诉别人”的话。彭大叔讲的“悄悄话”让他特别着迷，特别爱听。可是，彭大叔越来越难找到了。家里人说他拉着车子早早出去，常常半夜三更才回家，回到家还在里屋点灯熬油，闩着门，不让别人进，不知忙些什么，他自己也从不透风。庚伢子嘴上不再问，心里却有数：彭大叔正忙着的事，准和“解放”有关系，准对穷人有好处。

那是庚伢子的手被地主徐二恶婆砍伤以后不久的一天。庚伢子又去找彭德茂大叔，这次找着了。彭大叔见他手包着伤，听他讲了上宁家冲砍柴的事，非常气愤，说现在什么时候了，地主婆还敢这么凶恶！接着告诉庚伢子说：解放军已经打过长江，拿下了南京。毛主席、朱总司令命令人民解放军乘胜前进，坚决、彻底、干净、全部地消灭一切敢于抵抗的国民党反动派，打倒蒋介石，解放全中国。湘江两岸人民为了迎接解放，也行动起来了。庚伢子越听越高兴。听彭大叔说毛主席这回派解放军来了，他就伏在彭大叔耳边说：“我做梦都盼着这一天呢！”彭大叔接着又轻声对庚伢子说：等毛主席派来的解放军一到，穷苦人就翻身了。那时还要成立农民协会，还要成立儿童团，斗地主分田地。他叫庚伢子等着，并预先告诉他说：到那一天，庚伢子也会有事做的。

与敌巧周旋

69

随着人民解放军百万雄师横渡长江，挥戈南进，4 月 23 日占领南京，宣告了延续 22 年的国民党反动统治的覆灭。在争取程潜、陈明仁两将军走和平道路的同时，有湖南广大群众和各界人士参加的和平运动也在中共湖南省工委的领导下轰轰烈烈开展起来。白崇禧如丧家之犬，逃窜湖南，负隅顽抗。湖南各界人民积极配合南下解放大军进行了英勇而卓有成效的斗争。

在这场争取人民解放与自身幸福的伟大革命斗争中，经彭德茂大叔的谆谆教导与具体指点，庚伢子心里像点亮了一盏明灯，对眼前斗争形势很快有了认识，他的态度也很快由旁观与看热闹转而热心参与，抓住机会与可能，勇敢、机智地积极投身到革命洪流中来。庚伢子和他的小伙伴石天柱在长沙街头与敌巧周旋的故事就是他在这场斗争中崭露头角的实例。石天柱约比庚伢子小两岁，家住简家塘对门，与庚伢子家是亲戚，两家来往亲密。石天柱父亲石海清在长沙大西门义码头协和面粉厂做工谋生，家里仍然很穷。石天柱常和庚伢子一起外出讨饭，有时也顺便到厂里看看父亲。解放后，石天柱读小学与雷正兴同班，1958 年同去鞍钢，在轧钢厂当电工，后调回湘潭钢铁公司，1962 年 12 月入党，担任工会工作。1993 年 5 月石天柱在口述回忆文章《与敌巧周旋》中记录了他和庚伢子这次斗争始末：

1949 年入夏的一天，庚伢子和我又到长沙城讨吃，看到大街上一队接一队的工人、学生和市民在游行示威。他们挥动着手中的红红绿绿的小纸旗，一声接一声地高呼：“我们要吃饭！”“要民主，争自由！”庚伢子也情不自禁地挥动着手中的棍子跟着呼喊起来。突然，一声哨子尖叫，五六个警察往游行队伍的前面追过来了，只听见他们凶狠地叫道："抓共产党！"庚伢子一看情况，马上明白：敌人是要抓游行队伍的领头人！怎么办！讨米棍斗不过枪，突然，他计上心来，小声对我说："我们去拦路！"他走上几步一把拖住前面的那个警察说：老总！老总！行行好，给点零钱吧！警察把他一甩，吼道：小崽子，滚开！误了我们的事要你的命！接着狠劲地打了庚伢子一个耳光，顿时庚伢子鼻子里鲜血直流。庚伢子并不畏惧，跳起来就大声斥骂，我也帮着骂。警察恼了，又一枪托捅到我的腿上。我痛得一下子坐到地上，一边哭一边骂。这时路上围过来好多人。大家七嘴八舌地说："打这么两个小叫化子，太没良心了！""讨饭的人有什么罪嘛！"就在这样纠缠时，那个领头游行的人趁机跑了，我们心里倒有说不出的高兴。

这天傍晚，有一个大伯悄悄来到我们身边，伸出大拇指夸奖我们：好伢子，不错，勇敢，勇敢！将来一定有出息！庚伢子一眼就认出来了，这不是游行队伍中那个领头的人吗？大伯说，他怕我们吃亏，不放心，就一直在寻找我们，现在看到了我们，很高兴。交谈中，他还告诉我们，他叫戴耕耘，他也认识我的父亲。

张贴革命标语："我敢去"

⑳

据相关文献资料记载和彭德茂、石天柱、谢迪安等人的回忆，在1949年6月至8月初这段时间，按照中共地下党组织的部署，在彭德茂等人的具体指挥下，庚伢子和石天柱以行乞讨饭等形式作掩护，在长沙河东大西门义码头、轮渡码头、荣湾镇街头、望城坡镇、长宁公路东段等多处地方，秘密传递或张贴、撒发革命传单或标语，他们或单独或合作多次勇敢、智机地出色完成了任务。

其例之一，把标语贴到"遭殃军"鼻子底下。

一天下午，庚伢子正在六叔娭毑屋前拾掇近日打的柴草。忽听有人喊“庚伢子”。抬头一看，原来是与彭大叔一道拉车做工的好朋友周满叔。周满叔拉起庚伢子来到一个僻静处，问他今晚上敢不敢去荣湾镇。庚伢子说敢去。我去镇上讨过米，熟得很。周满叔说：“那好。你彭大叔让你今晚帮我们一道去那里做点事。”又嘱咐一些话，让他牢记在心里，绝对不跟别人讲。庚伢子按指定的时间，沿着长宁公路来到了湘江边荣湾镇。见面地点是约定好了的。彭大叔和周满叔果然在镇口那株大樟树下等着，二人坐在搭在箩筐上的扁担上，像是赶夜路的挑夫歇脚闲聊。接头方法也是约定好了的。庚伢子走上去装作乞讨，彭大叔和周满叔装作爱答不理，其实在小声对他讲，要做的事是趁天黑把写好的标语贴到镇里。“镇里驻有‘遭殃军’（按：老百姓对国民党“中央军”的鄙称），做这事可有危险。”彭大叔说这话的时候，弯下腰装作在系草鞋带子。声音很低，却异常严肃。“庚伢子，你敢不敢去？”“我敢去！”庚伢子神态坚定，语气斩钉截铁地回答，并说：做这事呀，太好了！要赶快张贴起来，让人人都看到！周满叔和彭大叔把一卷标语塞进庚伢子怀里，给他拎上一个盛糨糊的瓦罐子，一件一件叮咛他要注意什么。“镇上有巡逻的‘遭殃军’，千万当心！”他们还说，万一有事也不要怕，我们两个还有别的叔叔都会出来掩护的。庚伢子怀揣标语手拎糨糊走进了荣湾镇。他身穿破小褂，标语掖藏得很严实，瓦罐里的糨糊像稀米汤，任谁见了都会以为他是个无家可归的流浪儿。街上路净人稀，偶尔有几个“遭殃军”走来走去，瞧见他也不理睬。庚伢子专门找那些天黑没人经过、白天人来人往的地方贴标语。在墙壁上、电线杆上、关了门的店铺门上贴了一张又一张。走出街口，怀里还有两张标语没有贴出去。庚伢子装作脚痛走不动的样子，一步一拐地来到了江边客渡码头出入口前路旁呆着。趁当晚最后一班船快起锚、几个“遭殃军”只顾盯着过江乘客打官腔骂人时，庚伢子手脚飞快地在码头入口处的栏杆上贴上怀里藏的两张标语，并立即跑开消失在灯光暗淡的街道上。一直在暗地里跟护着的彭大叔、周满叔对全过程都看在眼里，见到庚伢子时都连声夸奖他做得机灵、漂亮、硬是把革命标语贴到了“遭殃军”的鼻子底下。

其例之二，夜撒革命传单。

据石天柱 1993 年 5 月的口述回忆文章记载：那一天，我和庚伢子乞讨到荣湾镇。要过湘江，坐轮渡要花钱买票，我们没钱不能坐。我们只能坐划子，跟船老板讲好话，免费让我们过了河。一走上码头，我们就见到戴平顶帽挎着长枪的警察在巡逻。我们上岸以后，沿街这一家那一家地讨吃的。去到约定的地方，我们看到街边站着一个老头子，样子像等人似的。我就去问他到大西门义码头协和面粉厂如何走。这老头一连串反问我们：你们是从哪里来的？叫什么名字？到哪里去找谁？你们的爹爹叫什么名字？庚伢子说："我爹叫雷明亮，在仁和福油盐号做过工，死了几年了。"我说："我爹叫石海清，在义码头协和面粉厂做工。"他听了，很高兴地说："我们都是受苦人，你们的爹和我都很熟，我叫杨东泽。"他又问我们："我现在要你们帮我做一件事，好吗？"我们都点头答应。他更加警惕地看看周围的情况，然后解开衣扣，从怀里拿出两个纸筒来，对我说："把这两卷纸带给你爹。要藏好，在街上千万不要拿出来看，不要让人发觉了，搞不好要杀头的。"他看庚伢子比我大，比我老练，就把纸卷交给庚伢子，又帮着藏在他的破衣里，藏得稳稳当当才放心。我们顺利地来到了协和面粉厂。我爹告诉我们："这些是传单，是号召群众起来推翻反动统治、闹翻身的。今天晚上我送你们过河去，你们就把这些传单撒在回去的路上"。这一天晚上，我们把传单全撒在长宁公路沿线了，心里非常高兴。后来我才知道杨东泽和我父亲都是地下党员，杨东泽在长沙西乡望城坡、黄花塘、坪山一带搞地下工作，我父亲在协和面粉厂搞地下工作。

其例之三，在望城坡白崇禧所部驻地贴标语。

这天下午，庚伢子和石天柱按照彭德茂大叔的指令，来到了河西长宁公路的小镇望城坡。这里驻有白崇禧下面的一支部队。要在这一带贴标语自然得更加小心。庚伢子和石天柱先是四处察看路线，考虑选好情况紧急时的逃脱办法。傍晚时分，他们装作沿门行乞讨饭的样子，抓住时机在小镇内外一些地方贴了不少标语。完成任务正准备离开时，他们远远望见几个巡逻兵来了，赶紧躲起来。那几个巡逻兵看见墙上贴着

“打倒蒋介石，解放全中国！”“共产党万岁！”“毛主席万岁！”等标语，吓破了胆，赶忙把标语撕掉。他们发现糨糊未干，断定标语是新贴的贴标语的人可能还在镇上。于是就大喊大叫：“共产党来了！”接着就响起了枪声。庚伢子和石天柱赶快循着事先察看好的路线跑出了镇子，躲到一片菜地里观看动静。这时是阴历月底，没有月光，镇上人家都熄了灯，到处一片漆黑。枪声越来越密，不时还夹杂几声很大的爆炸声，那也许是投的手榴弹或打的炮吧。他们还看见有好几支手电光在晃着，照着，又听到接连不断的骂娘声。快到下半夜才慢慢平静下来。庚伢子和石天柱在菜地里躲了很久，夜很深了，他们觉得比较安全了，才绕道转回家。

其例之四，把标语贴到刘家大屋去。

有一天，彭大叔拿出好几张标语对庚伢子和石天柱说：“今天晚上你们把这些标语贴到刘家大屋去。姓刘的是地主，又是资本家，他家出出进进的阔人多，把标语贴到那里去才带劲呢！”庚伢子和石天柱接过任务，把贴标语的准备工作做好拿在手上，天黑后溜到离刘家大屋不远的一个地方藏起来。半夜过后，看不到一个行人了，他们才开始行动。刘家大屋正面是朝门，右边是围墙，进不去。紧挨朝门左边有一口水塘，塘岸边长着很多树和荆棘。庚伢子和石天柱选好路线，轻手轻脚地拨开树枝和荆条，沿着塘边涉水到了大门前的坪里。大门两边的青窑砖墙平整最好贴标语，他们选好地方，把一张张标语贴得牢牢实实。无声无响，非常顺利，连刘家的狗都没有发觉。

其例之五，不用糨糊也能“贴”标语。

那些日子，在彭德茂大叔指挥下，庚伢子和石天柱他们四处贴了很多标语。为防止被敌人发现，他们有时贴标语不用糨糊，而是用一些土办法。比如，他们手里拿着几根竹枝树枝什么的，别人以为他们是又讨米又拾柴火的，不会注意。那时老百姓的房子大多是土砖砌的，墙壁缝眼很多。到时，庚伢子他们随手折一截竹枝树棍，穿起标语往墙壁缝眼里一插，一张标语就挂起来了。如果不是这样的墙壁，他们就随手抠起一把稀泥巴糊在墙壁上，把标语贴上去，只要能让人看到，同样能发挥标语的作用。

欢迎解放军："连长叔叔，我要跟你当兵"[71]

1949年8月4日，程潜、陈明仁领衔正式发出起义通电，宣布脱离广州国民党反动政权，"加入中共领导的人民民主政权"。毛泽东、朱德复电程、陈表示慰勉，称赞其"率三湘健儿，脱离反动阵营，参加人民革命，义声昭著，全国欢迎"。8月5日晚上10时左右，人民解放军第四野战军第138师进入长沙市区，省会162个团体代表到东屯渡迎接，市区10万余人夹道欢呼湖南和平解放。

"宜将剩勇追穷寇，不可沽名学霸王。"（毛泽东：《七律·人民解放军占领南京》）

湖南宣告和平解放后，人民解放军第二、第四野战军主力部队经湖南乘胜向西南、华南挺进。长宁公路是部队挺进湘西的交通要道。庚伢子第一次以小主人的身份，在刚刚获得解放的家乡土地上，无比热情地欢迎亲人解放军。若干年后，军旅作家陈广生用生动的文笔描述了当年庚伢子在长宁公路、在简家塘一带欢迎解放军的动人情景和他的一段心路历程。请看摘录：

> 解放军从望城坡方向过来了，公路上欢迎人群潮水似的涌上去，锣鼓声、口号声响成一片。步兵、骑兵、炮兵、车队等威武雄壮，大队的人马断断续续过了一整天。傍晚时分，有个连队在简家塘附近宿营，彭大叔赶来安排照应，庚伢子跑前跑后帮忙张罗。
>
> 眼前的解放军个个年轻英俊，和颜悦色，对穷苦人特别亲切，纪律严明，公平交易，不拿群众一针一线。
>
> 世上真有这么好的军队啊！庚伢子又一次想起了彭大叔讲过的话：解放军是我们自己的队伍，是人民的子弟兵。
>
> 神交已久，相见如故，庚伢子和解放军鱼水相亲，很快成了全连人人喜欢的"湘伢子"。他和彭大叔一道帮助部队安顿下来，还

舍不得离开，转来转去，问这问那，又跟一个小战士拉起了呱儿。两个人年纪差不过六七岁，对得上牙口，很快就说到一块堆儿去了。

“你是怎么当兵的？”

“志愿当的呗。”

“我志愿行不行？”

“你？你可不行。”

“为什么你行我不行？”

“我大，你还小啊！”

“我小？我不小！砍柴担水不比你衰！你们喝的茶就是我上山挑来的清泉水烧的。”

“那也不行。当兵是要打仗的！”

“我也能打仗！”

“你能打仗？你还没我的枪高呢！”

“这，我不信！”

“不信就比比看。”

小战士把枪戳在地上，立直了，拉过庚伢子比量着。庚伢子挺胸仰头，使劲伸脖子，还是没有枪高，便又踮起脚跟。小战士哈哈大笑，按一按他的头顶，说他跷起脚才将将巴巴跟枪一般高，太小了，要当兵得过几年长大了再看。庚伢子没奈何，只好改口说自己小虽小，可没家没业没挂碍，有仇有恨有决心，一再央求小战士去给连长说说情，先不要枪，发给两个手榴弹也行。小战士嘴说不敢替他去碰钉子，其实过后真找连长报告了这码事。

进入新解放区的部队，每到一个地方先要访贫问苦。连长听了彭大叔介绍的情况，又走访了好几户人家，已经知道了庚伢子的身世。这位连长也是苦孩子出身，对庚伢子非常同情，可一说他要当兵，便笑着摇头。他还没满9岁，实在是太小了。

部队准备出发。连长向乡亲们告别的时候，庚伢子又找来缠磨，他朗声说：“连长叔叔，我要跟你当兵。”恳求连长叔叔带上他一起走。见连长总不松口，庚伢子喉咙塞了，眼泪夺眶而出。连长帮他抹去脸上的泪水，说大军南下还要走很远很远的路，继续追击敌人，真的不能带上他这没有枪高的“湘伢子”。说着，掏出了一枝钢笔，递到庚伢子手里，劝导他：“好孩子，不要哭。翻身解放了，眼下你的任务是好好学习。学好了文化，学好了本领，长大才能建设祖国、保卫祖国呀！”

这位连长给庚伢子留下一枝钢笔，留下一股心劲，却没有留下自己的姓名。

第二篇

新少年的先锋

伟大的党啊，是您把我从虎口中拯救出来，抚育我成长。

是您，给了我无产阶级的思想，
是您，给我指出了前进的方向，
是您，给了我前进的动力，
是您，给了我一切……

——录自《雷锋日记》

·本篇提要·

1949年8月4日，湖南和平解放；随后不满两个月即到10月1日，毛泽东主席在北京天安门城楼庄严宣告："中华人民共和国中央人民政府今天成立了！"中国人民从此站立起来，成为新国家、新社会的主人。庚伢子——雷正兴和全国亿万人民一样，其人生命运从此发生了根本转变，成为了新生的国家和社会的小主人！

自1950年秋开始，年近十岁的雷正兴发蒙读小学。他用六年时间在家乡读完了小学学业。这是很不平常的六年。雷正兴抱着"为毛主席争光、为雷家争气"的目的，克服生活上的诸多困难，刻苦学习，尊敬老师，友爱同学，积极参加校内外各种公益活动，成为老师和同学公认的品学兼优的优秀学生和优秀少先队员。

作为未成年孤儿，解放让雷正兴政治上翻了身，"土改"让他经济上有了自己的土地房屋，但生活上仍不能自立。上学的"一日三餐"成了最大难题。他采取在三位堂叔家轮流寄居以及谁家供饭放学回家后就为谁家做事等方式，虽使上学的早晚餐基本有了保障，但在学校常因未带午餐而常挨饥饿。当时，农村教学条件极差，故因就读所在学校中途停办或合并，以致其小学六年竟然先后转学三次改换了五所学校，其中去清水塘小学就读每日上学来往须走二十多华里。难能可贵的是所有这些艰难困苦都被雷正兴以坚强毅力和刻苦耐劳精神战而胜之。清水塘小学的同学们编的顺口溜赞扬说："小小雷正兴，家里贫又穷；赶路十几里，早到第一名；学习他最好，活动他最行；大家学习他，争做好学生。”

春风夏雨，弦歌不辍。彭德茂大叔亲自送雷正兴上学。就读所在的各学校的老师如李扬益、夏柳、谭礼、张仲明、常业勤、易华钦、李树琪等老师都以高尚师德和同情心教导与关怀雷正兴，几乎所有老师无不喜欢这个小个子学生。这对雷正兴在校的学习进步与成长，无疑具有多方面的积极作用与影响。

1956 年 7 月 15 日，雷正兴在高小毕业典礼上慷慨陈词，讲述了自己高小毕业后未来人生追求的目标与理想：一是当新式农民，驾起拖拉机耕耘祖国大地，建设社会主义新农村；一是做个好工人，为我国的社会主义工业化出把力；一是参军做个好战士，用自己的鲜血和生命去保卫我们伟大的祖国。这三大选择的理想升华就是“做人类的英雄”。

第七章

解放了：雷正兴翻身成了新社会的小主人

丢掉讨米棍，扛起红缨枪

⑫

解放区的天是明朗的天，
解放区的人民好喜欢，
民主政府爱人民呀，
共产党的恩情说不完。
呀呼嘿嘿一个呀嘿……

解放了！天亮了！新中国、新社会，人民当家做主。毛泽东主席在北京天安门城楼宣告中华人民共和国中央人民政府成立时，差 79 天方年满 9 岁的孤儿雷正兴——解放前的小乞丐庚伢子——从此翻身成为了新社会的小主人。此时此际，他那种兴高采烈的喜悦心情、那股如烈火燃烧的激情和每天从早到晚使不完的劲头，确是言语所难以形容的。对于时隔六十多年的今人而言，对此也许会在某些方面令人颇感难以理解。然而，在当时，从苦难的旧社会走过来终于获得了解放和新生的雷正兴，他的感受、他的情怀、他的行动的表达都显得那么极为自然与真诚，无一不发自其内心。

解放了，在当地党组织的关怀下，雷正兴得到了社会救济的粮食、衣被。在这同时，随着农村减租退押等政策的推行，雷正兴六叔祖父家的经济生活也有所好转。更重要的是彭德茂大叔的教育与期盼让雷正兴心里越来越明亮，产生了无数美好希望。这样，雷正兴终于决定，丢掉讨米棍，再也不外出讨饭，就寄住在六叔祖父家，跟彭德茂大叔学着做一些事。

“讨米棍”——就是那样一根外出行乞要饭时用以护身防狗的长不过四五尺的小木棍或小竹棍，从他哥哥再伢子小正德到他母亲张圆满到庚伢子雷正兴自己，母子三人手中讨米棍换了一根又一根，根根渗透着血和泪，这一根不能用了换上另一根还得用，苦度近五年，换来换去想丢也还是丢不了。今天，只有解放了的今天，成为新社会的小主人的雷正兴才能把无需再用的讨米棍从此真正永远丢掉！

解放了，中国共产党在望城境内组织由地下转向公开，彭德茂从此公开了自己的共产党员身份，从而使当地劳苦大众有了近在眼前的顶梁柱、主心骨。雷正兴自然也就可以公开按照他那位胜似慈父的彭德茂大叔的指点，为新生的民主政权的建立和巩固，做一些力所能及的事，成为彭德茂大叔得力的小助手。

73

也就是在丢掉手中的讨米棍之后，雷正兴扛上了红缨枪。

在时任安庆乡农民协会主席彭德茂的具体部署和支持下，雷正兴带头积极串连一些穷伙伴，组建成了安庆乡儿童团。“团长”的最佳人选自非雷正兴莫属。这不只是因为他认识的人多、地方熟、能出众、吃得苦，更为重要的是他思想觉悟提高快，听话守纪律。第一批儿童团员有解放前夕曾多次与雷正兴一起秘密撒发、张贴革命传单的石天柱，他担任副团长，还有比雷正兴小一岁的邻居谢迪安、小半岁的堂弟雷正求等等。那天乡农会写在大红纸上公布的首批儿童团员名单足有十多个，大都是简家塘一带八九上十岁的细伢子以及细妹子。以后又陆续增加，最多时儿童团员人数约近三十人。也就是从这次“金榜题名”开始，雷正兴和他的伙伴们个个被写的都是“大名”而不是“乳名”，这无疑也是一种成长与身份的标志，令人感到荣誉、尊严与骄傲。从此，直呼其名“庚伢子”的人日渐少了；而称呼其名“雷正兴”、“正兴”、“小雷”的人则与日俱增。有时，在一些场合甚至还在这名字后面加上最新流行也是令人倍感亲切与自豪的称呼——“同志”。

在那些日子里，简家塘一带比较宽广的地坪或大路上，每天都可看到手持红缨枪的儿童团们列队操练的身影。“立正一向前看”、“齐步一走”、“一、二、三、四”……清脆嘹亮的口令声声入耳，整齐有序的队列显示生机与活力。那个紧握红缨枪发号施令的领队不是别人，是二十二三年前那位手持梭镖威风凛凛的农协自卫队队长雷明亮的第二个儿子雷正兴。这定然也就引起人们真切的联想：如果雷明亮不是那年因惨遭日本兽兵毒打死于非命而能看到今天的情景，该是何等欣慰与自豪。

高唱革命歌曲是儿童团员们最喜爱亦为常规节目。当时最先传唱的是随着南下解放大军而来的《解放区的天》、《团结就是力量》以及1948年宋扬编曲的长沙民歌《一根竹竿容易弯》等歌曲。还有革命历史歌曲《共产儿童团歌》，其歌词写道：

准备好了么？时刻准备着，
我们都是共产儿童团；
将来的主人，必定是我们，
的的达的达，的的达的达。

小兄弟们呀，小姐妹们呀，
我们的理想多么远大；
牵着手前进，时刻准备着，
的的达的达，的的达的达。
……

这些歌曲，儿童团员们带着热烈的情绪歌唱，越唱越有劲儿，学会后，又领着家里人和周围的人学唱。一时间，“解放区的天是明朗的天”，“团结就是力量”，“众人合伙金不换”，“牵着手前进，时刻准备着”等革命歌声，在简家塘一带乃至安庆乡上空到处飞扬，令人倍感启迪、振奋与希望。

儿童团还有一出重头戏就是扭秧歌。“锵，锵——齐，齐；锵咚锵——齐咚齐”。雷正兴从六叔祖父房里拿出过去演皮影戏用的那套锣鼓钹公用，大家就随着锣鼓的节奏“锵锵齐齐”地进进退退扭起来。秧歌是随解放而来的北方民间文艺活动，很容易学，就几个简单动作，细伢妹子一学就会，婆婆姥姥学起来也不难。只个把钟头，大家很快就能掌握动作要领，列出队形，舞扭起来，煞是又热烈又好看。从儿童团开始，没有几天，就在全乡男女老少中风快传开起来。

当年雷正兴带领的儿童团发挥的作用和影响可不能小看。它是演出队，又是宣传队。乡里开群众大会，儿童团必被应邀到场演唱助兴。平时，他们还按照农会或乡政府的安排，下乡搞宣传。每一次，儿童团举着红旗、扛着红缨枪、排着整齐的队伍，敲锣打鼓，从这个屋场到那个屋场，给大家唱“新歌”（当时老百姓对革命歌曲的称谓）、表演秧歌或其他小节目。这种热烈、生动、活泼而为大家所喜闻乐见的活动形式，在刚获得解放的父老乡亲们中起到了很好的宣传与鼓舞的作用。

儿童团还积极配合和协助农会民兵，担负某些站岗放哨或巡逻等任务，为民主建政贡献了力量。

当然，安庆乡儿童团全体成员的所有活动都以自愿和无偿为原则。他们大多利用农闲、课余和其他一些闲暇时间，开展集体排练或宣传等活动。招之即来，活动结束即各自照常上学；或各自回家，照常参加砍柴、看牛、割牛草、挖猪菜以及家务事等力所能及的劳动，以求做到两不误。还有，尽管儿童团员们都已是学龄儿童，但建国伊始，百废待兴，那时当地暂无学校可供就读。这样，儿童团的活动则无疑能在一些方面起到某种“学前教育”的作用，因而普遍受到各自家长的欢迎与支持。随着安庆乡人民政府建立、龙迴塘小学招生开学以及“土改”胜利结束，安庆乡儿童团也就以圆满完成自己的光荣使命而告终。

智擒顽敌

74

据《望城县志》记载：1949 年 8 月长沙全县解放后，县人民政府曾晓喻旧政府机关工作人员照常供职，听候接收；命令一切反动武装就地向人民解放军缴械投诚；警告反革命分子不得破坏捣乱；号召人民努力生产、筹集粮草支援前线，维护社会秩序。然而，部分残敌仍不死心。在望城境内，国民党反动派遗留下来的大批散兵游勇与土匪流氓相互勾结，到处敲诈勒索、抢劫财富、残害百姓，破坏捣乱。同时，长沙和平解放前夕，白崇禧部溃逃时曾指使军统外围组织头目以“圈子会”名义组织所谓“反共自卫救国军”独立第四队，潜伏县境进行破坏活动。他们到处造谣惑众，抢劫霞凝港粮库、捆绑殴打靖港派出所所长、刺杀西华乡农会主席，作恶多端，妄图死灰复燃。为巩固和保卫新生的人民政权，1950 年 10 月下旬，召开长沙县首届各界人民代表会议，作出清剿土匪、征收公粮、建立地方人民武装三项决议。1950 年初，举办地方干部培训班，为接管旧基层政权培训干部。3 月下旬，全县废除保甲制度，建立乡村人民政权，结合民主建政进行清匪反霸、减租退押、清理义仓积谷和公产等工作，安定人民生活，稳定社会治安。

安庆乡的民主建政同样经历了极为尖锐复杂的斗争。获得和平解放之初，境内不法地主、恶霸、劣绅与匪特暗中勾结，钻当时保甲制度尚未废除的空子，公然组织假农会，与以彭德茂为主席的共产党领导的真农会分庭抗礼，破坏清匪反霸斗争，甚至妄图组织反革命武装暴乱。幸而这一伙人的阴谋被及时识破而予以粉碎。1950 年 3 月，旧的保甲制度被彻底废除，基层由农会代行政权职能，安庆乡人民政府正式成立，彭德茂被选举为安庆乡人民政府第一任乡长。这个捏锄把、当轿夫的大汉开始掌握了印把子。他深孚众望，在安庆乡持续任职多年，这也就为雷正兴的健康成长提供了难能可贵的有利条件。

在民主建政与土改工作中，雷正兴思想认识明确、爱憎分明，警惕性高，敢于斗争，带领儿童团员们做了大量有益的工作，其中有两个对敌斗争的突出事例曾传诵一时。

据彭德茂等人回忆和陈广生等实地采访记录：约在1950年初春的一天，雷正兴蹲在塘塍下挖猪菜。无意中听到塘基上有叽叽咕咕的说话声。他见两个说话的人行踪诡秘，便不声不响侧耳细听，不禁吓了一跳。原来是那个伪保长和姓邓的恶霸地主在嘀咕，说什么“如今共产党来了，我们这些人算倒霉了！”“哼！谁要是敢来动我一下，我还有六条土枪，来一个敲他一个！”见那两个家伙走远了，雷正兴站起来，也顾不得再挖猪菜了，赶紧跑去找到彭德茂大叔，把刚才听到的情况原原本本说一遍。彭德茂很重视，他判断这事可能与假农会有关。他就想出办法布置雷正兴随时注意这些人的活动。雷正兴便不时到假农会院内，装着和住在隔壁的一个小伙伴玩耍，暗地里跟踪监视。那天上午，他发现那个姓邓的恶霸地主和一个当过伪警察局长的家伙又到假农会院子里来，并进了里屋。他便悄悄地躲到了屋后窗外，耳贴窗棂细听屋内的谈话。原来，那帮坏蛋咬牙切齿，杀气腾腾，正在密谋，妄图杀害安庆乡民兵队长，阴谋夺取民兵的枪支和梭镖，煽动反革命武装暴乱。雷正兴立即把侦察到的情况报告彭德茂大叔。彭德茂和民兵队长把雷正兴报告的情况与他们掌握的其他相关情况综合分析，对敌方的行动时间和地点作出了准确判断。及时联合邻乡的民兵武装，以绝对优势的兵力，进行围剿，擒获了聚集在假农会院内准备犯事的全部罪犯，缴获了全部枪支弹药，使其阴谋未能得逞。

还有一件事，据石天柱回忆文章记载：在土改即将开始时，那天傍晚时分，石天柱和雷正兴从地主张老三屋后路过。雷正兴首先发现张老三探头探脑领着他的儿子，拿着锄头钻进了树林里。雷正兴让石天柱就地隐蔽，自己立即悄然尾随探视，发现老地主指点他儿子一锄一锄地挖开了地洞口，然后又回到家挑了三担子东西，埋进地洞。发现这个情况后，雷正兴立即轻脚小步地走到石天柱跟前，细声地说：“石柱！张老三在左边林子一个地洞里埋了东西，你继续监视，不要走，也不要做声，我去报告农会去！”雷正兴一口气跑到农会将这一情况告诉农会主席彭德茂，彭德茂听后立即调动民兵，包围了张家屋后的树林，挖开了

地洞，找出了满满两箩筐大洋、金条和绸缎衣料等物。这件事轰动了全村。

土改翻身：雷正兴有了真正属于自己的土地和房屋

(75)

1950年6月，中央人民政府委员会通过和颁布了《中华人民共和国土地改革法》。据《望城县志》记载，1950年7月20日，县成立土地改革委员会。9月在高冲等4乡进行土改试点，10月分四批在全县铺开，翌年4月结束。依据《中华人民共和国土地改革法》，贯彻“依靠贫农、雇农，团结中农、中立富农、有步骤地、有分别地消灭封建剥削制度，发展农业生产”总路线，组织土改工作队（545人，其中有省57人），深入乡村，坚持与贫雇农同吃、同住、同劳动，采取访贫问苦、扎根串连、回忆对比与诉苦的方法，发动群众斗地主，分田地。同时，根据中央人民政府政务院《关于划分农村阶级成份的决定》及其《补充规定》的精神，对农村住户划份阶级成份。将征收没收的土地财物，由乡农会统一分给无地或少地的农民，使耕者有其田，地主亦分给土地，让其自食其力。

(76)

安庆乡的土改在1950年冬至1951年春展开，约三个月。

在土改那些日子，雷正兴最是斗志昂扬，激情燃烧，心喜欲狂！

雷正兴无限热爱的共产党派出的土改工作队进村了。他盼望已久的这一天终于来到了！他有太多的苦要诉，太多的冤要伸，太多的仇要报！驻村土改工作队的伯伯、叔叔、阿姨们无不极为理解雷正兴的心情，一次次上门听他细说、任由倾诉，给他指引，给他力量，支持他申冤、支持他报仇……

作为新社会的小主人，时年已满十岁的雷正兴同时也心里明白，他不能坐享其成。为了土改的胜利进行，他应该像彭德茂大叔所指出的那样，自觉行动起来，积极参加斗争。因为这时他已在龙迴塘小学一年级就读。读书当然不能耽误，但巧作安排，还是可以挤出一些时间以实际行动投入到土改工作中来。而最好的办法就是让儿童团的活动更好地开展起来。于是，这位雷正兴团长又主动上门把那些曾经的儿童团员而今的龙迴塘小学的同学们一个个重新发动起来。这倒不难，一呼百应。一声令下，红旗招展、红缨枪如林、歌声嘹亮、锣鼓喧天，或参加斗争大会，或走村串户作宣传，或站岗放哨、通风报信，雷正兴带领的儿童团成为了土改工作队的一支可靠的有生力量。

当年的那种难忘情景，作家殷云岭在《雷锋传》一书中用饱含深情的生动文笔作了全景式的描绘。记得当年我也曾作为土改工作队的一员，在家乡参加了一段时间的土改工作，往事如昨。而今再读殷云岭笔下再现的那段历史，感慨系之，不可磨灭。特摘录如下：

斗争地主的群众运动展开了，一如一九二六年到一九二七年农民运动的轰轰烈烈。贫苦农民扬眉吐气，地主、恶霸受到了应有的清算。厄运的长索，开始绕向这些富豪之家，结成一个又一个的死结。雷正兴身任儿童团团长，举手投足都酷肖他的父亲。六叔祖父与六叔奶奶看着孙子的威武形象，欢喜、辛酸的眼泪一起涌出了眼眶！

斗争恶霸地主的大会召开了。雷正兴手执红缨长枪，登上了大会的高台。他的眉毛高高扬起，双目炯炯生光。高挺的鼻梁下方，双唇有力地紧抿着。他的头发又黑又亮，显得既英武又秀气。

被斗的地主、恶霸被成串地押上台，口号声、喊杀声犹如山崩地裂。受尽压迫剥削、奴役之苦的农民纷纷跳上会台，一桩桩、一件件地揭露着吃人者的罪行，台下的哭声，汇成滔滔江水汹涌澎湃。

在这样的时刻里，雷正兴的眼睛一刻也没有离开“徐满料子”的老婆，没有离开她的那只曾经捉刀的手。他想起了自己的爷爷的惨死，爸妈兄弟的惨死，再也按捺不住心中的悲痛，哇地一声哭叫起来，几步冲到了那恶婆子的面前，伸出了被砍的手，晃动着明晃晃的伤疤尖声叫道：“地主婆！你认识这些疤吗？你还敢不敢……

再砍它三刀？”

恶婆子颤抖了一下，双眼盯看着那只伤手，盯看着雷正兴手中闪亮的梭镖。“戳死她！戳死她！”愤怒的儿童团员——砍柴队员尖声叫喊，“徐满料子”的恶婆子吓瘫在地。种瓜得瓜，种豆得豆，用柴刀砍一个孤儿的母老虎也有今日，这是历史的必然，倘若雷家惨死的五口人地下有知，该会出一口怎样舒心的长气！

“打倒地主！”

“打倒恶霸！”

“血债要用血来还！”

“共产党万岁！”

雷正兴溅泪高呼。

惊天动地，山呼海啸。在那些电影上屡屡出现，不成稀奇的口号声响起的时候，观众的理解是否有了雷正兴等人的深刻？一些人倒了下去，撬动历史杠杆的人们在革命，正是这种革命改变了穷苦人的命运，让厄运的长索转而捆向地主、恶霸，一个翻身儿童的爱憎基础在此时奠定，永生不变！

也有些许令人遗憾的事：唐四滚子属于工商业地主，按照党的保护工商业的政策，只没收了他在简家塘霸占的全部田土山林和房产，且亦未将他押来简家塘接受清算和斗争。因而确如过去受尽其剥削和欺压的佃农们说的：“真太便宜他了！”还有，那恶贯满盈的唐七少爷，因他犯下另外一些罪行，在长沙城里早已被擒拿归案，结束了其可耻的一生，确属罪有应得。

(77)

按照土改相关各项政策，划分阶级成份：雷正兴划为雇农成份，属于农村赤贫阶层。

在分配土改胜利果实时，按照政策，是雇农又是孤儿均应分予“双份”，故雷正兴名下分得水田2亩4分、山林4亩8分、山地3亩5分，茅屋两间，还有家具一套、浮财一批、稻谷600斤等物。

1953年2月，望城县人民政府正式颁发了“土地房产所有证”。雷正兴土改时分得的所有水田、山林、山地、房屋等均一一列具在颁发给他的“土地房产所有证”之上，这是雷正兴——还应该说是从他祖父以来雷家三代名下破天荒第一次拥有的真正属于自己的土地与房产！在尔后的合作化运动中，雷正兴带头将他土改时所分得的田土山林全部入了农业社，并主动交出了自己的“土地房产所有证”，集中销毁，以表示坚决走农业集体化道路的决心。故而今望城雷锋纪念馆展出的雷正兴的“土地房产所有证”则为复制品，且所填写的颁发时间实为“一九五三年二月”之误（见图7－1）。

图7－1　望城县人民政府发给雷正兴的“土地房产所有证”（望城雷锋纪念馆据展品翻拍）

永不复返的阶段与儿童天性纯真的复活

[78]

马克思曾经这样指出：

一个成人不能再变成儿童，否则就变得稚气了。但是，儿童的天真不使他感到愉快吗？他自己不该努力在一个更高的阶梯上把自己的真实再现出来吗？在每一个时代，它的固有的性格不是在儿童天性中纯真地复活着吗？为什么历史上的人类童年时代，在他发展得最完美的地方，不该作为永不复返的阶段而显示出永久的魅力？

细读马克思的这段话，领悟其所蕴含的深邃哲理，据以解读解放后少年雷正兴的某些“固有的性格”的显示，即不难看出他那“永不复返”的童年时代的儿童天性的纯真的复活。不言而喻，在那把人变成鬼的旧社会，在那血泪做伴的悲惨童年，雷正兴的儿童天性遭到冷酷无情的压抑、摧残、扭曲，只有在获得了解放之后，他政治上翻了身，经济上有了属于自己的田土房屋，成为了新社会的小主人，他那原本就有的儿童天性才得以“纯真地复活”。这也即如郭沫若诗剧《凤凰涅槃》中的一段著名台词所言：“静后之动，寂后之声，暗后之光，死后之生。一切显出生机，一切显出转机，一切显出希望，一切显出万象更新。”且其影响所及，则从其少年时代而直至青春岁月，从而“在一个更高的阶梯上”成就其本色特点，换而言之，不妨称之为“本色雷锋”或“雷锋本色”。

79

本书前已多次提及的谢迪安是雷正兴在简家塘贴隔壁邻居、小学同班同学，共同度过了十二年难忘岁月。高小毕业后，谢迪安考上望城一中读书，雷正兴到县里参加了工作，两人仍常有来往。直至雷正兴北去鞍钢才中断了联系。对少年雷正兴的本色、对那一段令人怀念的本色年华，时过一个多甲子后的今天，谢迪安的记忆仍如在昨天。2012 年 3 月与湖南卫视节目主持人讲述少年雷正兴往事，绘声绘色，栩栩如生。谢迪安在《我的雷锋情结》一文中写道：“四五岁我就是庚伢子的‘跟屁虫’。比我仅长一岁的他，带着我戽鱼捞虾捡蘑菇做水枪，以后一起上山砍柴一起上学读书一起下地干活，彼此形影不离。尽管有时也红过脸、吵过嘴，但他始终是我的保护神，是我的好兄弟好伙伴好榜样。”

2006年2月，谢迪安写了长达20多万字的书稿，书名《中国之子——跨世纪雷锋叙事》，其内容“就写建国前夕和建国初期的本色中国、本色雷锋”，借以把“一个活灵活现的少年雷锋展现在广大读者面前”（见图7-2）。2012年7月，我在电话中向谢迪安索要该书，他热忱回复说：书一本也没有，可给书稿电子版。我索得其电子版后即下载阅读，大有裨益。其序言中的一段话，令人很受启迪，兹抄录如下：

图7-2　谢迪安（中）2012年3月向湖南卫视节目主持人讲述少年雷正兴往事（据湖南日报刊图翻拍）

在人们眼里，雷锋一直像个少年老成、无欲无求、十全十美、大智大慧的偶像，完美得远离尘世，看得见，摸不着，学不到。其实这只是宣传上的一种误解误导。实际上，雷锋是个有血有肉、兴趣广泛、争强喜功、向往生活、追求美好的青年人。小时候，我们上山砍柴、捉鸟挖笋、下塘玩水、捕鱼捞虾，精力过剩，没有一刻的清静消停。有时还会爬树掏鸟窝，甚至悄悄溜到人家的山上偷桃摘李，潜入人家的园子里挖凉薯摘黄瓜。劳动的时候跟大人一起喊号子唱山歌，夏天晚上车水抗旱，也同男劳力一样，脱光衣裤赤膊上阵。在校读书，课间是乒乓球的积极分子，只要下课铃一响，便

> 飞奔球室，总能抢占到先机，万一轮不到自己，也会趴到球台上与人理论。放学回家的路上，经常玩点滚铁环、射弹弓、掷石子、打水漂的游戏，有时难免还要谈点“私房话”、“配配对子”，搞点恶作剧。这些都反映了一个农家孩子的回归自然和天生本色，带着故乡泥土的气息和野草的清香，本土本色、原汤原汁、朴素无华……

借以推而论之，谢迪安的上述话语所提出的问题，提到哲学的层面则属于方法论范畴，关乎思维方式与思想方法。这也就要求人们认知、宣传、研究雷锋切忌片面性、绝对化，否则，失之偏颇，与实际不符，必然扭曲事实真相与历史本来面目。

须知，从庚伢子而雷正兴而雷锋，始终属于尘世间的一介凡人，具有与普通人一样的七情六欲，有摄食的本能、求生的欲望，需要吃饭穿衣、需要生活、需要家庭、需要社会，崇尚真善美，鄙弃假恶丑。因而在其现实生活中亦如常人一样显示其喜、怒、哀、惧、爱、恶、欲。当然，问题的实质尚不止于此，在这些方面，雷锋所不同的是，不以恶小而为之，不以善小而不为。于细微处见精神。他能自觉地奋起挣脱个人主义的桎梏和唯利是图的枷锁，在利己与利人、为私与为公、为家与为国的天平上，他能自觉地把利人、为公、为国那一边的砝码的重量增加再增加。从而做到克己让人、无私奉献、一心为公，用自己有限的生命投入到无限的为人民服务中去，让人生的价值发展到最完美的地方，显示出永久的魅力。

第八章

艰苦的求学之路

我要上学，我要读书

⑧0

常言道：知识改变命运。上学读书无疑是获得知识的不可或缺的重要途径。所以，从小就能有机会上学读书，对其长大成人后的人生之旅必然有着极大影响和作用。

因此，显而易见，解放后，送雷正兴上学读书，无疑是让雷正兴得以健康成长的其益重大且带有关键性的一大实际步骤。

当年，之所以能成功地走出这一步，就客观因素而言，一是彭德茂的正确抉择和具体细微的关怀；二是六叔祖父和六叔婖（女字旁）驰的无私支持。主观因素当然是雷正兴自有上学读书的强烈欲望，有“为毛主席争光，为雷家争气”的学习目的，有不怕艰难困苦、百折不挠的求学精神。

请看雷正兴的启蒙老师、初小一至三年级班主任李扬益 1993 年 7 月写的《实现夙愿进学堂，雷正兴是好少年》回忆文章中的一段话：

1950 年初秋，在碧绿的田野与青翠的小山包交界处的龙迥塘小学（原刘家祠堂）内热闹非凡，因为今天是学生开学报到的日子。

我们正在张罗着学生报到的时候，听到一个沙哑的招呼声：“李老师，辛苦了！报名的学生还真不少！”我抬头一望，原来是彭德茂乡长，便连忙打招呼：

“哟！是彭乡长啊，您这么早送谁来读书呀？”

“这个庚伢子不满7岁就成了孤儿，真是苦水里泡大的！我们研究了一下，决定免费送他读书。这孩子就交给你们啦！”“好！”我忙回答。只见在彭乡长身旁，站着一个矮小的男孩，穿着朴素洁净，圆圆的脸庞上，荡漾着喜悦的神色，浓黑的眉毛下，一对炯炯有神的大眼睛，不停地东瞧瞧，西看看，显得格外机灵活泼。

我看到庚伢子可爱的模样，禁不住和他絮叨起来：“叫什么名字？”

“雷正兴。”我连忙拿起笔来，在报到册上写下了他的名字。

“几岁了？”

“快满10岁了。”

“想上学吗？”

“老师！我要上学，我要读书！”

接着我又向他提出了几个问题，他都回答得很好，最后我说：“好！从今天起，你就是学生了，希望你好好学习。”

彭乡长抚摸着他的头说：“庚伢子呀，过去，穷人家的孩子要进学堂是不可能的，你家几辈子都没有读书的；现在，你可要发愤读书，学好本领，将来为建设好我们伟大的祖国出力。”

“嗯！”雷正兴点着头。

学校里正式上课的那天，雷正兴起了个大早，背着小书包，迎着朝霞，第一个来到了学校。

“李老师！”雷正兴很有礼貌地叫道。

“啊！雷正兴，你怎么来得这么早？快点进来呀！”

“老师，报到时彭叔叔和您对我讲的话，我回家后想了很久很久，毛主席是我们穷苦人的大救星。所以，我今天特意早点来，请您教我写‘毛主席万岁’。”

我见雷正兴无限热爱毛主席，心里有说不出的高兴，连忙回答说：“好，我就来！”

我牵着雷正兴的手进了办公室，并对他说：

“希望你以后听党的话，做毛主席的好学生！”

“好，我一定努力，做毛主席的好学生！”雷正兴点着头说。我先用毛笔在一张纸上端端正正地写上“毛主席万岁”，接着就把这五个字的笔画名称和执笔方法一一告诉雷正兴。雷正兴聚精会神地望着，跟着我一句一句地念着笔画的名称：“一撇，一横、一横，一竖弯钩……”

开始，雷正兴写出的字斜斜歪歪，他非常焦急地问我：“李老师！为什么我的字总写不好？”

我说：“勤学苦练，字就能写好。”

他于是坐下来认真地练呀练。把“毛主席万岁”这五个字写了一行又一行，一页又一页……

雷正兴，就这样怀着对党对毛主席的无限热爱跨进了学堂，开始了他的求学生涯。

据相关资料记载，彭德茂亲自送雷正兴上学堂不止“学之初”这一次。雷正兴读至三年一期，因所在的上车庙小学校舍拆除，学生必须另找学校，而附近又无适合的学校。在这关键时刻，彭德茂又亲自出面，到相邻的天顶乡向家冲小学为雷正兴办理转学手续。向家冲小学距简家塘约十华里路，虽远一点，但总算让雷正兴又有了读书的学校。向家冲小学老师谭礼 1993 年 8 月写的《穷孩子，好学生》一文中记述了当时情景：

1953 年 2 月，新学期开始了。彭德茂乡长领着雷正兴到向家冲小学办理转学手续（原就读学校已拆）。只见雷正兴穿着一双用稻草编制的“凉窝子”（按：用稻草编织而成的保暖草鞋）。头上戴着一顶破棉帽子，衣服很破旧。彭乡长向我们介绍了他的苦难家史，我们便收下了他。我问他：

“你能跑这么远吗？”

“我能跑！”他坚定地点了点头。

我便把他领了进教室。他个子不高。坐在教室最前排。

相对而言，初小发蒙乃至中途转学，彭德茂大叔出面说说不难解决问题，但读高小则必先经入学考试，凭考分高低录取，且方圆几十里，只有一所完全小学，招生名额有限，竞争激烈。雷正兴是好样的，他没有让他那位性格豪爽、仁义兼备的彭德茂大叔为难。初小毕业后，他报考高小，凭着自己优良的考试成绩，脱颖而出，被清水塘完小录取。张仲明老师时任清水塘完小数学教师，后调任荷叶坝完小校长，他在1993年9月写的《忆雷正兴考上高小以后》一文中记载说：

1954年金秋时节，一个阳光明媚的日子，望城县第二完小（后改为清水塘完小），五年级新生发榜了。消息传来，雷正兴怀着激动的心情直奔学校，挤入看榜的人群，眼睛盯在红榜上搜寻自己的名字。这时，一位小伙伴兴奋地喊道："雷正兴！你榜上有名。考上了！"雷正兴考上高小的喜讯传遍了四方，亲戚邻里都祝贺他"中举了"，恭喜说："雷家后代有希望了。"

开学的那天，雷正兴换上了一件新衣，挎着书包，迎着朝霞，高高兴兴地来到学校。他在第一篇周记里这样写道：在那万恶的旧社会，我家受尽了地主、资本家的残酷压迫，过着牛马不如的生活，祖祖辈辈没有进过学校门，更没有上学读书的权利。今天，我进高小读书了，多么幸福啊！我要为毛主席争光，为雷家争气，克服一切困难，认真读书。长大了，做一个有出息的人。

读六年书转三次学换五所学校

[81]

在雷正兴的求学路上，既有春风风人、夏雨雨人的喜人情景，而在其就读的教学条件特别是个人生活条件方面则又有诸多困难与不利因素。尤其是吃的、穿的、用的，其艰难程度，是今天的同龄小朋友们所难以想象的。为读小学六年书，雷正兴不知吃了多少苦，若换成他人，很有可能难以坚持下来。

雷正兴自 1950 年秋季近 10 岁发蒙读初小一年一期至 1956 年 7 月高小毕业，其小学阶段的六年时间里竟然先后三次转学，改换了五所学校。原因在于当时建国伊始，百废待兴。国家提出了“教育向广大工农群众打开大门”的方针，但一时仍难以投入太多的教育经费，农村办学条件比较差。如雷正兴就读的学校校舍原本利用祠堂庙宇或没收的地主房屋临时改建，基础差，维修难。故随着校舍拆除停办、或学校中途迁址、合并，或学区调整等情况发生，雷正兴也就和其他许多同学一样，只得不断改换学校以求继续就读，不致因辍学而中断学业。望城雷锋纪念馆展出的一组照片展示了这五年学校的原址、遗址或现状风貌。

以雷正兴就读时间为序，述其五所学校简况如下：

其一，龙迴塘小学：就读时间为 1950 年下半年（初小一年一期）~1952 年上半年（二年二期）。

校址在黄花塘岭下刘家祠堂，距雷正兴家住地简家塘约 4 华里。这是解放初彭德茂任安庆乡农会主席和乡长时，为解决乡里大量失学儿童上学困难而创办的。因简就便，就地利用原刘家祠堂部分空房改作教室和教员办公用房，课堂是新做的，未上漆。按全日制小学开设课程，低年级开设周会、国语、算术、唱游、常识、图画、手工计 7 科。雷正兴在这里读了两年，后因学校合并以及刘家祠堂公房改作他用而转学。

其二，上车庙小学：就读时间为 1952 年下半年（三年一期）。

雷正兴自龙迴塘小学转来本校，插班就读一个学期。因校舍拆除，再次转学。

其三，向家冲小学：就读时间为 1953 年上半年（三年二期）~1954 年上半年（四年二期）。

该校属天顶乡，距简家塘约 10 华里。雷正兴在此就读一年半，至初小毕业。

其四，清水塘完小（望城县第二完小）：就读时间为 1954 年下半年（五年一期）。

雷正兴1954年上半年在向家冲小学初小毕业后参加高小升学考试，被清水塘完小录取读五年一期。此地在简家塘东，距离比向家冲至简家塘更远。雷正兴在这里加入了中国少年先锋队。终因上学路途太远，故就读一个学期后，适逢荷叶坝完小新招高小班接收插班生，雷正兴即转学到简家塘以西距离家里较近的荷叶坝完小就读。

其五，荷叶坝完小（今“雷锋学校”前身）：就读时间为1955年上半年（五年二期）~1956年上半年（六年二期）（见图8-1）。

图8-1 雷正兴母校荷叶坝完小旧址全景（据资料图片翻拍）

荷叶坝完小始建于20世纪50年代初期。校址原称“刘家屋场”，又称“肖家屋场”。解放前系长沙市绸缎商刘善阶的避暑庄园。房屋建筑考究、布局严谨，坐北朝南，建筑面积达1700平方米。正厅分前后两栋，两个天井相隔，每栋各有正房8间，上下两层。左右各一通道，穿过通道分别有两排厢房。庭院南滨水塘，林木葱茏，景色宜人。土改后，按政策刘家此处庄园被没收作为公房。1950年3月安庆乡人民政府成立后与安庆乡农会在此合署办公。1953年即利用其部分房屋，创办“望城县安庆乡荷叶坝小学”为“中心小学”，设初级小学一至四年级四个班，学生140余人。学校负责人朱凤来。1954年秋新招高小班一个，学生40人，校名“望城县安庆乡荷叶坝完全小学”，校长彭德茂。雷正兴1955年春由清水塘完小转学来该校插入高小班（即“第一届第一班”）读五年二期，直至1956年7月高小毕业，毕业时张仲明老师任校长。

㊷

雷正兴小学六年就读过的五所学校——雷锋母校今安在？

从龙迴塘小学初小发蒙，到荷叶坝完小高小毕业，雷正兴先后就读过的五所学校，历经半个多世纪的变迁，境遇各异，但原貌均已无存。其中，雷正兴读初小所在的三所学校即龙迴塘小学、上车庙小学、肖家冲小学均已拆除；清水塘完小后改为“清水塘中学”。

荷叶坝完小于1967年更名为“雷锋学校”，以资对雷锋的永久纪念。同时，新招初中一级三个班。1970年下期，新招高中一级两个班。1977年小学部迁出，至此，学校成为完全中学；原荷叶坝完小招收初小与高小学生就读的历史终结。

在重新规划兴建过程中，20世纪80年代末，原荷叶坝完小校舍因已成危房，最终被全部拆除，并选遗址一角，建置高标准的“学雷锋陈列室”，于1991年3月5日对外开放。而今，自“雷锋学校”校门入内，右侧为一处富有江南乡村风光的园林式庭院。沿荷塘右岸围墙前道路前行，步入高悬“荷叶坝完全小学”黑底横匾牌的校门入内，即见一栋建筑精美别致的二层小楼，白墙青瓦，绿树成荫。前厅黑漆圆木立柱拱嵌黑漆木制格栏耸立，左右天井花坛相映。后厅左厢房为“雷锋生平及其在荷叶坝完小读书时先进事迹陈列室”。后厅靠后墙中置丫形黑漆木梯登第二层楼。其左为“雷锋教室”，内仿设三行双座黑漆课桌，其中行第一排右座即为“雷锋座位”，教室后侧有雷锋半身白色塑像一尊。二楼右为“荷叶坝完小校史及雷锋母校学雷锋事迹陈列室”。上下陈列室共陈展实物和图片达一百余件（幅）。参观人群络绎不绝。

经过历年来多次较大规模改建、扩建，“雷锋学校”面貌大为改观。按“创三湘名牌重点，争中华德育名校”的发展目标，已创建成县重点完全中学，借以发挥英雄母校优势，培育出更多雷锋式学生。

一日三餐谁保：上学吃饭难题如何解决

⑧③

雷正兴小学六年一直是走读，境遇艰难。上学六年中的前两年半，亦即在龙迴塘小学和上车庙小学读书时，因学校离简家塘不太远，每天的早、中、晚三餐都可就便在家里吃，比较好解决。但自其三年二期开始至六年二期高小毕业的三年半时间里，因所就读的向家冲、清水塘、荷叶坝三所学校均距离简家塘比较远，上学早出晚归，只能在家吃早、晚餐，午餐不能回家吃，如不能带午饭上学就只得挨饿。所以，这段时间的午餐供应断断续续、难以为继的困厄成为雷正兴读书生活中遇到的大难题。

刘中柱是雷正兴的邻居，孩提时代一起玩耍，上小学同窗共读，对雷正兴在家里和在学校的情况见闻甚多。2012 年 6 月 8 日，在雷正兴堂弟雷正求的陪同下，我前往刘中柱家所在的黄花塘镇登门访问。年满 71 岁的刘中柱对雷正兴的往事记忆犹新（见图 8－2）。我们面谈的话题，如同刘中柱 1993 年 5 月写的长达四千余字的回忆文章《我的少年同学》，近乎对雷正兴学生生活全景式的回眸。刘中柱忆述的相关内容随后将予分题归类摘录。在此且看刘中柱文中提及的有关雷正兴上学吃

图 8－2　作者（右二）与刘中柱（左二）、雷正求（右一）合影（谢凤阳 2012 年 6 月摄）

饭问题的一个例证：

在向家冲小学上学之时，上学带午饭，别的同学有鱼有蛋，雷正兴只带来饭团子，放在一个小小的竹篮里。有时只带极少的剩菜汤。有好菜的同学常常叫他一块吃饭，他总是找一个非常委婉的理由推托。

据雷正兴在向家冲读书时的班主任谭礼老师回忆：

雷正兴家离学校太远，中午放学回不去，又有时带不起饭，就跑到山林里挖野菜吃。有人看见了，他抹抹嘴说：刚吃罢米饭，吃得很饱。说着就躺在树下看书。这样瞒人瞒不了多久。我及其他老师捉他进了老师食堂，硬硬地逼迫他吃过几顿饭，他极不好意思。后来就发现他到吃饭时就逃掉了，以至不能搞清楚他到底吃没吃过午饭。雷正兴人缘极好，家境好的同学有意多带饭叫他一起吃，却总是邀不到一处。

荷叶坝完小少先队辅导员夏柳老师极为关心和同情雷正兴。学校放中午学的时候，附近的同学们都回家吃饭去了，雷正兴有时一个人坐在教室里读书做作业。夏柳老师每次看到了就给他一张餐票，要他在学校食堂用餐。夏柳老师还经常从家中带来红薯送给雷正兴吃。师生情深，雷正兴有心里话常愿对夏柳老师说。据夏柳老师回忆，雷正兴曾向他哭诉过这样一件令人痛心的事：

平时，雷正兴每天放学后，都要顺路到山上打些柴草回去给婶婶烧饭用，如果带不回柴草是无法换来婶婶好脸色的，甚至难得有口饭吃。他在清水塘小学加入少先队不久，有一天队里开会，放学晚了，天色黑了，他没有打到柴，径直回了“家”。婶婶在屋前见他空手回来，脸色阴阴地说：“回来这么晚，准是在外婆家吃完了饭吧。”“是少先队开会晚了。”雷正兴喃喃答道。

“少先队也管饭吧”。

雷正兴没再搭言，沮丧地走进堂屋，见饭桌上拾掇得光光的，就晓得没有给他留饭。他想到灶屋随便找点吃的，见婶婶脸色很难看，也就罢了。这是常有的事。回到住屋点上油灯，解下他心爱的红领巾，叠好放进书包，取出课本想温习一下老师的讲解，也想借此化解一下内心的苦楚。谁想翻开书本刚刚凑近灯前，忽然伸过一张嘴来吹灭了灯，只听得黑暗中婶婶没好气地说：“给我家节省点灯油好不好。”

雷正兴不敢违拗，只得饿着肚皮躺到床上。也不知他这一夜是怎么熬过来的。第二天早上，他起了床，发现书包不见了。桌上桌下，床上床下，怎么找也没找见；全家人问个遍，谁都说没看见。没有了书包怎么上学？没有了红领巾怎么上学？急得他满地打转转，急得冲着叔婶连连说：

“家里有鬼，家里有鬼……”

“你说谁是鬼?”

“谁藏了我书包谁就是鬼!”

“……”

吵闹一通，书包还是没有影儿。雷正兴赌气跑到杨外婆家哭诉了这件蹊跷的事。杨外婆听罢将雷正兴搂在怀里伤心落泪，并给可怜的外孙弄了点吃的，劝他赶快去上学别误了课，就对老师说今天忘了带书包，外婆一定帮你把书包找回来。外婆讲得这么自信，这么有把握，雷正兴也就只好上学去了。果然，两节课没上完，他那位种田的堂叔就把书包给他送到学校去了。过后谈及这事的来龙去脉，杨外婆息事宁人地对雷正兴说：“算了，为这事你堂叔、堂婶吵得好凶呢。吃住在人家不容易，今后放学可莫忘了打捆柴……”

㊹

雷正兴读小学时的一日三餐为什么有时竟如此艰难？原因是多方面

的。对此，以许多当事人知情人和曾耳闻目睹实情的老师和同学的回忆，以及案头其他相关资料为据解读，我们不难看到这样四个方面的因素：

一是雷正兴的亲族和亲眷为数虽众，但均家境贫穷。解放后，经过土改，他们均分得了田土和房屋等财产，但毕竟因原先家底太薄，未能一举脱贫，度日仍然相当艰难，自家温饱仍常难以保障。且几乎各家都有一个或两个与雷正兴大小不相上下的学龄儿童，供自家孩子上学已如牛负重，如再来一个“吃闲饭”的且还要供他上学，无异于强人解难，自难如愿。且客观而公正地说，在那些日子，雷正兴的堂叔祖父、堂叔、堂姑以及杨外婆家等，尽管相互之间也颇多有微词，但仍然各自在不同程度上给了雷正兴以这样或那样的关爱、照顾和体贴，而这也在一定程度上亦有益于缓解雷正兴的燃眉之急。

二是六叔祖父家庭情势的变化。雷正兴母死成为孤儿以来长期被六叔祖父家收养。六叔祖父和六叔婆家义重恩深，始终是雷正兴的“监护人”和“保护神”。六叔祖父母有两个儿子，一个在城里做工，一个在乡下种田；两个儿媳，一个能说会道管家务，一个不声不响做家务。他们的儿女同雷正兴一般大小，当时都是只会吃饭不会做事而正在上学的孩子。自家温饱尚难维持，再抚养雷正兴这样一个孤儿，也真是难上加难，何况还要供他读书，不免多有怨言，时而发生一些不愉快乃至难堪的龃龉。两位老人心地善良，遇事总护着雷正兴一些，不准儿子儿媳苛待没爹没娘的孩子。1954 年，六叔婆家突然病逝，雷正兴身边失去了这位“保护神”。他的另一位“保护神”六叔祖父的痼疾风湿病愈益加重，力不从心。又因雷满叔一个劳力无法代耕那么多田，提出分家。两个堂叔一分家，孤儿雷正兴的去处成了问题。一家孩子多，说不好办。另一家同意收养，但有三个条件：一是不能再念书了，二是不能参加社会活动，三是从此下田挣工分。六叔祖父一听很恼火，这不是明摆着不让雷正兴上学吗？当然不能答应。一气之下他老人家领着雷正兴另起炉灶单独过起了日子。3 口土砖支起一口铁锅，烟熏火燎，自己做饭，经常缺盐少油，吃的糙米饭和无油的红锅菜。还有个在长沙做工的堂叔雷明光（九叔奶奶的儿子），是共产党员，春节回家见这一老一小的窘迫情形，劝说两家叔伯兄弟一家养老，一家养小。结果工作没做通，便把雷正兴领回自己家，答应尽力帮他念书，说："家里生活困难些，大家吃干你吃干，大家吃稀你吃稀，放学回家帮你婶婶做些事就行了。"雷正兴自是感恩不尽，表示一定要好好上学，多多干活，不让叔叔婶婶操心。过罢春节，这位堂叔回城做工去了。家里的堂婶开始对他还好，可时间一长，脸色便"晴转多云"了。雷正兴心知肚明，在家则更注意小心、顺从、多做事，以求换来堂婶的欢心。

三是经济情势的变化。即如前述，土改时，乡农会对雷正兴有些特殊照顾，"拿双份"，分给他 2 亩 4 分田，由六叔祖父两个儿子代管代耕，"家"里还跟着沾些光，没人拿他当外人。几年后，随着农村查田定产、统购统销、交公粮、卖余粮的推行，代管代耕田多所得的"油水"减少了。特别是雷正兴把自己的 2 亩 4 分田主动地入了农业社，初级社"劳六地四"，尚可凭田土分得较可观的粮食等红利；高级社取消土地分红，全按劳动工分计酬，雷正兴就只能按困难户照顾部分"口粮"。经济情势的这种变化，对在读而又不能多挣劳动工分的孤儿雷正兴造成的难处就不言而喻了。

四是就主观因素而言，雷正兴作为尚未成年的孤儿，自主生活能力不够强，特别是没有时间自己弄一日三餐。不难设想，倘若雷正兴父母还在，他上学定然不会有如此窘况，无需愁吃、愁穿、愁上学经费，不幸的是，他已然成了孤儿。事实上，若要这样一个孤身一人的未成年男孩，自备柴米油盐菜自煮自吃而不误上学谈何容易！雷正兴把上学读书看得高于一切，比吃饭还重要。他心里很明白，如果天天由自己弄饭吃，如果怕上学路远不能带中餐饥饿难熬，他的学习必然受到影响甚至辍学，而这是他绝不想要的结果。所以，他宁愿寄人篱下，"家"里难听的话他听得，烦心的事他忍得，只要能让他上学读书，委屈再多再大他也能容得下，饥肠辘辘他也能一忍再忍，放学回家和假期抓紧时间参加这样那样的劳动，他不怨劳累，这样做的目的则是借以排除求学路上的各种障碍，何等难能可贵！

勤俭自助渡过难关

(85)

雷正兴小学六年求学之艰难，既有一日三餐的午餐时断时续、难以为继的问题，又有其身上穿的、床上用品、日常生活用品以及学习文化用品等保障所面临的诸多难题。在党和政府关怀下，当地农会、民政部门、农业社以及亲友、老师、同学等，都雪中送炭，提供了多方面的帮助；但仍难以解决所有问题，仍有缺口。在这种情况下，雷正兴自己不怕吃苦，不怕劳累，勤俭自助，克服困难，是确保正常上学读书的一个极为重要的主观因素。对此，雷正兴自觉地很好做到了。

且以其穿为例：据雷正兴的同学刘中柱在回忆文章中记述：

> ……在清水塘完小读书的时候，雷正兴才只有十二三岁，年龄小，个子不高，家庭生活困难。每天上学来回要走近30里路。那时候的公路还比不上今天的乡村小道，行走不便，但雷正兴总是每天天一亮就背上书包上学校。一个失去了母爱的穷孩子，根本没有什么好雨具和套鞋。一碰到雨天，就只好再披一件破衣服，往往都是被雨浇得透湿。在炎热的天气里，雷正兴头戴斗笠，脚穿凉鞋，有时光着脚上学。特别是在冬天里，冰冻路滑，他脚上穿的一双粒布鞋连脚趾都露在外面，为了走路不滑倒，他用草绳绑在脚的鞋底下，身上穿的只是几件单衣破裤……年复一年，雷正兴始终过着这样苦难的生活。但为了求学，为了增长知识，他以苦为乐，坚持风里来雨里去天天到校，从不旷课和迟到。

雷正兴平常上学或在家里做事时，穿着虽很破旧，但一般都比较洁净，并不显得脏；而如果参加学校重要活动，他则设法穿得体面一些。因而许多老师和同学都知道，雷正兴也有“干干净净的蓝裤子、白衬衣”。张仲明老师在回忆文章中就提到：1954年秋，雷正兴在清水塘完小读五年一期加入中国少年先锋队，“宣誓那天，他穿上洗得干干净净的蓝裤子、白衬衣来上学，精神抖擞地走进了学校礼堂”。当然不只这一次。因多次见雷正兴身上穿的衬衣都是白的，有同学问他到底有几件白衬衣，他则笑而不答。雷正兴的三叔雷明义和三婶的回忆披露了个中“奥秘”：原来雷正兴穿的是白家织布（土布）衬衣，就只有那一套“体面衣服”，因而他十分爱惜它。每次穿这套衣服放学回家，他总是很快从身上脱掉，叠好压在枕下，换上一身破旧衣服干家务。只要是晴好天气，他都会仔仔细细地洗净那件衬衣，晾在院子里，露水未降之前收进屋里折叠放个好地方。故他的这件衬衣又洁白又耐穿。

雷正兴对那些在吃、穿和学习生活等方面曾给他以帮助的人和事，牢记在心，许多年以后都未曾忘怀。如1960年11月5日，雷锋在沈阳师范学院的讲话中就饱含深情地回顾了这方面的一些事例：

> 一九四九年解放我的家乡，党给我吃的穿的，送我上学念书。乡长彭德茂买给我新棉衣、棉裤，过新年请我吃饭，他还把从地主家分得的一件小呢子外套送给我穿，把他儿子的一双新棉鞋穿在我的脚上，上学买给我笔和纸。学校谭礼老师待我很好，买给我石板石笔、书包、雨具，放假或过节带我到他家去玩，上课时他把着我手教写字。

再以参加劳动为例：

雷正兴有勤劳智慧的双手，放学回家、星期天、寒暑假，他都能自觉抓紧时间参加各种力所能及的劳动。如或为寄住的堂叔家砍柴、挖猪菜、挑水、做其他家务事；或到园里挖土、播种、锄草；或下田插秧、施肥、割禾、晒谷；或踩龙骨水车车水抗旱，夏天晚上也与其他男劳力一样，脱光衣裤赤膊上阵。入社以后，在农业社参加田间劳动，他虽连半劳力的记分数额也未能得到，但实际做的事有时竟与全劳力不相上下，而且工夫质量高。年终结算时，雷正兴名下计的工分数量相当可观，令人刮目相看。

还有，除了做大人所指的那些正经事之外，作为童心尚存的细伢子，雷正兴也时不时邀个把几个小伙伴搞些“小玩艺”事。比如，或到山坡上寻找白胶石加工成石笔作文具，找比较美观的条形的或方或圆的小石子磨制成型，用旧伞骨磨成的雕刀刻制图章；或找来铁丝制成圆圈，以作为滚铁环之用；或用木头削砍成圆锥形陀螺，玩起来其直立旋转之势与市面上买的无异；甚至结伴到溪流捕鱼捞虾，多有渔获，大都拿回家改善生活。据说，有一次雷正兴还用自制的钓竿在水塘里钓到好大的一只野生脚鱼（学名鳖），拿到真人桥集市上卖了一元二角钱，也算是一笔不菲的副业收入，正好可用以凑作学费。

所以，不言而喻，正是这样一些劳动，在家里，让雷正兴得到了堂叔堂婶的欢心与体谅，改善了相互关系，有了寄居和供饭之所；在农业社得到了社员们的理解与支持，从而终得以攻克求学路上的一个个难关。

㊱

梅花香自苦寒来。

即如本章开头所言，雷正兴之所以能成功地走上上学读书这一步，就主观因素而言，与雷正兴自有不怕艰难困苦、百折不挠的求学精神相关。细数雷正兴出生至高小毕业后正式走上工作岗位前的16年多，他的这段生活给人们留下总的印象是“困苦”两字。当然，其解放前与解放后所处的困苦现象有本质的区别。解放前是身受三座大山之压的为求活命的生存困苦；解放后则是因自主生活能力不够强故而与求学产生矛盾冲突导致的困苦。不过，无论前者还是后者，都发生在雷正兴一个人身上，势必更加重了这种困苦的难受程度，因而更是一般人所难以承受得了的。令人称佩的是，雷正兴以不同寻常的意志、毅力和行动，成功地经受住了所有这些艰难困苦。他不仅没有被困苦压垮，而且化困苦为成长与进步的动力。这也就诚如雷孟宣与陈广生所评说的那样：困苦磨炼他顽强向上的性格，困苦使他懂得人与人之间互相关心有多么重要，困苦使他变得更加懂事，更加勤奋，更加聪明。

第九章

学习他最好：勤奋攻读品学兼优

从一首顺口溜说开去

⑧⑦

1954年深秋时节，在清水塘完小五年级（五年一期）主办的班级墙报（又一说是“黑板报”）上，刊登了班上同学编的一首“顺口溜”，文如下：

小小雷正兴，家里贫又穷。
赶路十几里，早到第一名。
学习他最好，活动他最行。
大家学习他，争做好学生。

将近三十年过去之后，1983年3月，荷叶坝完小老师、少先队大队辅导员夏柳老师在与来访者的交谈中，又深情回忆起这首顺口溜并作了简要诠释：

雷正兴在艰苦情况下坚持上学读书，而且一直是个好学上进的好学生。在清水塘完小读书时，同学曾给他编过一个顺口溜，有人至今还记得：“小小雷正兴，家里贫又穷。赶路十几里，早到第一名。学习他最好，活动他最行。大家学习他，争做好学生。”同学们夸他学习好，是指他不怕困难，发奋读书，每学期考试总是全班前几名；夸他活动“最行”，主要是指他热心于少先队活动，什么旗手、鼓手、大队委员、少先队代表，他都干得很出色。

如前所述，雷正兴1954年上半年在向家冲小学初小毕业后，参加升学考试合格，被清水塘完小录取读五年一期。他在清水塘完小就读时间只有1954年下半年即五年一期一个学期。短短四个来月时间，即能得到如这首顺口溜所写的如此之高的全面赞扬，足见雷正兴在校各方面表现都很优秀。对此，张仲明老师在回忆文章中这样写道：

雷正兴是迎着困难上学的。雷正兴家住黄花塘附近的简家塘，离清水塘学校足有十里。每天起早摸黑，来回要步行20多华里的路程。放学回到家里，做饭、洗衣等家务劳动，都要自己动手。节假日得不到休息，不是上山砍柴，就是下地种菜，干农活。十二三岁的雷正兴个子矮小、身体瘦弱，实在难以承受。然而再大的困难也难不倒他。他各科成绩稳步上升，积极参加各项有益活动。一次晚会上，班主任发现雷正兴伏在课桌上，双手捂住肚子。从一个同学那里了解，才知道他由于昨晚着了凉，肚子痛得厉害，今天，连早饭都没吃，就来上学了。由于童年时经常挨饿，他染上了胃病，胃痛经常折磨着他，他总是带病坚持上学，从不迟到、早退、无故旷课。对老师布置的家庭作业，他总是认真按时完成，从不马虎潦草、缺交拖欠。

雷正兴勇于克服困难，坚持上学的事迹和顽强刻苦学习的精神，赢得了大家的赞扬。当班上评定学杂费减免时，同学们异口同声，一致通过他的学杂费全免，并提议，照顾他早点放学回家。这时，雷正兴站了起来，婉言谢绝大家的关心，诚恳地要求把减免学费评给那些困难更大的同学，并一再表示：困难再大自己也能克服。

1955年开春，在彭德茂大叔（时兼任“望城县安庆乡荷叶坝完全小学”校长）的关照下，雷正兴由清水塘完小转学到荷叶坝完小插班读五年二期，清水塘完小原同班同学编写的这首顺口溜也不胫而走，流传到荷叶坝完小的同学乃至老师之中。据谢迪安2006年2月成稿的回忆录记述，自清水塘完小流传而来的这首顺口溜，竟然被荷叶坝完小与雷正兴同班的一位文娱骨干改编成“莲花落”《夸夸雷正兴》，在学校举行的文艺晚会上演唱：

小小雷正兴呀哎呀嗬啊，
家里贫又穷哪哎呀嗬啊；
赶路十几里呀哎呀嗬啊，
早到第一名哪嗬起来哟。
学习他最好呀哎呀嗬啊，
活动他最行哪哎呀嗬啊；
大家学习他呀哎呀嗬啊，
争做好学生哪嗬起来哟……

刻苦、认真、独立思考

(88)

雷正兴胸怀“为毛主席争光，为雷家争气”的远大目标而学，因而在学习上自有无穷的动力，勤奋攻读，求知面广，用心领悟，必获丰硕之果。请看若干实录：

李扬益老师的回忆文章记述：1950年我在望城县第一区龙迴塘小学教书，为雷正兴一至三年级班主任老师。当时雷正兴不仅是班上一个品学兼优的学生，而且是一个学以致用的优秀子弟，他善于把老师的讲解领会贯通。每个学期期终总评雷正兴的学习成绩都在优秀成绩之列。当时确是一个品学兼优的三好学生。

据荷叶坝完小少先队中队辅导员易华钦老师1993年7月在《积极

向上的好学生——雷正兴》一文中写道：雷正兴个子不高，他在班上教室的座位排在靠讲台最前面。不论是哪个老师上哪一门课，他都是端端正正地坐着，集中精力听老师的讲课。课堂上没有听明白的问题，下课后必定要找同学或老师细问，弄懂为止。他的学习成绩，每学期各科都在八十分以上，每年都被评为品学兼优的好学生。雷正兴不但自己学习好，还经常关心别人的学习。班上有考试成绩差一点的同学，他主动去交朋友，积极进行帮助。有因病或因事请假的同学，不论是谁，他都利用课余时间到缺课同学家去补课。班里有个姓刘的同学，多次胃痛请假，雷正兴一直上他家帮助学习，使这位同学成绩没有下降。每年寒暑假，老师布置假期作业，雷正兴总是把附近的同学不分年级都组织起来，每周星期一集合一次，把老师布置的假期作业，按期完成。

据张仲明等老师回忆，雷正兴语文成绩优秀。他的作文立意高，言之有物，以情感人。如在清水塘完小读五年一期，在一次作文课上，谭礼老师布置了一个题目：《我的家庭》，雷正兴一边写，一边哭，连最后排的同学都听到了他的抽泣声。思亲的悲痛在他的笔端流淌。他从爸爸的死写到妈妈的死，字字血，声声泪。一个少年抚今追昔，仇恨旧社会，感谢共产党的情怀跃然纸上。当老师把他的作文在班上、校会上朗读的时候，很多同学被感动得热泪盈眶。自那时起，老师与同学都知道雷正兴作文写得好，赞扬他能够“用笔说话”。

据雷正兴在荷叶坝完小同班女同学、学习委员王振云 1993 年 7 月在《和雷正兴同学的两年》一文中回忆说：雷正兴常说：“要干革命，就要有革命的本领！”因此，他刻苦学习，上课时专心听讲，对作业一丝不苟。有一次，全班做数学作业，别人都做完回家了，但雷正兴还有一道题没做出来，他仍坐在教室里认真看数学教科书，独立思考。我见了说：“我来告诉你吧，做完回家算了。”他却说：“让我自己再想想吧！”第二天，他高兴地告诉我：“那道题我终于做出来了。”说完高兴地笑了。

在诸多老师和同学的相关回忆中，几乎众口一词，都认为在学习上，雷正兴不属于那种死啃书本、片面追求考试高分的类型。他勤学好问，注意融会贯通，在坚持课堂上认真听讲、认真做好作业的同时，还注重课外学习，特别爱读课外书籍，扩大知识面。据易华钦老师回忆：1955 年庆祝“六一”儿童节，张兴玉书记代表县委向荷叶坝完小赠送了三百多本图书，随后学校自己又添置了部分图书，办起了一个小图书室。雷正兴最喜欢看课外书籍，他自告奋勇担任了图书管理员。他每天按学校规定的时间开放图书室，开放时自己拿一本书拦在图书室门边看。时间一到，他组织同学们把书送还原处，放整齐，锁好门才离开。他利用课余时间，把撕破损了页的图书修补好，把书架上的书整理得有条不紊。在雷正兴管理图书的期间，没有丢过一本书。雷正兴还经常讲述书的故事，向同学们推介图书。

谭礼老师的回忆文章记述说：雷正兴上课非常专心，学习很刻苦。他最爱听黄继光、邱少云、刘胡兰等英雄的故事。每当我讲英雄的故事时，在他扑闪着的大眼睛内总是流露出一股对英雄的无比敬佩之情。他曾在作文中写道：“我要向英雄学习，长大了全心全意为人民服务。”

夏柳老师在 1963 年 3 月写的《雷正兴在小学念书的时候》一文中回忆说：雷正兴最喜欢读书，无论什么时候，他的口袋里总装着书。他特别爱看英雄和战斗故事。介绍董存瑞英雄事迹的书《真正的战士》他读了好几遍，还在书上写着：“董存瑞真勇敢，我要学习他为祖国为人民献身的精神。”看完了吴运铎写的《把一切献给党》一书后，他写了一篇心得，里面有这样一段：“吴运铎同志是我学习的最好榜样，他鼓舞我前进，教育我全心全意为人民服务。我一定向他学习，长大后努力工作，把一切献给党。”他在家没时间看书，就利用劳动休息时间看。砍柴累了，挖土累了，就坐在锄头或扁担上看书。有一次，我把捷克斯洛伐克革命家伏契克写的《绞索套着脖子时的报告》一书借给他，还书时，他对我说：“伏契克在敌人的牢狱里受了那样多的折磨，还是那么坚强，将来，我也要做这样坚强的共产党员。”

89

雷正兴的发蒙恩师李扬益在年近古稀时，忆述雷正兴当年“成绩优良，做到学业、家务两丰收”的方法和经验时这样写道：

有人说："雷正兴课外活动多，不知成绩又如何？"我认为雷正兴虽有不少课外活动，但并没有影响其学习成绩。因为雷正兴是一个天性聪颖，脑子灵活，勇敢诚实，做事果断的孩子，加上父母早死毫无半点娇生惯养的习气，在贫苦的环境中锻炼了独立思考的能力，自己能处理好自己的工作。他既要读好书，做好作业，还要搞好家务劳动，三者不可废一，他能够全面做好。我问过他，"你为什么这么多事还能全面好。"他把自己的办法归纳成三点叫做："一问、二抓、三补"。一问：就是上课时没有听懂的问题，向老师提出一定要问懂为止，因此课堂上讲的课就不存在问题了；二抓：上午布置的作业中午抓紧时间做好，下午布置的作业，晚上抓紧时间做好，因此作业就不存在问题了；三补：就是上午耽误的下午补，下午耽误的晚上补，晚上耽误的第二天早上补。所以他能够全面完成作业，家务劳动也就没有耽误。他生动地举例说："家务劳动是没有规律的，例如：有一天中午突然来了几个客，并带来了几头猪崽，人要开餐，猪要吃潲，如果不早做准备，灶弯里无柴，火烧不起来，锅里冷冰冰，叔奶气冲冲，搞得不好还要打人。所以只能全力以赴做好家务工作，中午耽误的作业只好下午补了。"由于他采用了"各个击破"，"一问、二抓、三补"的办法，做到了学业、家务两丰收。

李扬益老师回首往事，不禁感慨万千，写了一首七律，题目叫做《今朝我又学雷锋》，诗曰：

昔日雷锋向我学，
今朝我又学雷锋。
英雄自古无先后，
青史流芳记德功。
滚滚春秋鬓发白，
浍浍桃李果花红。

回头展望堪欣慰，
一代新人树好风。

试制矿石收音机

(90)

1956年3月，荷叶坝完小在狠抓好教学质量的同时，广泛开展做好事，作贡献，向“七一”党的生日献厚礼的活动。校园气氛非常热烈，各种各样有益于学习和身心健康的活动很快在各教学班展开。那时，雷正兴所在的是六年二期，系学校的首届毕业班。在班主任等老师的率领下，全班同学齐心协力，活动搞得多，安排的项目也比较大，决心以优异的成绩向党的生日献厚礼，为首届毕业班争光。在众多的项目中，最大的献礼项目就是研制矿石收音机。这个项目，现在说来算不了什么，可在当时对于既不懂无线电知识又没有资金来源的小学生来讲，确实是一个大难题。学校为了把这个研制项目搞成功，专门成立了领导小组，明确了指导老师，指定少先队大队长吴强国和学生会主席潘春华负责，另外三名学生参加，称为矿石收音机研制攻关组。因为雷正兴担负整个文艺节目排演任务，便没有安排参加矿石收音机研制攻关组。但当他听到信息后，又是出面申请，又是口头表达，坚决要求参加研制矿石收音机，终于得到了批准。雷正兴兴高采烈，积极参加研制活动。经费不够，他慷慨解囊，向亲戚朋友借来十万元（相当于新币十元）资助款，是同学中捐款最多的一个。没有图纸资料和零配件，研制攻关组的同学一块步行60多里路，赶到长沙市参观学习，索取图纸资料，购买零配件。在老师的具体指导下，终于研制出了一台矿石收音机，作为六年二期全班同学在毕业前夕向党的生日献上的一份厚礼。

雷正兴在荷叶坝完小同班同学、学生会主席潘春华1993年7月写的《科技活动迷》一文，忆述了雷正兴当年积极参与研制矿石收音机的活动片断：

……为了培养我们从小爱科学的好品质，学校决定开展研制矿石收音机活动，并到长沙市科技展览会上拿回了有关技术资料。

雷正兴争着到科技辅导员李泽芳老师那里报名，参加了矿石收音机研制小组，我和吴强国、肖菊莲、谢金兰、刘翠华等都参加了这一活动。

对搞矿石收音机，雷正兴可真是入了迷，绕线围、焊零件、装天线、接地线、反复调试，真是忙得不亦乐乎。每次放学后他总是很晚才在李老师三番五次的催促下，依依不舍地离开试验室回家。为了架好天线，雷正兴爬上一棵大树，未料到树上的毛虫弄得他全身红肿发痒，他却毫不在乎。在李老师的指导下，我们精心选择矿石的最佳接触点。在调试时，开始收不到声音，大家忙了大半天，虽经反复调试，仍然一点声音也没有。这时，一个同学说："调不好就算了吧！"可雷正兴毫不退缩。突然，他想起了参考资料上介绍的技术要点，两个圆筒线圈的最佳相对位置也是十分重要的，于是他一边调线圈，一边调矿石的接触点。成功了！他听到了耳机里面的声音了。他连忙小心地取下耳机，戴到其他同学的头上。成功了，我们成功了！我们高兴得你望着我，我望着你，欣喜地轮换收听着，我们的心兴奋得简直要跳出来了。

带头学讲普通话

⑼1

雷正兴在荷叶坝完小就读高小五六年级时，适逢国家开始大力推广普通话，学校号召全校师生积极响应这一号召。而这些农村孩子，平时讲乡土话讲惯了，一下要讲普通话，总觉得不好意思，讲不出口。但雷正兴却克服口音不准确的困难，带头学普通话，带头讲普通话，还向大家宣传学讲普通话的重要意义。据王振云回忆：当雷正兴看到我不好意思讲普通话时，就对我说："我国是一个多民族的国家，语言是交流思想的工具，语言不通，是一个大问题，因此推广普通话有深远意义，你应带头呀!”听着他那坚强有力的话，我的心动了，于是我跟他一起学普通话了。在雷正兴热情宣传和积极带动下，全班很多人都来学讲普通话了。

谢迪安1991年5月写的《他带头讲普通话》一文，对雷正兴当年在荷叶坝完小读书时带头学讲普通话的情景作了全面忆述，辑录如下：

1955年下期，我们荷叶坝完小掀起了一个讲普通话的热潮。说起这个热潮的掀起，还有一个曲折的过程哩！

根据上级的布置，要求在师生中推广普通话，这在当时是件新奇事。湖南人学讲普通话，困难不小，讲不好还怕别人笑话。我们学校的老师便带头讲，上课都用普通话。可是在学生中，总没有一个敢带头的。怎么办呢？这可急坏了我们的老师。这时，少先队大队辅导员常业勤老师便想了个好办法，召集我们少先队员开会动员，要少先队员先带头讲。常老师说：“少先队员们！我们少先队大队准备开展一个十分有意义的活动，那就是响应上级的号召，人人学讲普通话，我们要来一个比赛，看谁第一个学讲普通话，看谁讲得最好……”

常老师的话还没有说完，雷正兴就悄悄与周围的几个同学商量：“谢迪安、吴强国、李建芝，我们带个头吧！”常老师的话刚说完，雷正兴便争先报名学讲普通话，也替我们几个报了名。我们不由得暗暗赞叹雷正兴的胆量。从此以后，雷正兴便不管课内课外、校内校外，都讲普通话。我们的名字便出现在学校黑板报上的表扬栏内了。学生中有了带头人，也就普遍地讲开了。

刚开始讲的时候，往往是普通话中夹杂着长沙土话，常常引起一些人捧腹大笑。我们特别感到困难的是分不清“n”和“l”、“f”和“h”、前鼻韵母和后鼻韵母的差别。雷正兴便利用课余时间不停地练习“一年（yìnián）——一连（yìlián）”、“恼人（nǎorén）——老人（lǎorén）”、“光辉（guānghuī）——腾飞（téngfēi）”、“陈旧（chénjiù）——成就（chéngjiù）”、“高深

(gāoshēn)——高声(gāoshēng)”。由于雷正兴不懈地努力，他成了全校学生中普通话讲得最好的了。

学期结束的时候，学校举行了普通话竞赛。雷正兴便大步走到台上，富有表情地大声朗诵了《四季生产歌》：

和风迎面吹，
花开蝴蝶飞，
麦苗儿绿绿，
桑草长得美……

他那准确的发音，真挚的感情博得了台下一阵又一阵的掌声、喝彩声：“再来一段！再来一段！”“一二三，快快快……”雷正兴便又接着朗诵了《狗和羊》：“小羊要上山吃草，大羊说，别去！别去！别去！山上有狼。狗说，不用怕，我跟你们一块去。狗和羊，一块儿上了山，羊吃草，狗看着，狼不敢来了。”

接着，其他同学也争着上台朗诵。这次竞赛，雷正兴得了奖。他站在领奖台上，几百双眼睛都羡慕地望着他，他用普通话高声地对同学们说：“感谢老师，感谢同学们！我虽然获了奖，但还讲得不好，以后我一定更加努力。让我们携起手来，互相学习，共同提高吧！”

……

第十章

光荣的“种子队员”

荣获两个“第一”的少先队员

92

雷正兴的同学刘中柱在事隔半个多世纪后还依然记得，在荷叶坝完小筹备组建少年先锋队时，雷正兴以“老队员”的身份对要求入队的同学们讲了这样一段话：“对每个人来说，我认为一辈子有三件大事，这三件就是参加少先队、青年团和共产党三大光荣组织。”他还说：“我们只有好好学习，天天向上，听党的话，听毛主席的话，才能达到这三个目的。”少年雷正兴自己就是沿着这样的道路一步一个脚印地前进。1954年秋在清水塘完小读五年一期时，光荣地加入了中国少年先锋队。他当时是班上的第一批少先队员之一（见图10－1）。无独有偶，雷正兴转学到荷叶坝完小插班读五年二期时，则成为全校唯一的一个少先队员，而被誉称“种子队员”。雷正兴加入少先队荣获的这两个“第一”，兴许事属偶然或巧合，然则其中抑或蕴涵着某种必然与启迪。

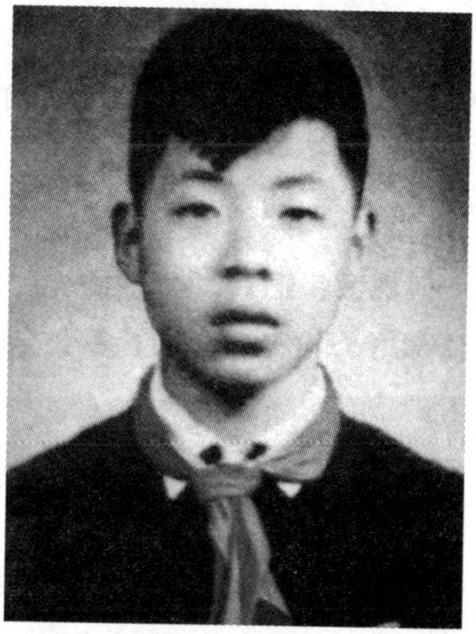

图10－1　雷正兴1954年秋在清水塘完小加入少先队留念（据资料图片翻拍）

我们新中国的儿童，
我们新少年的先锋，
团结起来继承着革命的英雄，
不怕艰难不怕担子重，
为了新中国的建设而奋斗，
学习伟大的领袖毛泽东。
……

当年，由郭沫若作词、马思聪谱曲的这首《中国少年先锋队队歌》，雷正兴每天不知要唱多少遍。他特别爱唱这首歌。越唱他就越能深切地领悟到，歌中的每句词语、每支音符，都抒发着他心中的感悟和希望，给他增添着成长的动力和前进的信心与勇气。这也就清楚地表明，时年十四五岁的雷正兴已有着相当明确的政治信仰和人生追求。他把入队、入团、入党看做人生“三件大事”，就是朴素而深切的佐证。细看雷正兴加入少先队的留影，我们不难发现，眼前的这个形象，在显示着苦水中泡大的这位有志少年的顽强生机与勃然活力的同时，眉宇间充盈着湖湘子弟所共有的忠诚与担当的精气神，昭示雷正兴决心如少先队队歌和少先队呼号所要求的那样：时刻准备着，为了新中国的建设而奋斗！

93

解读雷正兴加入中国少年先锋队的相关史料，从荷叶坝完小少先队队部 1955 年 7 月填写的第 25 号《中国少年先锋队队员登记表》中可以看到，雷正兴“入队地点”为清水塘完小；“入队时间”填写为“1954 年 6 月 1 日”。此表所填写的“入队地点”无误；“入队时间”其年份“1954 年”是准确的，但所填写的月份“6 月 1 日”则明显有误。因雷正兴此时正在向家冲小学读四年二期，该校当时亦未建立少先队组织。是年上半年雷正兴在向家冲小学初小毕业，通过升学考试被清水塘完小录取读高小，学制秋季始业。故是年下半年雷正兴入清水塘完小读五年一期时间为 8 月底或 9 月初。而作为五年一期新生，按常规，被批准成

为班上第一批少先队员之一的时间，一般最早可能在是年10月左右，最晚也不会入冬。因尚未发现足可实证的史料，故本文姑且将雷正兴入队时间写成“1954年秋”，其具体月份尚需进一步考证。

雷正兴1954年秋在清水塘完小加入中国少年先锋队的经过，张仲明老师在《忆雷正兴考上高小以后》一文中作了较为详尽的记述：

1954年下学期，清水塘完小少年先锋队大队部，决定在我们五年级组建中队，发展新队员。喜讯传来，全班一下沸腾起来。班主任和辅导员，组织同学学习队章，讲解队旗和红领巾的由来和意义，讨论入队条件，动员同学们以实际行动，争做一名少先队员，早日戴上光荣的红领巾。雷正兴要求进步的心迫切，处处严格要求自己，事事抢先带头，急切地盼望这一天的到来。一次，班上选派代表参加六年级举办的“我爱红领巾”的中队活动，同学们一致推选雷正兴出席。在活动中，看到六年级的哥哥姐姐佩戴着鲜艳的红领巾，在鼓号齐鸣声中，高举队旗，迈着整齐的步伐，走进会场，举行入场仪式，听到辅导员和中队长讲队旗、红领巾的意义，讲刘胡兰、方志敏、王二小等革命英雄的故事，雷正兴激动不已，表示一定要以实际行动，争取早日加入中国少年先锋队，做共产主义接班人。活动继续进行着，“击鼓传花”的知识问答赛开始了。雷正兴和大家一起参加了竞赛活动。在一阵紧锣密鼓声中，花儿在一双双小手中迅速传递。突然，鼓声一停，一束鲜花恰巧落在雷正兴的手上。他一下愣住了，脸上绯红。在同学、老师的热烈掌声中，他轻步走过去抽出一张纸条，上面写着：“请你讲讲红领巾的意义。”他吸了一口气，让自己镇定下来，走向会场中心，说道：“光荣的红领巾，就是无产阶级革命红旗的一角，是用革命先烈的鲜血染成的。我要争取入队，做一名少先队员。”他的话音刚落，全场又一次响起了热烈的掌声。这次活动进一步加深了雷正兴对共产党和少先队的认识，他以无限的深情，递交了入队申请书。不久得到了批准成了班上首批发展的队员之一。宣誓那天，我带领他们站在队旗前，庄严地宣誓，然后辅导员把鲜艳的红领巾戴到新队员的脖子上。雷正兴抚摸着胸前飘起的红领巾，无比激动。在代表新队员讲话时，他深情地说："我心里有许多话要讲，但激动得一时说不出来。我是个孤儿，今天光荣地入队了，从此有了自己的组织，孤儿不孤了。今后，我必定努力学习，以实际行动争取更大的进步，做一个优秀少先队员。"

荷叶坝完小组建少先队的时间比清水塘完小稍晚，故雷正兴在清水塘完小加入少先队而后转学来荷叶坝完小时，成为全校唯一的"种子队员"。他积极参加了学校筹组少先队的工作。对此，荷叶坝完小少先队总辅导员常业勤老师在1993年9月写的回忆文章中有这样的记述：

1955年春，为了就近入学，雷正兴转到荷叶坝完小（即今雷锋学校）学习，那时该校还没有建立少先队组织。他一入校，同学们都羡慕地望着他胸前的红领巾。有的问：少先队员为什么要戴红领巾？有的问：怎样才能参加少先队组织？他是学校唯一的"种子队员"。不久，上级团委批准在荷叶坝完小建立少先队组织，雷正兴便成了建队中的积极分子，参与筹备建队工作。他深入细致地做好宣传发动工作，积极组织同学学队章、唱队歌、写心得，并鼓励同学递交入队申请书，开展"比、学、赶、帮"的活动。辅导员交给他的什么任务，他都能主动出色地完成。先后在班上发展了吴强国、王振云、谢迪安、雷军陆、石天柱、凌小俐、李健芝等10多名少先队员。学校购回了队鼓，他又组织谢迪安等同学日夜操练。一切准备就绪，于"六一"儿童节在第一班建立了一个中队，成为荷叶坝完小第一支少先队组织，紧接着，在全校组建了少先队大队部。

雷正兴极其热爱红领巾。据在荷叶坝完小曾担任雷正兴所在班少先队中队辅导员的夏柳老师回忆：雷正兴上学或在校外参加有组织的活动

必戴红领巾，在家不戴时摘下来折叠整理得熨熨帖帖的，保持整洁美观。一次，他在把红领巾高兴地系在自己脖子上时，激动地对大家说："这红领巾多美丽啊！它是先烈的鲜血染红的。我长大以后，一定尽自己的力量来建设祖国，保卫祖国；我也要争取系上红领巾，做一个辅导员，培养更多的红领巾。"

雷正兴热爱红领巾的情怀我亦深有所感。记得 1956 年初冬我们在张兴玉书记家第一次相见时，他触景生情，从我教张书记大女儿系红领巾说起，言语间洋溢着他对红领巾的热爱一定不易的深情。这是后话。

全票当选的大队队委

94

据常业勤老师在回忆文章中记述：约在 1955 年 5 月，在少先队酝酿大、中队队委候选人名单的会议上，雷正兴热情诚恳地一一列举了吴强国、王振云、雷军陆、石天柱、谢迪安、凌小俐等同学的优点，提议把他们推选为候选人。但他却没涉及自己的半点成绩，更没流露过自己"入队早、资格老"的情绪。当大家都不约而同地一致推选他为大队队委候选人时，他仍是那么谦虚，那么诚恳。在充分酝酿、民主选举时，雷正兴以全票光荣地当选了。当队委干部分工时，雷正兴又诚恳坦率地提出："我愿当旗手，我要像解放军的旗手那样，当一名好旗手。如果需要鼓手，当鼓手也可以，服从组织安排。"经辅导员和少先队大队部集体研究，决定尊重雷正兴本人的意愿。这样，雷正兴就成了少先队旗手。

在荷叶坝完小读书期间，雷正兴一直连任少先队大队旗手，班上少先队中队开展活动时，他自然又成了中队旗手。他很好地发挥了旗手的作用，还培养了一批又一批的好旗手。同时，他还担任少先队大队文体委员。他对分工担负的工作认真负责。处处以优秀少先队员的标准严格要求自己，自觉为红领巾争光。望城雷锋纪念馆展出的一份荷叶坝完小填写的《毛泽东时代的好学生优秀事迹登记表》等相关文字资料显示，雷正兴在思想、学习、劳动以及少先队工作等方面均表现优秀：他热爱党和毛主席，时刻记得是党和毛主席领导人民翻身得解放，他才有今天的幸福；他积极响应党和政府号召，带头将土地加入农业社，与谢迪安等同学采用小演唱、门板报等形式宣传农业合作化；他刻苦学习，在认真搞好课堂学习的同时，还挤出时间阅读课外书籍，因而“他的学习成绩一直是优良的”；作为少先队员，他极为热爱红领巾，很爱佩戴红领巾，注意保持红领巾的整洁美观；他认真负责地做好少先队组织分配给他的各项工作，积极热情地当好旗手、鼓手；他热爱劳动，在学校和家庭的各项劳动中，他不怕苦不怕累。他被评为大队优秀少先队员。另据夏柳老师 1956 年 7 月 18 日日记记载：毕业时，因雷正兴“工作积极，关心同学，尊敬老师”，学校给他“记甲奖一次”。

鼓声激扬

[95]

荷叶坝完小少先队成立之后，学校购置了一套“洋鼓”，其中包括一面大鼓、一面小鼓。摆放在学校小礼堂舞台上。夏柳老师宣布：公开挑选鼓手。想上的自愿报名，即席表演，现场选拔。对这套“洋玩艺”很多同学见都没见过。故报名表演的同学一个个都当场落选。雷正兴曾是清水塘完小“军乐队”成员之一，会打洋鼓，故对他来说，真可谓驾轻就熟。他事先找谢迪安做他的搭档，自己用大鼓，谢迪安用小鼓，告诉谢迪安掌握鼓钹配合、大鼓小鼓配合的要领和基本鼓点，默记于心，徒手初练。参选表演时，雷正兴拽着谢迪安跑上台去，把大鼓上的绸带往肩上一挂，那面大鼓便稳稳当当地离开地面依偎在了他的身前，服服帖帖。鼓太大，雷正兴的个头太小，整个鼓框遮挡了他身子的三分之二，只剩出脑袋和脚。但他站姿稳健英气勃勃，令人不胜爱怜。谢迪安也把小鼓平放着挂在了腹前，两手拿起插在鼓沿上的两根小槌，像雷正兴那样挺起胸膛。“好，开始！”雷正兴边说边挥起大鼓槌，往大鼓上敲了 4 下，谢迪安立即跟上，用两根小鼓槌敲出一串急速的鼓点。

咚——咚——咚——咚——

笃笃笃笃！笃笃笃，咚咚咚！

咚咚笃笃笃笃咚！……

“四三三二一”的鼓点，在雷正兴和谢迪安的掌控下变得有板有眼。大鼓小鼓与鼓钹和鸣。激越的洋鼓声一波一波地从舞台向礼堂激荡，漫向校园内外。节奏铿锵，错落有致，重中有轻，刚柔相辅，扣人心弦，催人奋进。

夏柳老师当场宣布雷正兴和谢迪安当选为第一批鼓手。雷正兴大鼓小鼓均会。从于1955年秋拍摄的荷叶坝完小少先队中队在湖南烈士公园的合影中，我们即可看到，雷正兴持大鼓、谢迪安持小鼓，分别端坐在第一排左右两侧（见图10－2）。

图10－2　1955年秋荷叶坝完小少先队中队在湖南烈士公园合影（前排左一雷正兴）（据资料图片翻拍）

雷正兴既会打西式“洋鼓”、会吹“洋号”（小号），又会打中式腰鼓，可算是中西“全能”。雷正兴学会打腰鼓还是他在向家冲小学读书的时候。据谭礼老师回忆证实，当时，学校里成立了腰鼓队，要求队员机灵，漂亮，有节奏感，懂音乐。雷正兴处处合格，只是个头太矮，影响队列的整齐。第一次选拔没有他，他很急，再三向谭礼老师要求，而且振振有词：“谭老师，腰鼓队又不是只打一天两天，打着打着我就长高了嘛！”谭礼老师笑了，问：“你会背诵腰鼓点子吗？”雷正兴马上表演，口中念起了“咚波、咚咚波咚波”！看着他那天真可爱的样子，谭礼老师“破格”同意了。雷正兴进了腰鼓队，成了最活泼的积极分子。他学花样，动作娴熟灵巧。列队演练时，为怕影响整齐，他总是踮着脚跟，很难看破他个子矮。下课了，他敲着桌子练节拍。放学了，他拍打着自己的书包。练呀练，跳呀跳，他成了一名最有节奏感、最有音乐感的出色的腰鼓队员。

旗手的风采

⑯

雷正兴无论当旗手、鼓手或号手，都以优秀少先队员的姿态出现在老师和同学们面前，受到好评和赞扬。

据同学刘中柱回忆：雷正兴是个胆子大、活泼可爱的大队旗手和鼓手。学校不论搞什么样的集体活动他都是一马当先。特别是在庆祝“六一”、“七一”、“八一”、“十一”这几个节日中，虽然他身穿带补丁的衣服但却十分整洁，你看他圆圆的脸庞，总是笑眯眯的，忙这忙那，很少得闲。差不多每次集会他都作代表上台发言或是作为指挥讲几句话向大家提出些要求和注意事项。每当这个时候，他一上台就恭恭敬敬地向老师和同学们行个礼。他那个头比讲台高出不了多少。他面向大家讲话时，一点儿也不胆怯，不怕同学笑他，讲起话来也很生动、有力。在学校文体活动中，尤其在大型集会参加游行时，雷正兴担任旗手，总是把队旗举得高高的，迎风招展，迈着雄健的步伐，走在整个队伍的最前头，显得格外的精神振奋，气魄威武！同学们都为有他这个旗手而感到自豪！有时他又担任鼓手。每当他担任鼓手时，常常是不停地打着有节奏的鼓点，大家也就很自然地随着鼓点迈着整齐的步伐。每次活动一解散，同学们纷纷离校回家了，而他还得将队旗或鼓乐送回学校，及至很晚才能回家。可是他从来不知道害怕。我们都说雷正兴胆大，不怕鬼不信邪。老师们都很喜欢他。

据同学王振云回忆：雷正兴对工作认真负责。为了当好大队旗手，他利用课余时间，练习握旗姿势，操练步伐。每次大队活动，他高举着队旗，雄赳赳、气昂昂地走在队伍前面，使队伍步调一致，雄壮有力。

易华钦老师在回忆文章中记述了 1955 年庆祝“六一”国际儿童节活动中雷正兴的表现情景：

1955 年“六一”儿童节，荷叶坝完小筹办了一次有史以来规模最大、内容丰富、气氛热烈的庆祝大会。荷叶坝辅导区 10 所小学 1500 多名少年儿童，汇集到荷叶坝完小操场，庆祝“六一”儿童节。“六一”前夕，荷叶坝完小老师以及包括雷正兴在内的学生起早摸黑，利用课余时间，开辟了一个新操场。在操场的一端，搭了一个能坐 20 多人的主席台，台上布置得庄严隆重，蓝色的后幕上挂着毛主席巨幅画像，鲜红的彩旗、队旗以及台柱两边的对联，在阳光照射下红光四射，鲜艳夺目。“六一”这天 8 点多钟，10 所学校的学生，在老师带领下穿着平日心爱的服装，排着整齐的队伍，到达集合地点。腰鼓队，秧歌队，鼓号声汇成欢乐的海洋。同学们都沉浸在节日的气氛中。

这次庆祝大会，在老师的指导下，雷正兴负责大会会场的组织指挥，并代表荷叶坝完小全体同学在大会上讲话。上午 9 点雷正兴把队伍指挥成一条条直线，就地坐好。随后，在轰动山谷的鼓号声和鞭炮声中，宣布庆祝大会开始。大会程序第四项，由雷正兴代表同学们讲话。他穿着洗得洁净的白家机布衬衣，胸前飘着红艳艳的红领巾，走到主席台前边，精神抖擞，向毛主席像和台下师生敬完队礼，开始了充满激情的讲话。他首先讲了师生们欢聚一堂，庆祝“六一”儿童节，这是多么幸福、多么有意义的节日。这是有了毛主席、有了共产党，领导中国人民解放军，推翻压在中国人民头上三座大山，解放了全中国，才有今天的幸福。要打垮强大的敌人，不是一件容易的事，是千千万万的革命先辈，抛头颅，洒热血，换来了我们的幸福。接着他回忆了旧社会挣扎在死亡线上的经历。还把他哥哥、弟弟惨死的情况说了一遍。这只是千万家穷孩子中的一例。这时会场严肃寂静，很多人眼里含着泪水。雷正兴一转话题，讲到同学们在今天安定的学习、幸福的生活中，一定要听毛主席的话，做毛主席的好学生，学好文化科学知识，锻炼好身体，使自己成为建设新中国的有用人才。

易华钦老师在回忆文章中还记述了这样一些情况：雷正兴在荷叶坝完小读书时，学校有七个教学班。不论是校外活动、周会或临时集合，只要告诉雷正兴一声，集合钟声一响，不到三分钟的时间，他可以把全校学生集合好。如有班的队伍站得不直，雷正兴从低年级到高年级横走过去，在站得不直的队伍排头停一下，这个队伍即刻会移动得笔直。队伍整理好了，再向老师报告人数，请老师讲话。当时学校老师几乎每星期都有半天集中学习或到区里开会。学校就让雷正兴主持用钟声按时发布上、下课和放学的信号，他办事非常认真，从来没有出现什么问题。

梦未圆，气不馁

(97)

雷正兴加入中国少年先锋队后不久，就梦想着加入青年团；同时，他还有一个追寻已久的“参军梦”。他在读小学的六年间，这两个梦都未能相圆，但他始终志不移、气不馁，不放弃，以一个个坚实步伐，朝着梦想的目标向前迈进。

据时任荷叶坝完小团支部书记李树琪老师1993年10月写的《团旗在心中飘扬》一文忆述：

> 1955年下期，经上级团委批准，成立了荷叶坝完小团支部。当时的高小学生中，达到了入团年龄的不少。为了在学生中发展团员，学校团支部成立了青年学习小组，动员青年学生积极报名。雷正兴马上写了申请书，报名参加团课学习。在他的带领下，学生报名非常踊跃，六年级的绝大部分同学都报了名，五年级也有一部分适龄的同学报了名。团支部对报名参加学习小组的成员审批较严格，要求思想品德表现好，组织纪律性强，学习成绩优异的同学，才能够成为正式学员。先后共有40名学员参加青年学习小组。雷正兴当时是首批学员之一。
>
> 学校团支部在上第一节团课时，组织大家学习了中国新民主主义青年团的性质、团员的义务与职责、团徽、团旗等基本知识，雷

正兴和大家一起认真地听着。第二天早上，雷正兴到校后，便向团组织递交了一份入团申请书。此后他几乎每周写一次申请，他多么渴望成为一名光荣的青年团员呀！但是当时发展的团员少。直到1956年上期第一班毕业时，学生团员才只有几个人。雷正兴当时的年龄较小，团支部认为还须考验一段时间，因此，他暂时没有被吸收为团员。他非常羡慕被吸收入团的同学。在第一批新团员的入团宣誓会上，雷正兴作为进步青年代表发言，他激动地说：“亲爱的老师、同学们！我多么希望能站在团旗下光荣宣誓，我多么希望能成为党的得力助手——中国新民主主义青年团团员。我这个孤儿能有今天，多亏了党和毛主席，我一定要‘好好学习，天天向上’，争取早日加入中国新民主主义青年团，为国家建设多作贡献。今天，我没有被批准，这说明我离一个团员的要求还有差距，但我决不灰心，决不气馁，一定争取早日加入中国新民主主义青年团。”

(98)

雷正兴的“参军梦”在湖南刚解放时就怀抱在心。当年欢迎过境南下解放大军，他就泪流满面缠磨恳求：“连长叔叔，我要跟你当兵。”虽未能如愿，但“参军梦”从没放弃，时刻在他心底里显现，一有机会他就要激情满怀地为之抒发，甚至不厌其烦地找彭德茂大叔、找前来征兵的工作人员为圆这个梦而声声诉求、而据理力争……

据谭礼老师回忆：在1953年的扩军运动中，当时在向家冲小学读书的雷正兴，积极参加学校组织的扩军宣传活动。他作为腰鼓队员，在老师带领下，高举红旗，下村宣传。一路上，大家高呼口号：“参军光荣！”“一人参军，全家光荣！”“中国人民解放军万岁！”来到黄花塘适龄青年雷运生家。事先我们听说他母亲对青年应征入伍的重要意义认识不足，不同意他参军。这时，雷正兴便对他母亲说：“雷大娭毑，你不要哭，你儿子参军是好事，参军是为保卫我们的幸福生活，雷运生在部队还能继续学习和锻炼。我长大了也要去当兵，做毛主席的好战士。”

接着，大家你一句，我一句劝导，雷运生的母亲思想通了，决心送子参军。这次活动，上级领导很满意。在活动总结时，对雷正兴提出了表扬。

据同学刘中柱回忆：雷正兴在荷叶坝完小读五年二期的时候，班主任肖老师儿子参加抗美援朝胜利归来，学校组织了一次活动，开展向解放军叔叔学习，向前线胜利归来的战士学习。在那天的欢迎会上，雷正兴作为学生代表，上台献花、献红领巾，并在会上发言，他说："美帝国主义侵略朝鲜，其实就是妄图侵略我们中国。朝鲜是中国的近邻，美帝是想侵占朝鲜做跳板进攻中国。帝国主义是野心家，我们要随时准备参军参战，绝不允许他们称王称霸。"他并慷慨激昂地说："我现在年龄还小，等我长大了一定要参加中国人民解放军，做一个坚强的战士，保卫党、保卫毛主席、保卫祖国和人民……"

(99)

知道底细的人自然能联想到，雷正兴上述发言中表达的自己"现在年龄还小，等我长大了一定要参军"的愿望，其实是他在年前的冬季征兵中强烈要求参军未成而在事后进一步提高认识的表现。对雷正兴年前要求参军未成的始末，1954年冬曾受望城县委委派到安庆乡协助抓征兵工作的望城县团委书记黎国平，事过38年之后，在他的回忆文章中有详尽记录：

> 1954年冬，县委派我到安庆乡协助彭德茂乡长抓冬耕冬种和征兵工作。有一天晚上，北风呼呼直叫，天气十分寒冷。我们正在乡政府办公室开会研究征兵工作，只听见门外有人喊："彭乡长，彭乡长！"随着开门进来一个约摸十三四岁的少年。
>
> 彭乡长指着这个少年对我说："这是雷正兴，还在小学五年级读书，他是我们乡第一个报名参军的。"
>
> 我不禁放下钢笔，打量着眼前这位少年：个头矮矮小小，但敦敦实实。圆圆的脸上露着稚气，被寒风吹得红红的。一双眼睛又明又亮，额头上渗着汗珠。显然，他是急急忙忙赶到这儿来的。

“小雷找过我四次了，要求参军，我说服不了他。你给他讲讲，好不好?”原来，彭乡长已被缠得没法，只好把我推出来当“挡箭牌”。彭乡长又对雷正兴说：“就算我同意也不行，不信，你问问县里来的黎同志，他是负责征兵工作的。”

雷正兴一听我是县里来的，眼里闪着希望之光，马上向我提出要求：“黎同志，我要参军！”

我沉思了一会儿，说：“小雷，你年纪太小……”

没等我讲第二句，雷正兴接过话，理直气壮地说：“我从小就失去了父母，受尽了地主的欺压和剥削。今天，我们当了国家的主人，幸福生活来得不容易。俗话说，有志不在年高。我一定要参军，当一名光荣的解放军战士，拿起枪杆子，保家卫国!”

“你决心这么大是好的。但是你个子太小，当兵是很苦的呀!”

“小个子当兵，打仗才灵活呢!”雷正兴机灵地闪动着眼睛，“我是苦水里泡大的，不怕苦，也不怕死，请领导考验我。”

这一晚，我们谁也没有把雷正兴说服。

这时，征兵的消息像春风一样，吹遍了山乡的每一个角落。每天报名参军的人络绎不绝，有自己跑来的，有妻子送丈夫的，有父母送儿子的，我们的工作非常繁忙。

雷正兴放学后，天天都跑来，软磨硬泡，要求参军。他总是对我说：“我祖祖辈辈都是穷苦人，受尽了地主老财、日本鬼子的气。现在我搭帮党和毛主席翻了身。保卫祖国，是我们的义务。你就同意吧!”

每当我看到他那焦急而又诚恳的眼神、那充满稚气和带着执拗神情的娃娃脸时，真不忍心立即回绝他，只好安慰他说：“你还小，先好好读书，别着急，过两年我们一定让你去……”

我们欢送第一批新兵入伍的那天，安庆乡沉浸在欢乐之中。在锣鼓、鞭炮声里，新兵胸戴大红花，一个个英姿飒爽。我朝四周一望，在新兵队伍的后面，站着一位矮个儿少年，那不是雷正兴吗?

他见我朝他走来，一把拖着我，抱着最后一线希望央求说：

“让我去吧！让我去吧！”

顿时，我心潮汹涌，久久不能平静，眼睛湿润了。我能说什么呢！只是默默地拍着他的肩膀，和他一起，把这批新兵送到了十里以外的望岳区委。

这年冬，雷正兴参军未去成。可是，他仍然三天两头地往乡政府跑，总是打听参军的消息……

第十一章

活动他最行：热心、活跃、也会玩

于细微处见精神

⑩⑩

“学习他最好，活动他最行”——不难理解，当年清水塘完小班上同学写给雷正兴的顺口溜中提到的这个“行”，其意既在赞美雷正兴热心参加校内外的各种有益活动，同时亦赞美雷正兴在活动中表现热心、活跃、能干，公而忘私，精神可嘉。

事实确是这样。当年亲见、亲闻、亲历其事的老师、同学、亲友以及乡亲们在回忆中所列举的种种实例，即是很好佐证。

凡人善举，于细微处见精神。大家忆述的雷正兴在学生时代所参与的各项活动中的表现，其难能可贵之处，突出体现在这样几个方面：

一是活动范围面广。其活动场所涉及校内、校外、集体、家庭、个人所在地等诸多方面。

二是活动项目内容繁杂。其事关乎学习、劳动、时政宣传、尊敬老师、友爱同学、扶助老人、文化娱乐，以及公益性和非公益性活动等等，门类繁多。

三是自觉自愿，无偿参与。

四是坚持不懈。先后辗转五所学校、历时六年而始终如一。

五是不顾自身困苦，不辞艰难。他是出身贫苦农家的未成年孤儿，寄人篱下，一日三餐特别是上学时的中餐供应断断续续难以为继的困厄，一直是他生活中面临的大难题。有许多活动，他是在强忍着饥饿的情况下参加的。为参加活动耽误时间、不能按时回家做事所受的斥责，甚至遭遇不给饭吃而食不果腹之苦，他都忍气吞声，无怨无悔。

当年一个普普通通的小学生，在其短短六年的学生生活中竟然演绎那么多“故事”久远地存活在那么多人的心中，委实不同寻常，故能在令人为之称羡之时亦从中深受教益与启迪。

雷正兴学生时代所参与的一些活动故事，其中，与学习以及少先队组织直接相关的部分，第八、第九、第十章已择要记述，本章主要分类罗列他在校内参加的一些活动事例。随后，在第十二章，主要分类罗列他在校外参加的一些活动事例。

尊敬老师

(101)

当年曾在龙迴塘、上车庙、向家冲、清水塘、荷叶坝学校任教的老师，谈起雷正兴，无不称赞他对老师极为热情，有礼貌，尊敬老师，经常积极主动帮助老师特别是年龄比较大或有病体弱的老师做一些力所能及的事，关心老师。他极听从老师的教导，老师布置他做的事，他都按要求努力做好，所以，学校或班级某些大小“差事”，许多老师都喜爱把雷正兴作为“当差”的首要人选，雷正兴亦乐此不疲，很少推辞。老师喜欢雷正兴，雷正兴热爱老师。1961 年 4 月 15 日，雷锋在抚顺市望花区本溪路小学对学校同学讲话时，他联系实际，细数老师教书育人的辛劳，告诫同学们定要尊敬自己的老师。他在谈自己体会时深情地说：“这一生我最爱的就是我们的党，最尊敬的就是我的老师。”且录两例：

其例之一，主动协助老师背脚痛的同学回家。

据易华钦老师回忆：1955 年 5 月 15 日，荷叶坝完小（时又称中心小学）组织五年级和四年级学生到长沙市参观旅行（见图 11－1）。在回校的路上，有一个同学脚痛难忍行走不便。老师只得轮流背着他走。雷正兴看到老师背同学费力辛苦，就不顾自己本已旅途劳累，争着要

图 11－1 荷叶坝完小五、四年级同学暨老师 1955 年 5 月 15 日旅行留念（局部）（前排左三雷正兴）（据资料图片翻拍）

背，借以帮上一把。雷正兴个子不高，脚痛的同学个子并不比他矮。雷正兴背着他累得满头大汗，还是咬紧牙关背着同学往前走，老师要和他轮换时，他总争着要背着多走一段路。他和两位老师轮换背着这个同学送到家时，天已经黑了。

其例之二，为王昌明老师洗茶杯、刷痰盂。

据殷云岭访谈记录：荷叶坝完小总务主任王昌明老师，当年已有六十岁，他的办公室中有一个痰盂，每逢大扫除，痰盂就会有人洗刷，后来发展到每天如此。过了很久时间，王昌明老师才发现干这件事情的就是雷正兴。有一次，王昌明老师的积满茶垢的杯子被雷正兴刷洗得干干净净，他竟认不出自己的杯子了。别人指点给他，他说："我的杯子旧了，这是谁的新杯子?"知情者哈哈大笑。

团结友爱，帮助同学

⑩②

其例之三，帮助张义华同学恢复队籍。

据夏柳、易华钦老师回忆：三年级少先队员张义华，一次下雨天穿着木屐上学，木屐上卡着一团泥土，走起路来拖也拖不动。张义华只得用力把泥土团甩掉。一不小心，将两只木屐上的泥土团都甩到了一位姓彭的农民的秧田里，把刚播下谷芽不久的秧田，打了两个大洞。这位姓彭的农民到学校告状，中队辅导员兼班主任夏柳老师批评了张义华。接着不久，一次放学回家的路上，张义华看到一个一年级同学手里拿着个小皮球，想向这位小同学借着玩，这小同学不肯借。张义华将小皮球打落到高坎下的一坵刚插上秧的水田里。这个小同学哭哭啼啼，扎起裤脚转到高坎下的田里去捡球。水田里稀泥深，一路拖泥带水，所经路线的禾苗，有的被踩坏，有的被拖翻粘在稀泥上。这坵田的主人姓杨，第二天一早就到学校告状了。夏柳老师向放学同一路回家的同学查清了事实，即和大队辅导员老师商量，召开了少先队大队会议，夏柳老师把两次农民告状的情况说了一遍，宣布停止张义华的队籍，收回他的红领巾。什么时候有好的表现，才能恢复队籍。

雷正兴是少先队大队委员，感到自己有责任帮助张义华。他便利用课余时间，找张义华谈话，说明从秧苗到收获，都离不开农民的苦心耕耘。农民种出粮食，我们才有饭吃。当即约好张义华，放学后到这杨家田里去扶苗补蔸。这天的文体活动时雷正兴和张义华向老师请假，两人来到杨家田里把踩得歪斜了的秧苗，一蔸一蔸地扶正，缺了蔸的，到附近农民的秧田里找点秧补好。又和张义华一道到杨家作了检讨，请他察看扶补的禾苗是不是合格，如果没搞好，答应再补好。过了一天这位姓杨的农民到学校找教导主任钟霞生说："你们学校对学生要求严格，学生把踩坏的禾都补好了，还到我家里作了检讨，是雷正兴带着张义华两

人补好的，小孩子做错了事，能够改正，就是进步”，建议学校予以表扬。

过几天后的一个星期天，雷正兴又特地到张义华家，约张义华去帮助一家缺劳力的四属户给水稻中耕除草。花了一整天，完成了一坵一亩多面积的中耕除草任务。事后，这家四属户把这件事报告了前来检查工作的彭德茂乡长。彭德茂乡长听到后到学校建议对雷正兴、张义华给予表扬。

在张义华停止队籍的第二十二天的课余时间，雷正兴到夏柳老师的办公桌旁，向夏柳老师汇报了张义华在学习上段考成绩上升很快，每门功课分数都比过去高，遵守纪律比过去大有进步，这段时间没有违反纪律的现象发生，还把张义华给杨家田里扶秧补蔸、帮助四属户稻田搞中耕除草、淋菜，帮学校工友扯猪草喂猪等表现情况说了一遍，建议恢复张义华的队籍。夏柳老师同意雷正兴的建议，召开了少先队大队委会，会上由雷正兴介绍了张义华的表现进步情况。夏柳老师宣布恢复张义华的队籍，并亲自给张义华系上了红领巾。

其例之四，为杨庆明同学解难。

据同学刘中柱回忆：20 世纪 50 年代，农村学生读小学，大都是用小石板、石笔之类作算数，练写生字。有一次，在荷叶坝完小读书的好几个同学一起上学。其中有一个叫杨庆明同学，在分路口一家姓肖的小商店买石板，因他一不小心，把柜台上一个装糖果的玻璃瓶盖子碰掉地上打碎了。店主很不高兴，非要他赔一个整瓶子不可。说什么“打碎了瓶盖，瓶子就没有用了”。要杨庆明赔两万元钱（按原文数字可能有误，等于新币两元钱，下同）。杨庆明哪里有这么多钱赔他？那个姓肖的店主不容分说，便把杨庆明的少先队员红领巾摘下来了，说是作为抵押，拿钱才能还回红领巾。正在这难分难解的情况下，站在一旁已经看清事情究竟的雷正兴出面了。他好言好语地对店主说：“我们是学生，身上都没有钱，你扣了他的红领巾，他就不能到学校上课去了，那不就影响学习了吗？他又不是故意打坏的，麻烦您一下，买一个盖子也就是啦。”店主听过雷正兴这一番话，看了看都是一些十多岁的孩子，确实也没有多少钱，想了想说："看你们都小，赔五千元算了。"就这样，经过雷正兴这么一说，特别是他那诚恳的态度，感动了店主，问题得到了解决。又经过雷正兴发动在场的几个人一商量，一百、二百……大家共同凑了一些钱赔给了店主，杨庆明要回了红领巾，同大家一道高高兴兴上学去了。

(103)

其例之五，热心接送低年级同学过荷叶坝小桥。

据易华钦老师、同学陈爱华等回忆：荷叶坝完小校园东面有一条流向东南的小河，即湘江支流梅溪河上游，连通两岸的是中坝（又称"荷叶坝"）的一座约四米长一尺宽的花岗石搭起的小桥，同学上学必须经过这座小桥。每逢刮风下雨，桥下的小溪水流特别猛，一些小同学有的不敢从桥上过，老师必须到桥边去接，放学又得送过去。雷正兴看在眼里记在心上，每逢下雨刮风的天气，他到校特别早，主动到小桥边去接同学。年龄稍大一点的，就一个一个牵着手过桥，年龄小的同学，就一个一个地背过小桥。后来他在高年级中，组织了几个同学，轮流担任接送低年级同学过桥的任务。

初夏的一天凌晨，风狂电闪，暴雨倾盆，小溪猛涨，山洪横流。当雷正兴和十几个小学生走到荷叶坝桥头时，只见小石桥已被浑浊的洪水淹没了。面对这种情境，同学们都心急如焚。

"打转回家算了！"一个同学说。这时，只听见雷正兴高声喊道："等一等，大家先别回去！让我先试试看能不能过去。"雷正兴一边说，一边从另一个同学手中借过一把雨伞。他用这把伞收拢后试探着插了下去，触到了桥面，他就蛮有把握地说："过得去！过得去！桥面的水不深，冲力也不蛮大！"

他说完，用收拢的雨伞作探棍在桥面探路，一步一步地试着向前走去。桥头前岸上的同学们的心都悬着，真担心雷正兴不小心掉到水里。不一会，他过去了。他在对岸转过身来欣喜地对同学们喊道："过得来！你们快过来！保险没问题！"

可是同学们仍然你看着我，我望着你，不敢踏上桥面，雷正兴可急

了，只好又离岸从桥上涉水走了过来。

“走，我牵你们，不要怕！”同学们上桥前，雷正兴又反复叮嘱大家：“小心啦！大家都手拉着手，一个挨一个，保险些。上了桥，要侧着身子走，步子小一点，一脚挨一脚，莫偏了方向。”

就这样，雷正兴把很多同学一路牵过了桥。但在当时，因陈爱华是最小的一个女同学，刚读一年级，不敢跟着大家走。望着对岸过了桥的同学大哭起来，说“我怕，我怕，我不去啦”。雷正兴见状，又离岸从桥上涉水走过来，耐心鼓励说：“陈爱华，莫哭，莫哭，在困难面前，哭是软弱的表现。勇敢些，来，我来背你。”雷正兴说完，蹲下身子，把陈爱华背到了背上。陈爱华当时心里非常紧张，在雷正兴背上，两只小手像钳子一样紧箍着雷正兴的脖子，使他呼吸都感到困难。雷正兴不顾这些，坚持着一步一步涉水前行，把陈爱华安全背过了小石桥。

雷正兴乐于帮助低年级同学由来已久。据李扬益老师回忆：在龙迴塘小学读书时，雷正兴经常帮助低年级同学做好值日工作。不管烈日熏风的夏季，还是冰封雪舞的寒冬，雷正兴总是先挑来清水，把枯燥的地面洒湿后，再与小同学一道扫地，抹桌、椅和门窗，直到检查合格，才与小同学一道回家。他这种助人为乐的精神是长期的，不是一阵风，几番雨，而是每期从开学起直至放假止，期期都是如此。

(104)

其例之六，“快下水，救人要紧”！

据夏柳老师、同学张凤和、王爱华等回忆：1955 年冬天的一个早晨，雷正兴与十几位同学一道向学校走去。半途忽然下起了大雨，同学们冒雨朝前奔跑。经过一口小塘边，突然同学阎振球先天性癫痫病发作，一下子就滚到了路旁的水塘里。顿时，有的同学吓得大哭；有的同学目瞪口呆，不知如何是好。雷正兴果断地说：“快下水，救人要紧！”说完，把书包往塘基上一丢，来不及脱掉鞋袜衣服，扑通一声跳入寒冷刺骨的水中。他一手抓住阎振球的衣服，一手攀住塘边的灌木，使尽全身力气，把阎振球往岸边拖。在场的另一位同学张凤和也跳进了水中。雷正兴忙说：“你先托住他的头，我再来抱他的腰。”张凤和将阎振球的头托住，雷正兴便用双手去抱阎振球的腰，使尽了吃奶的力气，两人才把阎振球抱上了岸。附近农民闻讯赶来，及时救活了阎振球。

公益劳动争先恐后

(105)

其例之七，不怕劳累不怕脏。

据同学石天柱回忆：雷正兴积极参加校内外各种无偿公益性劳动。在校内，学校组织的修操场、植树活动，他争先恐后；搞大扫除，掏下水道、冲洗厕所，哪里最累、最脏，哪里就有他的身影；班上值日、打扫教室卫生、擦黑板，他都做得一丝不苟，没有轮到他值日他也经常主动帮助当值日的同学完成任务。

1955 年下期，学校里决定新开辟一个操场。挑土运泥任务很繁重，老师考虑到雷正兴个子矮小，安排他负责挖土，然后将泥土上到箢箕内。雷正兴听说后，马上主动找老师，要求挑土运土。老师说："挖土也同样重要，你力气小，就挖土吧！"雷正兴却很不服气，他将小手捏成小拳，显出一幅浑身是劲的样子说："老师，我有劲，我一定要挑土，保证不比别人挑得少。"说完，拿起扁担箢箕就跑上了工地。老师无可奈何地摇摇头，叮嘱着他："雷正兴，可要少挑一点，小心扭伤！"在劳动工地上，雷正兴干得汗流满面，还时常与大个子的男同学开展劳动竞赛。接连几天放学后的劳动，扁担压得雷正兴的肩膀都肿了，但他从不叫一声苦。

文娱活动骨干

(106)

其例之八，小演员，小导演。

据同学凌小俐回忆：在我的心目中，雷正兴是一个性格开朗、十分活跃的同学。他是个孤儿，但又不像孤儿。白皙皙又圆圆的脸上，总是带着甜甜的微笑。有时走起路来，活像喜鹊，边跳边唱。他是文娱活动的最活跃分子。他总要想法找一些文娱活动资料，利用课余时间组织排

练，自己主动当导演。在班上，我是一个文体委员，喜欢唱歌，特别爱跳舞，雷正兴喜欢找我一同演出。开始我们合作得很好，但是日子久了，班里同学就取笑我们，并编了两句顺口溜在班上传唱：“雷正兴细就细（个子小），一配配了凌小俐”，羞得我再也不敢和他演出了。但雷正兴胸无芥蒂。在为一次文艺晚会准备节目时，雷正兴要排练《小放牛》，演员是一男一女，雷正兴又要找我一同演出，我借故谢绝了，推荐班上另一个爱好文娱的女同学李建芝担任了这一角色。

其例之九，男扮女装：可爱的“小姑娘”。

据荷叶坝完小少先队总辅导员常业勤老师回忆：雷正兴是一个出色的小演员，每一次他都能认真地完成少先队组织交给的任务，演好每一个角色。其中大家印象特别深的是他男扮女装演“小姑娘”的情景。

有一次，清水塘完小与我们商定联合搞一次队活动，我校少先队大队准备排演一出叫《小渔夫》的哑剧。这出戏描写一个渔民架着小船在海边捕鱼时，被日本兵抓走了，他的女儿奋力反抗日本兵的侮辱，最后投奔了游击队，走上革命道路。这个剧剧情较复杂，又是哑剧，不能用语言，只能用惟妙惟肖的动作来表达，这就增加了表演的难度，许多女同学都不敢担任这个角色。离这次活动的时间只有几天了，还没有物色好这个“小姑娘”。怎么办？我这个少先队总辅导员可急坏了。雷正兴听说后，便自告奋勇地说：“常老师，我来演这个角色！”

我望着雷正兴秀气的娃娃脸，断定化妆后会是个可爱的小姑娘。我便要他试试看，并告诉他每一个动作都要仔细地体会剧情，在表演中要表现一个中国小姑娘对日本帝国主义的深仇大恨。排练中，常常勾起雷正兴对一幕幕往事的回忆。他想起自己的爸爸是怎样遭日本兵一顿毒打后离开人世的。他的身世，他对日本帝国主义的深仇大恨，使他能比较准确地把握“小姑娘”的性格发展逻辑，也激励他决心排除困难演好这一角色。

在演出时，雷正兴虽然是男扮女装，但他一出场，逼真的神态就博得了师生的一片喝彩声。他表演得非常出色，随着剧情的发展，小观众们受到了强烈的感染，有的竟然情不自禁地举起了拳头，愤怒地喊道：

“打倒日本帝国主义！”“牢记血泪仇、民族恨！”哑剧《小渔夫》把这次活动推向一个高潮。

其例之十，加演节目为学校争荣誉。

据张仲明老师回忆：有一次，在推山完小举行文艺联欢晚会，礼堂里灯火通明，座无虚席。演出前，大家互相拉歌，互不相让。歌声、掌声、欢呼声，此起彼伏，一浪高过一浪，气氛十分热烈。雷正兴看到文体委员凌小俐当指挥累得不行了，马上从她手中接过指挥棒，继续指挥同学们唱歌、向兄弟学校挑战。

为了使这次联欢活动搞得更好，两所学校负责人碰头决定各校再出一个节目。因事先没有准备，我们老师都很着急。雷正兴听说后，马上主动抢任务：“张老师，让我来演吧！”

“你演，一个人能行吗？”我当时反问道。

“我与文娱委员凌小俐一道演出《小锯子》吧！”

以前，雷正兴与凌小俐曾一道表演过《小锯子》，演出后一些同学曾调皮地笑过他们俩，雷正兴从没把它放在心上，今天又主动出来为学校解难，我们都不由得很佩服雷正兴的胆量，赞叹他一心为集体着想的优良品质。

文艺演出正式开始了，节目一个接一个地进行着。报幕员报道：“下一个节目，舞蹈《小锯子》，由荷叶坝完小雷正兴和凌小俐演出”。报幕员的话音刚落，雷正兴便拉着凌小俐的手直奔舞台，边走边说：“我们是少先队员，是兄弟姐妹，怕什么，一定要为集体争光！”

演出时，雷正兴与凌小俐手拉着手，边唱边舞：

小锯子，亮光光，喀嚓喀嚓亮光光；你来我往忙又忙，我来你往忙又忙，忙又忙！

哥哥锯木板，我拿小铁锤，叮叮当当，叮叮当当，叮！叮！当！

做只小军舰，结实又漂亮，我当小海军，哥哥当舰长，活捉蒋介石，消灭美国狼！

清脆的歌声，优美的动作，在风琴的伴奏下，赢得了全场观众的有节奏的掌声，许多观众也情不自禁地轻声和唱。

军事游戏智勇取胜

(107)

其例之十一，智勇双全的“战士”。

据雷正兴在荷叶坝完小读书时的同学、原少先队中队长李建芝1993年7月写的回忆文章记述：一个星期六，上体育课，正是大暑天，天气热得要命，雷正兴和全班同学整齐地站在我们自己新开辟的操场上。这时体育老师严肃地对我们说：“同学们，我们经常讲要学习董存瑞舍身炸碉堡，学习黄继光胸膛堵枪口的精神，今天我们的体育课就做一个军事游戏，地点在梅子坡。希望大家踊跃参加，英勇战斗，大获全胜。这次活动的具体方法是：同学们分成三个小分队，在哨声响过后同时出发，到了梅子坡山脚下，由侦察兵分头寻找路标，然后按路标提示的参考路线进军。‘敌军司令部’就设在梅子坡山顶上，那里有敌人的一面军旗，哪一个小分队先夺了敌人军旗，就算取得了胜利。”

接着，体育老师就宣布了各队战士和队长的名字。雷正兴和我都分到了第三分队。哨子一响，“战士们”便快跑如飞似地冲到了梅子坡山脚下。到了预定地点，老师又吹了几声哨子，各小分队同时开始寻找路标。于是，各队的侦察兵都紧张地行动起来了，在青草地里，在芦苇丛中，在石头缝里，急切地寻找起来。不一会儿，第二分队找到了路标，紧接着，第一分队也找到了路标，唯有我们第三分队还没有找到。我们小分队的战士听到其他分队正在高声念着路标，个个急得团团转。越急就越是粗心，越是找不到路标。

“冷静点，仔细点，加劲找！”雷正兴边找边对我们说。

“找到了，找到了！”一个女同学找到了路标后，高兴得跳起来朝我们喊。原来她从一块石头缝里找到了。

队长立即拿起路标向我们急速地念起来：“敌军司令部在对面山顶上，敌人的火力点是山口的荆棘丛和水塘上的芦苇丛，要通过这两个火力点，冲上对面的山峰，夺取敌军军旗。为了迅速歼灭敌人，夺取胜利，希望你队勇敢冲锋!”队长急速地连念了三遍。

这时，第一、二分队已经抢先一步冲锋了，他们绕过“敌人”的火力点正在迅速前进。雷正兴见了，心里想：第一步我们已经落后了，要是绕过这小山头，沿山侧的山路前进就不可能取得胜利了，必须当机立断，选择最佳的冲锋道路，直线前进，直捣“敌军司令部”。他马上向队长提出建议，队长一听有理，立即向全分队下达了直线冲锋的命令。

“从这边冲啊!”雷正兴高呼着，跳进了白水田里，直向对面山包冲去。

其他战士见了，也一个个跟在雷正兴的后面冲去。一刹那，他们冲到了一条壕基边上。这壕基构成了一个天然屏幕，杉树、荆棘、还有其他灌木，挤挤密密，真像一层层铁丝网。

“怎么冲过这道铁丝网呀?”一个战士焦急地说。

雷正兴毫不犹豫，顺手从壕基边扯着一根小竹子，攀着爬上了壕基，又两手将荆棘和灌木丛挑开一条孔道，从中钻了过去。衣服被撕破了，脸上、手上被刺出了鲜血，汗水渗进了伤口，火辣辣的，但他毫不在意，一个劲儿向山上猛冲。后面的战士在雷正兴行动的感染下，也一个个从雷正兴打开的缺口里钻了过去，我们迅猛直冲，终于抢在第一、二分队之前，占领了梅子坡顶峰。

到达“敌军司令部”后，大家投入了紧张的搜索军旗的战斗。找了很久，连军旗的影子也没见到。在这关键时刻，雷正兴镇定地想：军旗可不像路标，不会放在石头缝里，柴草丛中，肯定要挂在树上。于是，他的视线转到了一株株树梢上。咦，那不是吗！一株丈多高的松树上有一张小小的白纸片在风中摇晃着，他惊喜地叫起来：“找到了，找到了！在那棵树上!”雷正兴一边指着那株松树上的小白纸片对大家说，一边迅速向那松树下跑去。

只见雷正兴双手一抱，钳住树干，双脚一蹬，迅速爬上了松树。他取下白纸片一看，果真是军旗，上面写着：“敌军司令部军旗”。于是，他用脚箍住树干，解下红领巾，一手抱着树杈，一手用红领巾在空中不住地挥舞，口里和战友们一同高喊：“我们夺得了军旗！我们胜利了！”

这时，第一分队和第二分队也冲上了山顶。

他爱玩，也会玩

108

此前在评说雷正兴的“天生本色”时（见第七章之79），曾借用其同学谢迪安的话描述，在校读书，雷正兴课间是乒乓球的积极分子，只要下课铃一响，便飞奔球室，总能抢到先机，万一轮不到自己，也会趴在球台与人论理。放学回家的路上，经常玩点滚铁环、射弹弓、掷石子、打水漂的游戏，有时难免还要谈点“私房话”、“配配对子”，搞点恶作剧……这类活动无疑都生动而形象显示少年雷正兴的个性与“天生本色”的一个方面：他爱玩，也会玩。

其例之十二，调皮激怒凌小俐。

胡道明执笔主编的《雷锋轶事》一书中有这样的记载：事因班上有同学玩“配对子”，将曾多次与雷正兴同台表演歌舞的女同学凌小俐“配”成“一对”，还编成两句顺口溜作为笑料传唱。对此胸怀坦荡的雷正兴一笑置之，但性格内向怕羞的凌小俐却有些受不了，为避免同学取笑，她设法避让雷正兴。雷正兴则认为凌小俐这样做是小题大作，有碍同学关系。兴许在为化解矛盾，一天，在课堂上，雷正兴借数学难题请凌小俐解答，凌小俐不搭他，只顾低头做作业。雷正兴也像其他同学调皮地用背摇动座椅。那时，教室是木地板，座椅摇动，影响凌小俐做作业。凌小俐被激怒，将桌椅向前一推。雷正兴不但不生气，反而调转头来望着生气的凌小俐傻笑。凌小俐看着这样子，也无可奈何，只好默默不语，免得同学笑话。

其例之十三，辨析与牛粪有关的一件恶作剧。

有本书中作者煞有介事地写了这样一段话：“1950年夏天，党和人民政府免费送雷正兴到上车庙小学读书。有一个地主的姑娘和雷锋在一个班，因为雷正兴土改时批斗过她的父亲，她就经常对雷正兴进行打击，雷正兴忍无可忍，有一天放学的路上将她推倒，糊了她一身牛屎，从此，她再也不敢欺负雷正兴了。”——果真有这样的事吗？

2012年6月8日，我在登门访问雷正兴的近邻、同窗好友刘中柱时，特意细问这件“糊牛屎”的事。我将书里写的上述内容完整地复述了一遍。刘中柱和雷正求听了连连摇头说：没听说过，不可能的事！我请他仔细想一想，过了好一阵子，他想起了另外一件事说：那是在荷叶坝完小，课余时同学们常在操坪跳邀请舞。班上女同学如曹梅香、陈金华等都喜欢邀雷正兴跳舞，往往一个接一个，常让雷正兴跳得没有气歇。那回跳舞，雷正兴事先在操坪边上捡了一小片干牛粪拿在手里，等曹梅香来邀他跳舞时伸手就便放在曹梅香手上，气得曹梅香丢都丢不赢。我问雷正兴为什么要这样做？刘中柱满脸笑容回答：好玩吧！冒得么子恶意。他还说：雷正兴有时喜欢生个鬼点子，玩个新鲜明堂。我又问：那回曹梅香不会见怪生意见吗？刘中柱回答：不会！装个生气的样子，骂几句，过后又都是好同学，说说笑笑玩在一起。另外，我们在闲聊中也作了点分析：一小片干牛粪本也算不上什么大不敬的事。如同西北地区牧民收集干牛粪作燃料，望城农村特是湖乡，农家常用湿牛粪涂抹墙壁建房屋。望城农家伢子雷正兴自然知道这一点，也许他在有意或无意自我“策划”这一恶作剧时，对拿一小片干牛粪与拿一张小纸片或一颗小石子或别的什么，当时他脑子里并无别的什么特殊用意。

(109)

其例之十四，刻章子。

据同学刘中柱回忆：暑假的一天，正值三伏时节，天气炎热，火辣辣的太阳炙烤着大地，树梢一动也不动，蝉儿在高声鸣叫。我在家里也懒得出门，正感到无所事事的时候，雷正兴来了。他一进门就对我说：“刘中柱，我们来做一件有趣的事——刻章子。”

“刻章子？谁来刻？”

“当然是我们啦！我在路过刻字店的时候看了很久很久，我知道怎么刻了。”说完，只见他从口袋里掏出半根钢丝伞骨，就在我家的磨刀石上磨起来，边磨边说：“把它磨成尖尖的，就成了雕刀。”他不停地磨着，磨得热汗淋漓了。我说：“恐怕不行吧！别磨了！”

他连忙说：“怎么不行？你难道没听老师讲‘铁棒磨成针’的故事？只要有恒心，就没有办不成的事。”

他坚持着把伞骨磨出了一个锋利的刀口，为了便于握在手中，又用布缠上，用线扎牢，就这样，一把雕刀制成了。

我们冒着酷热，顶着烈日，一起来到山上寻找鸡冠石作为刻章子的材料。雷正兴对我说：“只要一面平就可以了，不一定要正方形的，异形的雕出来更有意思。”我们找到了五六块石头，回到家中，将石头选一面磨平。雷正兴先用笔在磨平的石头上写下了我的名字，然后一刀一刀地刻起来。每刻几下，又停下来仔细看一看，再继续刻。字刻好了，我们无比高兴，马上用蓝墨水涂在章子上，往书上一盖，怎么啦？全是反字。我们就像一下子掉进了冰窟窿。我便埋怨起雷正兴来：谁叫你出这样的好主意，这么热的天气，找石头找得人都晒晕了，章子也未刻好。可雷正兴却一声不响，将章子左瞧右看，一拍脑袋，忙说：“对呀！在刻字店我怎么这么粗心，没注意观察到先要写反字，雕成后盖出来的才是正字。可这反字怎么才能写好呢？”我们想了很久，最后还是雷正兴有办法，想出了一个好主意。先在一张薄纸上写上名字，然后将纸翻过来，所看到的朦胧的影子，不就是反字了！于是，雷正兴马上按着这个影子用笔在磨平的石头上临摹下来，又开始一刀一刀地刻了起来。这一次他刻得更认真了，随着雕刀在他的手中一上一下地蠕动，石头屑一点一点地掉下，身上的汗珠一滴一滴地往下淌。经他的精雕细刻，又一颗精致的章子出来了。往书上一盖，妙极了！“刻成了，章子刻成了！”我们高兴得跳了起来。只见雷正兴兴奋得面颊和耳朵都绯红了。后来，雷正兴用这把自制的雕刀为很多同学刻了章子，字也越刻越漂亮了。

(110)

其例之十五，滚铁环。

据同学谢迪安回忆：雷正兴滚铁环，真可称得上得心应手别具匠心。铁环有铁丝环、铁皮环等好几种。说也奇怪，雷正兴不只都会滚，而且都会做，都做得很好，也有现成的箍脚盆的铁圈，生锈了，他也收集拢来，打磨干净，随时备用。平时在山间田野，看到铁丝，他也捡起。寸物寸用。他有一个“百宝箱”，里面钉子、锤子、锯子、钳子、剪刀、铁丝样样皆有。所以，做铁环之类，只是“小菜一碟”。当然，滚铁环更是行家，不仅平路滚，上坡、下坡也可以滚；不仅大路滚，田塍小路也可以滚。滚铁环与打陀螺一样，既是玩耍娱乐，又能锻炼身体。所以，我们都喜欢玩。

⑪

其例之十六，打陀螺。

谢迪安在回忆文章中对雷正兴当年的陀螺技艺写得极为生动有趣，特详予摘编：

> 雷正兴会打陀螺，打的方法也很多，用绳子打，用鞭子打，用棍子直接打，还有什么也不用，直接以脚踢。真是神乎其技。上学的时候，雷正兴经常书包里装着陀螺，腰间别着鞭子，带到学校里，待课余时间，便一展身手。有时干脆把陀螺和鞭子放在课桌屉子里，玩的时候再拿出来。
>
> 陀螺也是一种技击玩具。技击双方先以“锤头剪刀布”的博彩方式定输赢。输了的一方先放出陀螺立旋于地，由另一方挥陀击打，只听叭嗒一声脆响，被击中的陀螺飞出去“死”了，而攻击的陀螺则立旋原地，耀武扬威而又亭亭玉立旋转不已。如果攻方未能击中目标，则变为受攻方。因此，这种游戏最能体现男孩子赌狠斗胜的心理。假如你的陀螺被打得遍体鳞伤斑痕累累，你就做人不起大失体面。
>
> 学校里面一帮爱玩陀螺的同学。他们一下课，就蜂拥而出，亮开鞭子，抖擞精神，争强斗胜。好多同学既羡慕雷正兴打陀螺的技巧，又嫉妒他稳操胜券，从不输人的强悍。雷正兴是打遍校内、校外无敌手的“老大”，但并不以势压人居高自傲，而是谦和相待友情为重。当然，对那种逞强霸道的，他也决不示弱。他兴起时，下

手又准又狠，一挥鞭打得人家的陀螺飞出去几丈远，有的甚至被当场打爆。

陀螺是木头做的圆锥形玩具，拳头大小。锥体中间雕了一轮一轮的沟纹，用来绕绳子；锥体下部尖端，有的包上铁皮，有的钉上铁钉，这样，打起来转得更快、更久。雷正兴不仅会打陀螺，他还会做，且他做的陀螺最考究，锥体刨得溜光水滑，上面还一圈一圈地雕了花，锥体中间的沟纹，刻得细腻优美；陀螺着地的尖子，钉上铁皮，十分精致。打陀螺的棍子、鞭子也做得很美观。棍子大小适中跟手，削得圆滑光洁，握手的部分刻有图案，方便把握。绳子用苎麻编织，尾部留有寸把长的胡须，鞭子或以棕叶或以篾片编织，都梳理得整整齐齐。抽打起来，既称手好使，又挥洒自如。

第十二章

阳光少年：公家伢子

谁言寸草心，报得三春晖

⑫

本章罗列的事例是相关亲历、亲见、亲闻者所追忆的有关雷正兴当年小学时代校外活动的某些片断。其事虽小，但犹如一个个水滴，却让人们能从中看到它所映照的夺目光彩。

可不是吗？为支援抗美援朝，他捐献了仅有的两百元（相当于新人民币贰角）；

为支援洞庭湖堤垸整修工程，他捐献亲手编织的草鞋；

暴雨水流冲毁了路面，他领头用砂土填补；

支农积肥送肥他干得特别起劲；

路遇拉车运物的陌生人，他主动帮助把车推上坡；

五保老人缺柴烧，他不声不响地砍柴送上门；

他热心参加农村宣传、自动到农民夜校当“小先生”；

他是乡政府的义务招待员、义务通信员……

正是他的这些“身边的感动”，在当地赢得了“公家伢子”的美称——这可是只有那些不谋私利、不计报酬，乐于为老百姓、为父老乡亲——概而言之即为“公家”——做好事的好后生才能被载入口碑的称号。这对雷正兴不啻实至名归。

雷正兴其实也是“公家”养育成人的伢子。正是他的那么多亲族、亲眷，以及简家塘一带那么多父老乡亲长期给他以各种各样的抚育与呵护，他这个苦水浸泡的未成年孤儿才能在新社会的阳光照耀下茁壮成长。雷正兴深知这一点，他是个重感情的孩子，知恩图报。因而小小年纪他就自觉以力所能及的点点滴滴的实际行动，用以报答胜似春光般厚博的社会与乡亲之爱，从而在人们的记忆中留下了这样一些今天读来也颇为有趣的“小故事”。

两次捐献

[113]

其例之一，捐钱表达爱国心。

据李扬益老师回忆：1951 年春，龙迴塘小学响应党和政府号召，行动起来搞了一次抗美援朝捐献活动。当老师在会上讲完抗美援朝的重大意义后，雷正兴站起来激动地说：“抗美援朝是全国人民的爱国行动，也是我们的光荣义务，我只有两百元（旧币相当于新币贰角）钱，还是叔叔给我的压岁钱，我一不买糖果，二不买玩具，现在拿出来支援朝鲜，打倒美帝！”钱虽只有两角，话虽只有几句，但他是一个父母双亡，寄居在叔祖父母家生活的穷孩子，把所有的钱拿出来捐献表达爱国之心，因而对其他同学起了很好的带头作用。

其例之二，织草鞋献给治湖民工。

据易华钦老师回忆：1954 年汛期洞庭湖区遭遇了百年未有的洪灾，所有堤垸几乎全部溃决。是年 12 月至翌年 4 月，湖南组织 82.9 万人进行“洞庭洞堤垸修复工程”。全省人民有的捐钱，有的捐物，送米送菜送柴火，大力支援治湖。雷正兴不可能捐钱捐粮，怎么办呢？一天，他从读报课上听到了一则消息：为了抢时间，抓质量，掀起竞赛高潮，民工们常常在草鞋供不应求的情况下，赤着脚在泥里、沙里跑。他想到民工叔叔为了湖区人民的利益，辛辛苦苦地劳动，他们缺草鞋，我可以帮他们织呀！放学后，他到同学家借了个草鞋耙子，当晚回家就织草鞋。织草鞋可是一件技术活，没有掌握技巧很难织好，初次未成功。这天放学后，他没有直接回家，跑到黄花塘公路旁一个织草鞋卖的老人家那里去学织草鞋。雷正兴一边帮老人添草，一边问织草鞋要注意些什么。他

认真地看着，仔细地听着，默默地记着。天快黑了，老人催着雷正兴回家，雷正兴才说出了自己决定织草鞋送给修复洞庭湖堤垸的民工叔叔的想法，并且说：“我一定要学会织草鞋才回家!”老人听说雷正兴要学织草鞋支援治湖民工，随即把腰间的草鞋绳解下来，让雷正兴自己去织。老人在一旁指导，帮雷正兴添草。雷正兴按老人的指点，专心致志地织着，弄得满身都是稻草屑，织成功了一双草鞋，雷正兴高兴极了，将草鞋拿在手里左瞧右看。回到家里，他又织了起来，织到很晚才睡。第二天，他就把自己织好的草鞋送到乡政府捐献给治湖民工。

校外无偿劳动见深情

(114)

其例之三，将牛粪草运送到田间。

据同学石天柱回忆：那年春插前，我们来到杉树桥子参加支农夺丰收的积肥运粪活动，主要任务是将牛粪草运送到农业社的水田里。来到田间，因一位同学没带劳动工具，雷正兴主动把自己带来的工具让给了这一位同学，自己二话没说，就脱掉鞋子，挽起裤脚和衣袖准备下田。虽然立春以后气温有所回升，但水中仍然寒气袭人，很多同学劝他别下去。雷正兴回头说：“在劳动时，筋骨一活动开，就不会冷了。”说完，他就下到水田中，将牛粪草用双手搬起撒开。因他用力过猛，牛粪弄得满脸满身都是，惹得大家都笑了，他却满不在乎地说：“没有牛粪臭，哪有稻谷香。”在他的带领下，大家你追我赶，干得热火朝天。

(115)

其例之四，填补路面。

据同学石天柱回忆：有一天，天刚下过暴雨，雷正兴便悄悄地对我说：“石天柱，我们一起去黄花塘填路，好吗?”原来，在暴雨的冲洗下，黄花塘下坡处的沙石路面被冲得坑坑洼洼，行人车辆不好通行。雷正兴便决定邀几个同学一道去把路填平。我听了以后回答说：“哎哟，你真行！放学后，我们一道儿去吧！”放学后，我们邀了四五个男同学一道来到黄花塘。大家分头行动，挑土的挑土，运砂的运砂。雷正兴像个挺内行的泥水匠，将沙子泥土和匀，填在路面的坑洼处，又用锄头将泥土扒平打紧。从此，每当下过大雨以后，人们常能看到一个矮小的身影在黄花塘一带的路上忙碌，那是雷正兴在将被雨水冲坏了的路面及时填平补好。

(116)

其例之五，拉车。

据李扬益老师回忆：当年雷正兴就读的龙迥塘小学，正处在黄花塘岭上国家粮仓的要道旁边。1952 年仲秋的一个星期天，许多农民推着土车子送公粮入粮仓。我看到雷正兴主动帮助农民把送爱国粮的土车子拖上岭，然后，又下来拖第二部，就这样一部接一部地拖，直至夕阳落山，不见送爱国粮的车子了，他才回家休息。

据同学刘中柱回忆：有一次，我和雷正兴上学读书，在路上碰见一位老人拖着土板车，上面装有几百斤重的货物，在龙劲坳上岭的地方，老人非常吃力地拖着，气喘吁吁，汗流浃背。雷正兴见此情景，急忙跑上前去，主动帮助老人往岭上拖拉，我也跟着帮忙。这道山岭很长，雷正兴一直帮老人拖到岭上，我们才一溜小跑赶往学校。因为帮助老人拖车耽误了时间，上学我们迟到了十五分钟。走到教室门口，老师问雷正兴："你是一个从来不迟到的学生，今天为什么来晚啦？"雷正兴只是涨红着脸站着没作任何辩解。老师也不多问，当着全班同学的面严肃批评了我们两个，并责令我们俩退出教室到老师办公室呆着，说明白点就是"罚站"。

约过去近 40 年之后，刘中柱对来访者回忆此事，还透露了一段颇有"戏剧性"的秘密插曲：那天，雷正兴和刘中柱服从处罚决定来到老师办公室。办公室里有好几张办公桌，还有一张住校老师的床。雷正兴进门里外看了看，淘气地笑着对刘中柱眨眼说："我们睡一会吧。"只见他走到床边，往上一躺，并闭上眼睛，还装打呼噜。刘中柱不解地提醒说："老师就会来了。"雷正兴说："这时不会来的，我们听下课铃。"刘中柱一听有道理，也跟着躺下且真睡得有些迷糊了。突然，他被雷正兴推醒，两人赶快起身直直地站着。老师已经下课来到了办公

室。他用责问的口气说："今天怎么会迟到？你们谈谈情况！"两人就把路上帮人推车的事说了一遍，并报告老师，同路的同学可以作证。老师懊悔而心疼地说："哎呀呀！你们怎么不早说呢？"雷正兴笑着答道："老师您也没有问呀！"老师一愣，恍然大悟。接着上课的时候，老师在课堂上表扬了雷正兴和刘中柱。自然，老师也不晓得他们刚才在床上躺了一阵子的事，当时只是这两位"难兄难弟"共同保守的秘密，直至多少年以后方才公开。

⑪⑦

其例之六，送柴。

据夏柳老师、同学陈金华、凌小俐回忆：有一天，雷正兴放学后去砍柴，砍好挑柴下山时，老远就看见前面山坡上一位老人挑着一担柴在艰难地走着，忽然一脚踩空，扑通跌倒在地，柴担和人一起滚出老远。雷正兴急忙跑上前去，把老人扶起来，一看，原来是双目失明的陈五爹。雷正兴连忙帮陈五爹拍打掉身上的泥土，帮陈五爹收拾好扦担和柴捆，并关切地对陈五爹说："陈五爹，你老人家没柴烧讲一声就是了，怎么自己上山来砍柴呀！"

陈五爹笑了笑说："我这孤老头子，多亏了共产党，吃的穿的安排得十分周到，在这大忙的时候，我怎么能让大家老是把柴草送上门来呢？"

雷正兴向陈五爹说："你老人家眼睛不方便，柴就让我给您送回去吧！"雷正兴说完，就撂下自己的柴担，先帮陈五爹将柴送回家中。陈五爹这次摔跤以后，再没去砍柴了，可陈五娭毑发现柴垛上接连多了几捆新柴。是谁放的呢？陈五爹一下猜着了："一定是他！一定是雷庚伢子！"陈五娭毑悄悄观察，有一天果然发现雷正兴把一捆柴往柴垛上放。

小学生"小先生"

⑪⑧

其例之七，自动帮乡里教夜校。

1955年，国家提出要在5年至7年之内基本扫除文盲。要求农村文盲至少学会本村本乡的人名、地名、合作社名、工具名等200到300个字。安庆乡扫盲缺师资。雷正兴主动请求上。时任望城县安庆乡乡长彭德茂在1993年7月口述回忆文章中，以《小学生“小先生”》为题，记述了雷正兴帮助乡里办农民夜校的事，摘录如下：

1955年下半年，乡里组织扫盲运动，决定把没进过学堂门的中青年人和一些婆婆姥姥组织起来办夜校。消息传开，人们的积极性可高了，报名非常踊跃。可就是没有物色好老师，这可急坏了我这个当乡长的。

雷正兴当时已是六年级的学生了。他听到办夜校的消息后，想到自己能进学堂是多亏了党和毛主席，现在乡里办夜校，那我就应该把自己所学的知识传播给乡亲们。他便约了他的同学小芳一道来找我。

“彭叔叔，我们帮乡里教夜校，好不好?”

“你们能行吗?”我仔细地端详他们。

“试一试吧！我教语文，小芳教算术和珠算。”

夜校办起来了。教室就在黄花塘钟二婶的堂屋内。夜校上课的第一个晚上，荷叶坝完小的几位老师和我都到了场。我们担心雷正兴能不能上好课，于是就在后面听他讲课。雷正兴将自己入学第一课学会的“毛主席万岁”教乡亲们写，像老师为他上课一样反复讲了笔画的名称和笔顺，然后带领乡亲们写着：“一撇、一横、一横、一竖弯钩……”

在雷正兴的耐心辅导下，乡亲们都学会了写“毛主席万岁”。雷正兴望着乡亲们写的字，露出了满意的笑容。他领略到了教夜校的光荣，他感受到了乡亲们的信赖；他为自己正在为建设社会主义祖国出力而感到无比幸福、欣慰。从此，每当晚饭后，雷正兴便挨家挨户地叫他的“学生”去夜校上课，成了夜校出色的“小先生”。

> 因夜校没有固定教材，教什么？怎么教？这可难倒了他们。雷正兴左思右想，想出了一个好主意，将农村常用字、农村俗话编成了顺口溜，如："钟二叔打车子，一车二百斤"啦，"李一婶插田，三天两亩"啦，"白菜萝卜，扁豆黄瓜"啦，这种教材和教法，很受夜校学员的欢迎。
>
> 有一次，小芳上珠算课，一位男学员与小芳争吵，小芳被气得哭了起来，不肯再教了。雷正兴看明了是那位男学员的错，便理直气壮地批评了那位男学员，其他的叔叔婶婶也帮他们说话。随后，雷正兴又耐心地劝导小芳，鼓励她继续教下去。
>
> 经过他们不懈的努力，夜校教学渐见成效。上夜校的学员原先不识字的开始识字了，不会算的初步能算了。后来，有的优秀学员成为乡里的小文书小会计。在年底，县里组织夜校检查评比时，我们乡办的夜校名列全县榜首。乡亲们都称赞道：雷庚伢子这位"小先生"还真能干哩！

鉴于雷正兴在安庆乡农民夜校教学中的突出表现，他被评为望城县"模范群教"，这是他荣获的第一次县级奖励。

下乡宣传的热心人

[119]

其例之八，他对下乡宣传特别热心。

据谭礼、易华钦老师、同学吴强国等回忆：雷正兴不仅热心参加校内的各种文体活动，同时，特别热心参加下乡的各种宣传活动。从去农村贴标语、写黑板报、宣读文件到拥军优属、宣传农业合作化和其他农村中心工作等等，雷正兴总是积极主动争取参加。解放初的望城农村，很多地方连报纸都很少，遇到中心任务就需要学校配合当地政府把宣传工作做到千家万户。雷正兴经常和老师一道下乡写黑板报，贴标语，到群众会上宣读文件。还经常排演文艺节目为乡亲们演出。雷正兴所在班里的凌小俐、李建芝等同学，都是文艺积极分子。在老师指导下，他们和雷正兴一道，常常根据中心工作内容编写“莲花落”、“三句半”、“民歌联唱”等小节目，到村上演出，深受群众欢迎。一次，学校收到邻近东茅乡寄来的一封表扬信，表扬雷正兴带领的文艺小分队在他们乡成立高级农业合作社的晚上，出演了三个精彩节目，收到了良好的宣传效果。

其例之九，主演小型花鼓戏《盆式秧田》。

据同学吴国强回忆：那次，学校为了积极配合当地政府大力推广科学种田，决定排练小型地方花鼓戏《盆式秧田》，挑选我担任剧中的农业生产合作社社长，雷正兴担任剧中的主角——科学种田青年突击队队长。该剧描写的是新一代农民坚决响应党的号召，与传统的保守思想作斗争，用科学选育稻种育秧的新方法改变落后的老式秧田育秧方法。秧田分割成盆式方块，便于防冻、灭虫、施肥和管理，秧苗肥壮，为丰收打好基础。学校专门指派音乐教师陈淑英担任导演，指导排练活动，选定“六一”儿童节那天向学生家长和附近农民进行汇报演出。雷正兴认为这是积极宣传党的农业政策，表达热爱党的深情的好机遇。他不仅愉快地接受了演出任务，满怀激情地投入排练活动，很快熟悉了剧情，进入了角色，演唱和动作协调准确。而且还主动和老师一块做工作，劝我勇敢地接受任务，参加排练活动。说实在的，我笨手笨脚，没有一点文艺细胞，也从未演过什么节目，连说话都脸红。更不要说演花鼓戏了，张嘴就走调，演唱和动作很不协调，常惹得旁人哄堂大笑，三番五次想打退堂鼓。在老师和雷正兴的再三开导劝说下，才硬着头皮排练下来。到了“六一”儿童节那天，学校操坪上人山人海，来看汇报演出的学生和农民很多。雷正兴十分卖力，把剧中的科学种田青年突击队队长演得活龙活现，获得了观众的热烈掌声，对科学种田起了促进作用。

乐为安庆乡政府义务当差

[120]

雷正兴对安庆乡政府自有一种特殊的情感。当初，安庆乡政府正式挂牌成立时，雷正兴就领着儿童团的伙伴们高举红旗、敲锣打鼓、扭着秧歌，载歌载舞，为成立大会助兴。安庆乡政府成立以来，彭德茂大叔连任乡长，全心全意为乡亲们办事，同时，也无微不至地关爱着雷正兴。所以，这些年来，雷正兴一直十分亲热地把安庆乡政府看成自己的第二个家。有事冒事都爱到乡政府走一走、看一看。特别是到荷叶坝完小读书以来，学校与乡政府驻地同在一个大院，来往更加方便。所以，雷正兴更加乐于为安庆乡政府义务当差。而这，无疑亦是雷正兴对安庆乡政府、对他的彭德茂大叔的工作的一种发自内心的支持与报答。

其例之十，他是乡政府的义务通讯员、义务服务员。

据易华钦老师回忆：雷正兴在入学之前，担任过安庆乡儿童团团长。对当地干部和群众的家庭住址都非常熟悉。入学以后，乡政府通知开会，或与群众联系工作，凡离雷正兴家近的黄花塘片的通知，一般就交给雷正兴放学后去送发。雷正兴上小学的几年时间里，一直是乡政府的义务通讯员。

当时学校与乡政府同在一个院子里，来往乡政府办事的人很多。雷正兴在课余时间，一看到客人进校门，就马上去迎接，帮客人提包拿伞，问客人找谁？如果要找的人在，他就把客人带到要找的人那儿去。不分生人熟人，干部群众，他都像迎接亲人一样，热情诚恳。

据同学刘中柱回忆：荷叶坝完小的东头横屋就是安庆乡乡政府驻地。当时乡政府的会议室里没有凳子，只有一间空荡荡的房子。每次晚上开会，到会的人都到学校教室里拿凳子坐。一、二年级教室靠乡政府会议室最近，因而教室里的凳子被开会的人搬用得最多。遇到这种情况，这两个年级的学生第二天早上到校后都要去乡政府会议室搬自己的凳子，雷正兴便主动去帮忙。后来，每遇乡政府开会后的第二天早上，雷正兴到校就特别早，搬凳子成了他到校后的第一件事，一直把低年级同学每间教室的凳子找齐摆好，他才去自己教室的座位上自习。

第十三章

高小毕业：面向未来的抉择与行动

六年苦读丰硕之果不同寻常

⑫1

时令已交盛夏，校园侧畔满塘映日荷花火样红。

1956 年 7 月，对于荷叶坝完小而言自有一种特殊意义：其第一届第一班高小学生正式毕业。是时在校园一角合拍的《望城县平安乡荷叶坝完全小学第一班同学毕业纪念》真实地记录了这一历史的片断（见图 13－1）。同样，对于包括雷正兴在内的这一届第一班全体 47 名同学而言，这个时间则意味着他们未来人生的一次新的转轨。六年小学时代结束，他们从此将离开母校，或升学、或就业，各奔前程。

在这群少年学生中，雷正兴无疑是颇具特殊性的一位。

雷正兴是班上唯一的一位由贫苦农民的未成年孤儿而成长起来的高小毕业生。像他这样的身世、这样的家境、这样的生活条件，辗转五所学校，持续六年时间，未因成绩不佳而留级、未因生活艰难而辍学，且竟然“学习他最好，活动他最行”，德、智、体、美全面发展，向人民交出了一份出色的答卷。六年苦读丰硕之果不同寻常，因而备受人们的好评和赞扬。

且以雷正兴学业成绩为例：

因迄今尚未发现雷正兴先后就读的五所学校留有任何有关雷正兴当年考试成绩的准确原始记录，故人们对雷正兴当年各科考试成绩特别是

图 13－1　望城县平安乡荷叶坝完全小学第一班同学毕业纪念（前排右五雷正兴）（据资料图片翻拍）

具体考分多少大都凭事后记忆判断，势难绝对准确。不过，尽管所说不甚相同，但其总体上的判断则大都比较一致，与事实相符。如李扬益老师说："每个学期期终总评雷正兴的学习成绩都在 95～100 分的优学成绩之列"，"当时确实是一个品学兼优的三好学生"；谭礼老师说："他上课非常专心，学习很刻苦"；张仲明老师说："对老师布置的家庭作业，他总是认真按时完成，从不马虎潦草、缺交拖欠"；易华钦老师说："他的学习成绩，每学期各科都在 80 分以上，每年都被评为品学兼优的好学生"；夏柳老师说："雷正兴最喜欢读书，无论什么时候，他的口袋里总装着书"；同学刘中柱说："虽然条件不好，但由于雷正兴在学习上努力，成绩优秀"；同学王振云说："雷正兴最突出的表现是学习刻苦"；同学凌小俐说："由于雷正兴学习十分认真刻苦，他的学习成绩很好，在初小，每个学期总评都在 95 分以上；在完小，我们班上同学有 50 多名，他的成绩名列在前 10 名左右"；同学吴强国说："他的学习成绩比较好，即使组织上不保送上学，也能考上初中"。荷叶坝完小填写的《毛泽东时代的好学生优秀事迹登记表》记载，"他

（雷正兴）的学习成绩一直是优良的。”纵览老师和同学们的这一系列评说，我们不难看到，在学校，若以考试分数作尺度，雷正兴的学习成绩虽然似乎并不名列前茅，但因他对学习始终是那样自觉、刻苦、认真、锲而不舍，故而始终位居优秀者之列，则确系有目共睹、毋庸置疑。

事实表明，雷正兴不属于那种光啃书本、片面追求考试高分一类的学生。他天赋聪颖、勤学好问、求知欲强烈，注意融会贯通，在自觉坚持课堂上认真学习的同时，还很注重课外学习，特别爱读课外书籍，扩大知识面。他的语言与文字表达能力、他的语文特别是作文成绩、他的文艺节目编导和表演才能，均被老师和同学公认为是全班最拔尖的。他热爱劳动、热心参加校内外各种公益性活动，人际联系面广，人缘好，乐于助人，富有同情心，知恩图报，自律、自立、自强，在困苦中磨炼成长，等等。因而在许多方面实乃一般同龄人所难以企及。

所以，审视雷正兴高小毕业时过去六年的求学实绩与成长进程，从其所显示的这一不同寻常的范例，人们不仅能从中看到未来的平民英雄雷锋的某些雏形，亦为研究素质教育提供了很好的实例。

两难选择与务实定夺

⑫

1956 年的中国农村发生了前所未有的巨大变革：农业合作化大步推向前进。

> 每片平原，每座高原，每个旧日的穷乡僻壤，现在都欢腾起来了，千条川万条河汇向大海，五万万农民迈着大步奔向社会主义社会，幸福生活的种子已经深深地埋在全中国的无边无际的大地了……

上面摘录的这段话，是当时一部新闻电影纪录片中描述的中国农村社会主义建设高潮方兴未艾的情景。

在望城，农业合作化的步伐走在前列。

在安庆乡（1956年改称平安乡），两年前雷正兴加入的初级农业社已升级为高级农业社。

农村是广阔的天地。农业合作化的实现，比以往任何时候都更加迫切需要大量有知识的人才：如记工员、会计、文书、农业技术员，等等。

这种令人极为欣喜的形势，给荷叶坝完小第一届第一班的全体毕业同学提出了两种选择：高小毕业后，是继续升学读初中；还是就地参加农业生产，把自己学到的知识献给家乡建设社会主义新农村的壮丽事业……

两种选择、两条道路，何去何从？班上的每个同学在思考，雷正兴同样在思考、在抉择。

⑫③

毋庸讳言，据彭德茂以及夏柳老师等回忆，雷正兴原本也想在高小毕业后继续升学，也想报考望城一中读初中。但问题是望城一中离简家塘25公里路，只能住校不能走读。住校食宿费一学期要不少钱。谁给拿这笔钱？他的两位堂叔祖父、六位堂叔堂婶，还有姑父姑母、舅父舅母，家家穷得常常揭不开锅，下不了米，有的连自家孩子都上不了学，谁有能力供他上中学！乡政府和农业社自然也无法承担这笔开支。彭德茂大叔本来想帮他一把的，无奈自身经济上也无这个能力，爱莫能助。在这种状况下，雷正兴只得务实抉择，放弃升学打算，决定留在家乡，一颗红心，“当一个有出息的新式农民”。

为便于了解相关背景，借此机会，顺便说说我当年高小毕业回乡参加农业生产的经历：1953年7月，我自长沙市城东二校高小毕业。在党团组织的教育、乡亲的帮助和父母的支持下，我响应党和政府的号召，回到家乡——望城县大湖乡西塘村——参加农业生产。当时农村正兴起互助合作运动，我积极参与组建互助组和西塘初、高级农业生产合作社。1954年被选为西塘农业社第二社长，兼任大湖乡信用社会计。在实践中得到了锻炼和成长，获得了荣誉和信任。青年团湖南省委

1954年4月23日曾写信给我予以鼓励。1955年9月我第一次上北京出席全国青年社会主义建设积极分子大会，并在大会上作典型发言，见到了伟大人民领袖毛泽东主席。1956年春为响应望城县委大力发展养猪业的号召，我辞去社领导职务，到社办猪场当饲养员。相关情况各级报刊广播等新闻媒体均予以持续和广泛宣传。

庶乎巧合，我当年高小毕业后回乡参加农业生产的行动，竟然对雷正兴在高小毕业时作出自己未来人生抉择时产生了积极影响，而且以此为渊源，演绎而成终生难忘的姐弟情谊。对此，本书第三编将予述及。

雷正兴在荷叶坝完小读书时的少先队中队辅导员易华钦老师1993年7月6日写的回忆文章中，以《向冯健姐姐学习》为题，对雷正兴决定高小毕业后回乡参加农业生产的心路历程作了详细记载，兹照录如下：

> 1956年上学期，是望城县安庆乡荷叶坝完全小学第一届第一班高小学生毕业。全班四十七个同学，绝大部分都想升学，考望城一中。当时的安庆乡人民政府，也很想有一批高小毕业有文化的人参加农业生产。据当时彭德茂乡长告诉我，乡里五个生产队的范围，只有一个人能够读报纸，还是个富农的儿子。找一个记工员和队会计都十分困难。正在这时《新湖南报》头版头条大字标题《向冯健同志学习》的文章发表了。报道望城县西塘农业社冯健同志，高小毕业后参加农业生产，评为省的养猪模范，号召高小毕业生，适应解放后农业迅速发展的需要参加农业生产。
>
> 当时学校老师的心情也很矛盾。按学生成绩，大部分都能考上望城一中。像雷正兴同学的学习成绩和表现，考望城一中是很有把握的，希望有一批同学能继续深造。但农村也渴望一批有文化的人参加农业生产，高小毕业算是很宝贵的人才。在高小毕业班宣读了《向冯健同志学习》的文章以后，同学们议论纷纷。有的说：“能够考上中学多学点文化知识，更能提高为人民服务的本领。”有的说：“放弃了能升学的机会埋没人才。”有的说：“我家祖宗三代没

进过学校门，再困难我也想升学。”大部分学生的思想都想到高一级的学校学习。雷正兴却说：“我毕业后参加农业生产向冯健姐姐学习，建设新农村。”第二天雷正兴写了一篇较长的文章，自己写在少先队举办的黑板报上。一篇文章占了整个黑板报的篇幅。内容有以下三个方面：一是，我的生命是党救活的，我穿衣、吃饭、成长、学文化是党和人民供给和培育的。我已经十六岁了，应该自力更生了，我不能要党和人民再供给我升学。二是，建设新农村急需要一批有文化的人才，我可以适应目前农村的需要，我一定要像冯健姐姐一样，当一个有出息的新式农民。三是，祝同学们升学考试取得优异成绩，升入高一级学校。这里有我朝夕相处可依的老师，我在农村边劳动边学习，让我们在不同的学校来一个学习竞赛。

在毕业典礼上宣示人生抉择

[124]

在荷叶坝完小 1956 年 7 月 15 日隆重举行的第一届第一班高小毕业典礼上，雷正兴庄严宣示了他毕业后的人生抉择，并在日后的六年零一个月中，以一个个实际步骤，近乎完美地兑现了他的诺言！

该班同学吴强国在 1993 年 9 月 18 日写的回忆文章中追述了他当时亲历亲见的情景：

> 1956 年 7 月 15 日，是我们高小一班的同学终生难忘的日子，我们高小毕业了。我们一大清早就向学校走去。一路上，空气是那么清新、宜人。我感到周围的一切都在向我祝贺。跨进学校大门，我直奔会场。只见主席台上方悬挂着毛主席的巨幅画像，桌上摆满了鲜花，我们班赠送给学校留念的紫红色幕布挂在台后，给会场增添了喜悦的气氛。学校全体老师都坐在我们中间，师生在亲切地交谈着。
>
> “吴国强，快过来坐！”

我一瞧，原来是雷正兴在向我打招呼。只见他今天穿上了节日才穿的那件白衬衣，从他的脸上可以看出，他内心有着按捺不住的兴奋和喜悦。雷正兴拉着我坐下来，我们亲密地交谈，谈老师的关怀，谈过去了的童年趣事，谈人生，谈理想。这时，我们的班主任钟霞生老师走了过来，他问学习委员王振云：“王振云，你毕业以后准备怎么办？”

“我准备报考一中，将来还要考大学。”

“好！有志气，大家都应向你学习！”

钟老师又转过来问我：“吴强国，你呢？”

“我也准备报考一中。”我充满信心地回答着。

“雷正兴，你是怎样打算的呢？”钟老师又关心地询问雷正兴。

“我……”一向说话爽快的雷正兴这时陷入了沉思……

谁都知道，六年二期即将结束小学生活，毕业转轨。这些日子以来，同学们私下都议论纷纷，有的想继续升学，报考初中；有的则打算找关系，到城镇当工人。唯独雷正兴整天喜笑颜开，不露声色，也不参与议论。大家猜测，雷正兴是个孤儿，家庭出身好，父亲曾为革命作出过贡献，组织上肯定会保送他求学深造；再说，他的学习成绩比较好，即使组织上不保送上学，也能考上初中。时间不等人，毕业的这一天终于来到了。因为是欢送首届毕业学生，学校举行了隆重的毕业典礼。在鞭炮和乐曲声中，毕业典礼开始了。除了张仲明校长作报告，教导主任钟霞生作学期总结，教师代表夏柳老师讲话以外，还安排了我和潘春华（学生会主席）、周子厚等人分别代表毕业生和在校生发言。本来没安排雷正兴在会上发言，但在学生代表发言以后，只见坐在我身边的雷正兴突然健步如飞，跑上讲台，接过话筒，从肺腑里发出了洪亮的声音……

吴强国在文章中接着回忆概述了雷正兴在毕业典礼上讲话大意。对此，平时爱写日记的夏柳老师当时对雷正兴的发言亦有记录。虽不能与录音等同，但毕竟是实时第一手记录，且较为完整，故较近乎愿意。兹据所记原文整理如下（见图 13－2）：

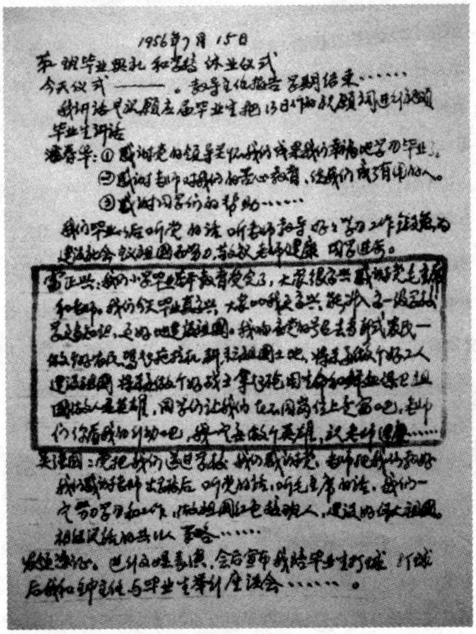

图 13－2　夏柳老师 1956 年 7 月 15 日毕业典礼记录雷正兴发言影印（望城雷锋纪念馆提供）

亲爱的老师、同学们：

我们小学毕业，基本教育受完了，大家很高兴。感谢党、毛主席和老师。我们今天毕业真高兴，大家比我更高兴，能升入高一级学校学更多的知识，更好地建设祖国。我响应党的号召，去当新式农民，一（定）做个好农民，驾起拖拉机耕耘祖国大地；将来（如果祖国需要，我就去）做个好工人建设祖国；将来（如果祖国需要，我就去参军）做个好战士，拿起枪用生命和鲜血保卫祖国，做人类的英雄。

同学们，让我们在不同岗位上竞赛吧！

老师们，（请）你看我的行动吧！

我一定（要）做个英雄。

祝老师健康……

(125)

在毕业典礼上，本来没被安排在会上发言的雷正兴，见机自行健步上台，争作即席发言，且语惊四座，字字句句掷地有声。这当然不是一时情绪冲动，而是发自其内心的真诚表白。历经六年艰苦求学之路，雷正兴终于圆满完成了小学学业，由一个失学孤儿成为高小毕业生，不是奇迹却胜似奇迹。此时此际，他心中自有千言万语想要诉说。饮水思源，他由衷感谢党、感谢毛主席、感谢老师。新中国无限美好的未来在声声召唤。他心里充满着对美好未来的憧憬。高小毕业后怎么办？从内心讲，当时强烈的求知欲望激发的升学之梦他原本不想放弃，但升学面临的诸多实际困难使他不得不面对现实改弦更张。这样，他在称羡同学们“能升入高一级学校学更多的知识，更好地建设祖国”的同时，满怀壮志豪情和盘托出自己毕业后的人生抉择。言为心声。——这是他经过务实、冷静的深思熟虑后所选择的前进方向与奋斗目标；这是他对未来人生的一种宣示，是对党和祖国、人民的庄严承诺！

所以，真应该感谢夏柳老师的记录，留下了这么一份弥足珍贵的历史的存照。

言而有信，行而有果——日后短暂的六年零一个月的实践近乎完美地证明了这一点：雷正兴在高小毕业典礼上的发言真正说到了做到了！他从这一天启程，在他未来人生的征程上，从一个好学生开始，一步一个脚印地实现了他做个好农民—好工人—好战士的夙愿，终成被历史公认的一个平凡而伟大的平民英雄！

回乡“见习”的日子

(126)

在这次毕业典礼上，一班包括雷正兴在内的全体 47 位同学都从老师手中接到了学校颁发的高小毕业证书。随后，准备继续升学的同学（占全班大多数）自动复习功课，准备报名去望城一中参加升学考试；

决定不再升学而准备到城镇找工作或回乡务农的那部分同学，则各自离校，回家待业或参加劳动。

这年望城一中秋季招收的初中学生有好几个班。荷叶坝完小应届高小毕业生中共有 30 多名同学考取了望城一中。至于雷正兴当时究竟是否报考过望城一中？其说不一。据同学吴强国回忆：雷正兴“没有报考初中”。而据夏柳老师回忆：雷正兴和几个同学曾跑到望城一中报考过。考试回来问他考得怎么样？他蛮有把握地回答“没问题”。

然而，无论是否报考或是否被录取，均无需深究，因确凿的事实则是雷正兴领到高小毕业证书之后，即告别老师和同学，回到了简家塘他所寄居的堂叔家，从此结束了惯常的学生生活，和农业社生产队的社员们一起出工参加农业生产劳动。这既是回报养育他的父老乡亲的极好机会，亦是他正式走上为人民服务的工作岗位之前的有益“见习”。

雷正兴毕业回家后，很快就被他所在的简家塘生产队选为记工员，而自他当了队里的记工员以后，社员们的劳动工分个个被记录得清清楚楚，消除了社员们平日为工分争吵的现象。

这是人才紧俏的年代。雷正兴原本就是“公家伢子”，高小毕业回乡后俏上加俏。没过多久，彭德茂主持乡领导开会研究决定：安排雷正兴到乡政府担任通讯员，同时仍兼简家塘生产队记工员。这表明他的身份并非“脱产干部”，与普通社员有别之处即在于他多了“误工补贴”一项。雷正兴一肩挑起乡政府通讯员与生产队记工员两副担子，白天在乡政府上班，晚上抽空回简家塘生产队为社员们记录劳动工分，做到两不耽误。

乡政府通讯员的公务很杂：送信、传话、接待客人、烧开水泡茶、打扫卫生，均在其本职之列。且因雷正兴有文化，因而乡政府某些写写算算以及造名册报表的文书工作，群众来访接待工作，甚至下村下社队调查情况一类公务，也常被委派担任。有一段时间，他还作为“秋征助理员”协助乡干部到本乡各村和社队搞征收公粮工作。他又是乡里办的农民夜校“高级班”学员，主要学习党在农村的方针政策和农业新技术知识，且被评为学习积极分子。

"好风凭借力，送我上青云"。

雷正兴高小毕业后在乡里"见习"的日子，约至是年11月上半月结束。时间虽不算长，但他以自己的实际表现给领导、给父老乡亲留下了很好的印象。听到大家对雷正兴满口赞扬，彭德茂内心极为欣慰，更加感到他多年呕心沥血与众人一起设法帮助将其从小拉扯大的庚伢子——雷正兴定将是一个有出息的好后生，这也就使他再次下决心要为雷正兴谋求能得到更好的锻炼与进步成长的机遇和条件，从而促成雷正兴的命运又有了一次重大转变……

第三篇

在县里工作这两年

人的生命是有限的，可是，为人民服务是无限的，我要把有限的生命，投入到无限的为人民服务之中去……

——录自《雷锋日记》

·本篇提要·

屈指细算，雷正兴自到望城县委机关正式报到参加工作至离湘北去鞍钢，差5天即为两年整。而这则是雷正兴的“南方时期”中极为重要的一个时段。这两年，按其工作中所规定担负的任务区分，他的具体职务主要可分三个不同的方面：即在县委机关当公务员；在治沩工程指挥部当通讯员；在国营团山湖农场当拖拉机手。

两年时间，三易岗位，而无论在哪里，亦无论干什么，雷正兴始终自觉地以全心全意为人民服务的精神和干一等的工作的实际行动忠于自己的职守。

“应该说，这一时期是雷锋人生观、世界观和意志品格形成的重要时期，有三个人不能不提。一位是对孤儿雷锋倍加呵护的彭德茂，一位是对雷锋人生起步具体指点过的张兴玉，还有一位是雷锋学习的榜样冯健。”《雷锋画传》这段话中提到的这三个人将笔者忝列其中，实感愧疚，但对其他两位则确系言必有中。张兴玉书记是雷正兴亦是我冯健的领导者和导师。他言传身教，为我们的成长与进步付出了极大心血。

“雨露滋润禾苗壮”。雷正兴在望城这种令人欣喜与赞叹的进步与成长，是党的教育、以时任望城县委书记张兴玉为代表的各级干部和广大人民群众热心培养和帮助的结果；同时，与解放以来，雷正兴赤子情怀、不畏艰苦、自立、自强、求索不止的主观努力，亦有不可分割的因果联系。正是这两个方面的有机结合，铸就了雷正兴在望城青春之旅的飞跃与传奇。

在县里工作的这两年，特别是在团山湖农场工作期间，雷正兴写了一批脍炙人口的诗歌、散文、小说等作品。其中，1958 年 6 月 7 日写于团山湖农场的《你带来了什么·如果你是一滴水》，为我们窥测斯时作者思想境界和认识高度提供了很好实证。在这则而今已被人们视为经典的 177 字的短文里，当时差 6 个月方满 18 岁的作者雷正兴，用散文诗一样的语言，从 7 个方面作系列式的问与答。叩问人生，叩问未来，叩问生活，叩问你、我、他。显然，年轻的雷正兴此时正激情满怀地探索着“人为什么而活着”这个古老而重大命题的真谛，且亦找到了人生价值最佳坐标点。这也就深切地表明：雷正兴在望城县工作期间，就已经自觉而明确地把卡尔·马克思说的“为人类而工作”作为自己的人生追求，决定为未来的人类的生活付出自己的劳动，“使世界一天天变得更美丽”。

所以，显而易见，雷锋之所以能成为雷锋——即由当年挥手北上的一个普通的小个儿湖南伢子雷锋，终得以成长为被历史公认的一位伟大人物——是雷锋在“南方时期”业已初步具备的正确的世界观、人生观、价值观和人生追求，进而在“北方时期”——特别是部队的淬砺与提携——得到强化、优化、升华的必然结果。

第十四章

如坐春风：张兴玉给雷正兴添翼

彭德茂亲送雷正兴到县委报到

⑫⑦

1956 年 11 月 17 日，是雷正兴人生中又一个带有根本性转折的重要日子。

这一天，雷正兴起了了大早。他拿着简单的行李卷，离开简家塘那座住了十六年的破旧茅屋。在彭德茂大叔的亲自引领下，沿着北向的崎岖山路，步行五十里，中午时分抵达目的地：高塘岭——望城县治所在地。

雷正兴此行实为“履新”之举：即到中共望城县委机关报到当公务员。因事先已经有关部门考察和领导研究同意，故报到手续顺利，工作岗位和任务明确，雷正兴十分满意。从而正式按国家相关人事制度要求，以“职工”（即工人）身份走上工作岗位，跻于人民勤务员之列。

雷正兴是怎样到中共望城县委机关当公务员的？乡里和县里曾一度流传各种说法：如有说是彭德茂乡长直接推荐给张兴玉书记的；有说是张兴玉书记下乡亲自发现领回来的；有说是县委组织部一位女干部下乡检查工作时发现带回来的，等等。

那么，实情究竟怎样呢？

对此，张兴玉书记 1993 年 7 月 12 日口述回忆文章中披露了其始末：

1956年秋，因县委通讯员小陈参军去了，急需要一个年轻人来顶替小陈的工作。我便跟县委组织部的干事黄菊芳同志和望岳区区委书记祖竹林同志商量，要他们帮我物色。当时他们告诉我，安庆乡政府有一个秋征统计员，高小毕业，是个孤儿，叫雷正兴，很诚实，勤快，工作积极肯干。我听了介绍挺满意，也就同意了。

一天下午，我正在办公室处理文件，突然有人急急地敲门，“张书记！张书记！”我拉开门一看：“嗬！是彭乡长来了，快请里边坐。”彭德茂乡长笑着对我说：“张书记，我给你把小雷送来了。”这下我才注意到他身后还跟着一个十五六岁的少年，个头不高，穿着蓝衣青裤，有几个补丁，但却洗得干干净净，手里拎着一个包袱。小雷见到我显得有点紧张，怯怯地叫了一声“张书记”，那窘相活像一个很少出门的农家闺女，连说话都结结巴巴的。我看他有些拘谨，便对他说：“别紧张，我们都是同志。你当公务员是为人民服务，我这个书记也是人民的勤务员，我们只是分工不同嘛！共产党不论职务高低，一律平等。”接着我又问他：“你愿不愿当公务员？”他高兴地回答：“愿意，我从心底愿意！”

(128)

时任中共望城县委组织部干事黄菊芳在她的《平凡凝聚的伟大矢志铸成的必然》口述回忆文章中（见图14－1）介绍了她当年负责下乡考察雷正兴的一些细节，摘录如下：

……到了安庆乡政府，乡长彭德茂同志不在乡上，说是下联组去了，堂屋中三张方桌的两侧坐了8名男女青年正在造秋征花名册。我就坐在堂屋里，一边等彭乡长，一边就与他们搭起话来。也许同是年轻人，心心相通，一谈起来就有点一见如故的味道。我们谈秋征的情况，讲乡间的趣闻，当然我没有忘却此行的使命，也不时地问问他们的家庭情况，工作生活情况。大约是他们知道了我的身份，猜到了一点来意，说着说着这帮姑娘小伙子就渐渐地与我靠拢了。其中，我身边的一个小伙子格外引起了我的注意。他个子最小，圆圆的脸蛋上，时刻是一副笑容可掬的样子，举止中显出有几分机灵，言谈里不时带有一点幽默，顿时，我心头一亮：这不正是一个通讯员的好人选吗！

图 14－1　作者（右三）2012 年 6 月与黄菊芳（左三）、雷孟宣（右一）、王佩玲（右二）、张建文（左二）、谭荒芳（左一）在望城雷锋纪念馆合影（望城雷锋纪念馆工作人员摄）

于是，我有意识地问起他来了。他告诉我，他叫雷正兴，家就住在不远的山坳那边。当我问他家里有几口人时，他脸上的笑容一下子消失了，泪水顿时盈满眼眶，好像是触到了伤心之处，几乎是抽泣。他对我说："老黄，我在旧社会生活虽然不足九个春秋，但是家庭的苦难却非同一般，我已经写好了一本小册子，我回去拿给你看好吗?"我当时也正好想了解他的书读得怎么样，就说："好啊，拿给我看看。"接着，其他几个青年也分别给我介绍了这个苦大仇深的孤儿的一些情况。

不久，彭德茂乡长回来了。我向彭乡长说明了来意，同时，把看中雷正兴的情况与他交换了意见。彭乡长先是沉思了一下，继而吸了一口气，意味深长地说："这个伢子命真苦啊，全家五口人，解放前不久的三四年里，相继死去了四个，现在就剩下了这一条根，当时还不满七岁。解放后，1950 年伢子已经九岁多了，乡里免费送他读书，今年刚刚完小毕业，他不想再给乡里增加负担，立志要参加革命工作。你这次来我们乡上了解，想把他选到县里去工作，第一，你是看准了，他确实是个好苗子，靠得住，又勤奋；第二，你做了件好事，因为他家里只剩下他一个人，生活也不方便。”

我正准备与彭乡长详谈时，雷正兴上气不接下气地跑来了。彭乡长向他介绍说：“小雷，这位老黄是县委组织部的，去年还是我们七区的区长，他很关心你，同情你。”雷正兴听着，顿时泪流直下，带着几分恳切、几分焦虑的心情对我说：“老黄，请你一定要帮忙给我介绍一个工作，我不愿一个人呆在屋里，我要参加革命工作，我要报答毛主席和共产党的恩情”。

说完，雷正兴递给我一个小册子。那是一个用红纸折的共8页的夹页子，长约6寸，宽约3寸多，封面上用毛笔中楷直书“苦难的家史　我的理想”。“苦难的家史”中主要是记载着万恶的旧社会，国民党、地主、资本家是怎样夺去他家四位亲人的生命的，以及自己所经受过的苦难。“我的理想”，主要是记载解放后毛主席、共产党给他的关怀，使他这个孤儿过上了好日子，并且免费上了学，立志要向革命英雄人物董存瑞、黄继光、刘胡兰、赵一曼学习，愿意到最艰苦的地方去锻炼、去工作，以报答毛主席、报答共产党。

读完雷正兴的那本小册子，当晚，我久久难以入眠，心中既充满喜悦，同时，也夹着一些不安，喜的是发现了雷正兴这样一个好苗子，苦大仇深，对党、对毛主席有感情，有远大志向，不安的是，雷正兴个子矮小，组织上是否同意录用他，我还没有底。

第二天，我一大早就起了床，发现雷正兴早已起床在等我。从他充满血丝的双眼和倦意未消的脸上我看他昨晚也一定没睡好，心情似乎有些焦急和不安。见我出来，雷正兴便主动然而又有点拘谨地说：“老黄，我想找你谈一谈。”也许是职业的敏感，我觉得这是一次深入考察了解他的机会，于是就把他请到房里进行交谈。

“小雷，我昨晚看了你写的家史，写得那么详细，从1943年到1947年你还只有三至七岁，你怎么会知道的？”我试探地问雷正兴。

显然，又是触到了雷正兴的伤心处，他低沉地答道：“我确实是不晓得那样多，是我在最近这几年经常问乡邻长辈，是他们告诉我的。为了不忘记阶级苦，血泪仇，我是在早不久写出来的”。

我问雷正兴：“你今年完小已经毕业，还打算继续读书吗?”

雷正兴带有一点不安的神色回答我：“想继续升学，多读点书，确实是我的愿望。因为，没有科学文化知识，就不能为国家作出大的贡献。但我不打算再花乡上的钱了。因为，乡上的钱也是大家的钱。现在乡上并不富裕。我如果只考虑个人，那就是自私自利了。再说，乡里已经免费送我读到了完小，就很不错了，一个人总要满足。我今年已经16岁了，我主要是想参加革命工作，在工作中利用业余时间，发愤自学，何况我现在还是年纪轻轻的呢。”

听着雷正兴的这一番话，我不时地点头，表示赞赏，从内心感到这个小伢子懂道理、成熟早。

我称赞他说：“小雷，你比我学习进步多了，懂得多方面的事，真不愧为党培养的一代新人，那本小册子也写得蛮好，理想也蛮远大。”

雷正兴连连说：“我还是个学生，学的东西太少太少。写的那些东西，仅仅是我通过学习后一些想法。今后我一定发愤多学些科学文化知识。世上无难事，只怕有心人。我不求名、不图利，只求为祖国、为穷人翻身多作贡献，达不到目的，决不罢休。”

最后，雷正兴恳切地说：“讲心里话，我一心就是想参加革命工作，但不晓得够不够条件？有没有机会？这次，一定要请你作个推荐，行吗?”

我对雷正兴说：“条件也够，机会也有，不过还是要慢慢来，今后碰上了机会，我一定推荐你，等组织上批准了以后，随即就通知你们乡上……”

互诉家史结忘年之交

[129]

张兴玉书记回忆说：因为雷正兴是一个孤儿，年纪又不大，所以到县委工作以后无论是在生活方面，还是在学习、工作方面，我都极力给予关心、爱护和指导，使他感到生活中有爱有温暖。懂事早的雷正兴也就把我和我的家人当成自己的亲人。在雷正兴的眼里，我既是党的代表又是他的父辈。所以我们互相之间的感情也就越来越深厚，雷正兴在我这个县委书记面前也就不像初来时那么拘谨了。我外出开会或下乡总是将他带在身边，经常给他讲些革命斗争故事，雷正兴也经常向我提一些问题。据张兴玉书记回忆，约在雷正兴到县委机关正式报到后的第二天或第三天晚上，他们作了一次长谈，主要内容在互诉家史：

在雷正兴到县委机关工作后的一天晚上，我和他进行了一次长谈。首先我要雷正兴讲一讲自己的家史，讲一讲他童年的生活。雷正兴从祖父在年关被地主逼债而死的情形一直讲到他的最后一个亲人——母亲饮恨离开人世，足足讲了两个钟头。讲到5个亲人的惨死，雷正兴抑制不住伤心的眼泪，甚至失声痛哭。雷正兴又对我详细地讲了他成为孤儿以后的生活情形。当讲到自己成为孤儿后一次上山砍柴，被地主婆夺过柴刀砍伤手这件事时，雷正兴问我："张书记，你家是什么情况？北方的地主是不是和南方的地主一样，都对穷人这么狠呢？"我对雷正兴说："天下乌鸦一般黑，在旧社会我也是受苦人，与你比，只不过是程度不同而已。"并从历史的角度给雷正兴讲述了几千年来地主老财不劳而获、劳动人民受剥削压迫的事实。他听了以后，非常激动地说："在旧社会，我一家5口只剩下我一个人。党和人民政府救了我，不但帮我报了杀亲之仇，而且还送我读书，给我工作做，这是我做梦也没有想到的事。"还说："现在与过去比，那是天地之别，如今是落在福窝里。张书记，你说得对，希望今后多帮助我，多教育我，指导我多学习一些

> 革命的理论，我绝不会辜负领导的期望。”这时，我又进一步引导他认识幸福的由来，告诉他应该怎样去保住这个幸福。我对他说：“小雷呀！你的解放，就是因为无产阶级革命的胜利。这个胜利是来之不易的。它是无数革命先烈和无数革命英雄经过流血斗争才换来的。”并说：“你已经长大了，应当更好地热爱党、热爱毛主席，向革命英雄学习，创造条件，实现一个人一生的3件光荣事：在已经是少先队员的基础上，争取早日入团入党。”

在那天晚上，张兴玉书记在听罢雷正兴一遍遍的诉苦之后，也应雷正兴的请求，说了自己的苦难家史。他对雷正兴说：“你在湖南望城，我在山西五台县，我们又是一条藤上的苦瓜。我家是贫农，父亲11岁、叔父9岁那一年，爷爷得了伤寒病死去。卖了三斗小米把爷爷埋了，父亲便带了叔叔去讨饭，后来奶奶也同去，讨下的窝窝头晒干磨成面。再后来，奶奶到地主家去当保姆。1937年卢沟桥事变后第二年，我参加了村里抗日先锋队，那一年18岁，后来当了队长。1940年，我20岁加入了中国共产党……”

谈到此处，雷正兴就打断了张书记的话问道：“您怎样入的党？”

张书记回答：“组织部门叫入的，还要宣誓。”

雷正兴点了点头，沉思着，好像明白了怎样入党。接着，他又请张书记讲家里怎么会叫他出来革命。张书记告诉他：“我有两个姐姐，父母就我一个男孩。父亲得了一种怪病，腹疼如刀绞，后来死了，我就偷着出来参加八路。那时五台县共有1500多名革命同志牺牲，我们村共出来10个人，牺牲了7人。我的叔伯兄弟就被鬼子割下了头，挂在了城墙上。”

话讲到这里，雷正兴与张书记都已经泪光莹莹。这是历史的启迪，心灵的沟通。在这样的时刻里，这一官一兵的关系近了，近得成了一对阶级兄弟与忘年之交。这次长谈实可称雷正兴正式走上为人民服务的工作岗位后所上的第一课。他心里的那盏灯被拨得更亮。这样，他决心一定按照领导的要求，在机关里多做事、做好事；同时，在为张兴玉书记工作的服务方面更加细心，更加周到。从张书记到他的家人，都喜欢这个机灵、诚实、细心、好脾气和不知疲倦的小公务员。

(130)

张兴玉书记的夫人郑桂先雷正兴一直亲切地叫她“郑姨”。她是1945年入党的老党员，年轻时与张兴玉一起在当地参加抗日斗争。她心地善良，和蔼可亲，热忱关心他人。那天，她听到彭德茂介绍雷正兴苦难家史，伤心落泪。她很同情雷正兴。像对自己儿女一样，在生活上多方面关系、照顾他。

郑姨对雷正兴的热情和诚实赞不绝口。有一次，郑姨拿出5元钱给雷正兴托他去商店给小孩买帽子。雷正兴在店里点钱时发现有两张5元的钞票。回来他就问：“郑姨，您是给我5元钱，还是给了我10元钱呢?”郑姨回答说：“我只给了你一张5元的。”雷正兴说：“不是呗，我袋子里没有别的钱，别人也没有给我钱，一定是您数错了。”经过仔细查对，果真是郑姨弄错了，她无意中把两张5元的钞票叠在一起错当5元。这件事，更增加了郑姨对雷正兴的信任和器重。在张兴玉书记身边工作那些日子，雷正兴不时在张家出出进进，就像张家的孩子一样。张兴玉书记的一个儿子两个女儿年龄都比雷正兴小，都叫他“小雷哥哥”。张兴玉书记对孩子要求严，谁个若学习不上心、淘气得过了火，他训孩子也打孩子。雷正兴总是护着小弟弟、小妹妹，还帮助他们复习功课。雷正兴工作忙时换下的衣服，郑姨常帮着洗。相处得就像一家人一样。这样，更使从小就失去父爱和母爱的雷正兴，得以感受到一种难得的家的温馨。

雷正兴对张兴玉书记的“像父亲一样”的关爱和教导，始终怀着由衷的感激之情。四年之后，已是部队战士的雷锋《在沈阳师范学院的讲话》中深情地回忆说：

> ……有一次我和他下到望岳乡，我生了病，张书记给我打洗脸水，给我做面条，安慰我，我非常激动。在旧社会看到一个乡官，还挨过打，今天县委书记还对我这样好，像父亲一样！我能够在县

委机关工作，真是做梦也想不到。党无微不至地关怀我，还送我到干部文化学校学习（按：指望城县机关干部业余文化补习学校），张书记还买给我一本《怎样做一个有共产主义道德的人》。首长对我这样无微不至的关怀，我下定了决心好好工作……

显而易见，自雷正兴到望城县委机关工作开始，张兴玉书记就“像父亲一样”疼爱雷正兴，从生活上关心他，从政治上培养他。雷正兴从内心感受到了这一片爱心，从而更懂得怎样珍惜这种爱，把它转化成“好好工作”的实际行动。

把感性认识上升到理性认识

(131)

张兴玉书记对雷正兴当时的思想认识情况作了全面分析，他清楚地看到，雷正兴所经历的血泪童年，使他从小就在心灵深处种下了深刻的阶级仇恨。解放后，党和人民政府给他救助，免费送他读书，并在土地改革斗争中，为他、为所有受苦受难的贫苦农民报了仇。因此，他常常怀着无限感激的心情对人说：“党从九死一生中救了我，党给我报了仇，这是我永世也不会忘记的。”但他那时还不完全懂得这是整个阶级的仇恨，还把仇恨局限在压迫他家的那户地主身上，认为镇压了欺压他家的地主，他的仇也就报了。还处于感性认识阶段，没有上升到理性认识。所以，在对雷正兴的思想教育中，张兴玉书记特别注重引导雷正兴把朴素的感性认识上升到革命的理性认识的高度。他在口述回忆文章中写道：

雷正兴此时正值理想、信念和人生价值观形成的关键时期。因此我便经常有意识地引导他接受马克思主义理论教育，让他对社会主义革命和建设有更深刻的认识。针对他的思想，我经常对他说：“小雷！你过去的苦，和所有劳动人民是一样的，世界上比你苦的人还多得很呀！地主压迫劳动人民是‘天下乌鸦一般黑’，不仅是

> 你受了地主的苦，而是整个民族、整个阶级都受过你这样的苦。”“怎样才能结束这个苦呢？”雷正兴问道。我告诉他：“只有全世界无产阶级联合起来进行革命，消灭阶级压迫和阶级剥削，才能报阶级的仇恨，使所有的劳动人民跳出苦难的深渊。”我和县委其他领导同志都注意引导雷正兴认真学习革命道理。告诉他要常常想想过去的苦，不要忘记过去的苦，忆苦思甜能帮助自己理解怎样革命，推动自己更好地革命。经过这些教育的雷正兴不仅懂得了自己的苦和整个阶级、民族的苦的联系，而且明白了在幸福的今天，决不能忘掉痛苦的过去，不能因为自己已经翻身，过着幸福的生活，而忘记劳苦大众。使他逐渐地把自己的前途和整个革命的前途连接在一起。

在这个过程中，张兴玉书记注意针对雷正兴的特点，相应地采取多种启发式的教育方法。雷正兴特别爱听革命英雄人物的故事。他常跟随张兴玉书记下乡，走路时间长，这也就成了他请张书记讲革命英雄人物故事的好时机。张书记对此有求必应。讲阶级斗争和近代史，讲慈禧太后、鸦片战争、甲午战争、火烧圆明园，讲中国共产党成立以来的斗争历史，从土地革命、抗日战争、解放战争到抗美援朝战争中的革命英雄人物，如郭亮、杨开慧、方志敏、赵一曼、刘胡兰、邱少云、黄继光、罗盛教等等，张书记都讲得有声有色、感人肺腑。张书记结合讲故事给雷正兴讲党的领导、服从组织、遵守纪律、保守党的秘密的道理，讲“小我”要服从“大我”。雷正兴听了这些故事后，又常到新华书店找相关的书籍来看。雷正兴还常将这些革命英雄的故事绘声绘色讲给机关其他同志听。他是一个容易动感情的孩子，往往听着讲着就流了泪。他发现许多英雄原来也是普普通通的人，有许多都还很年轻，刘胡兰牺牲时不满 16 岁，比自己还小。只因为他们心中有一个崇高的目标，坚定不移地跟党走，把党和人民的利益看得高于了自己的生命，才变成英雄的。他因而感慨地说：“我连他们的百分之一也不如。”

有一次，雷正兴看了电影《沙漠追匪记》之后，他问张书记：“国

民党的军队比共产党多得多，怎么会打败了呢?”张书记告诉他：共产党是因为得了民心，达到了军民团结共同对敌的局面。从某种意义上讲，解放军的胜利是老百姓用“小车推出来的”！这使雷正兴又一次明白了一个道理：军与民，官与民，原本就要有一种鱼和水的关系，无论是军队、党和领导人，都要全心全意地爱人民，人民才会真心实意地拥护他。

有一次，张书记提出一个问题“考”雷正兴：“小雷，毛主席在开国大典上说‘中国人民从此站立起来了’，是什么意思?”雷正兴想了很久才回答：“从前是趴在地上，现在站直了腰”！张书记接过话题进一步说：“原来是叫帝国主义、封建地主、官僚资产阶级压趴在地，现在站在大地上，还要一步步往高处上呢!”

“螺丝钉”精神育新人

(132)

张兴玉书记托物寄情，用“螺丝钉”精神教育雷正兴，早已成为尽人皆知的经典故事。对此，军旅作家陈广生早在 1963 年 3 月写的《毛主席的好战士——雷锋》长篇通讯中就作了报道；在 1988 年 1 月出版的《雷锋》一书中他又作了更为详细的记述：

一次，他（按：雷锋，当时名叫“雷正兴”）跟着张书记一起下乡，走着走着，看见路上有一颗螺丝钉，他上前踢了一脚就走开了。张书记看见了，却不声不响地走过去，弯下身子把螺丝钉拣起来，抹去尘土看了看，然后装进了衣袋。雷锋当时觉得很奇怪：一个县委书记拣一颗螺丝钉干什么？

过了几天，雷锋要到一个工厂去送信，张书记掏出那颗螺丝钉说：

“小雷，把它送到工厂去吧。咱们国家底子薄，要搞建设就得艰苦奋斗啊!”张书记把螺丝钉放在雷锋手上，又语重心长地说：“一颗螺丝钉，别看它东西小，缺了也不行；就像你这个公务员，别看职务不高，我们的工作缺了你也不行！”

雷锋瞪着眼睛望着张书记又低头看着手中的螺丝钉。他这才明白了张书记把它捡来的用意。就是这颗小小的螺丝钉，在雷锋心中留下了终生难忘的记忆……

他决心在自己平凡的工作岗位上做这样一颗螺丝钉。

在笔者案头的相关文字资料中，对螺丝钉“事件”本身大都公认无疑，但有的“版本”记载的细节不尽相同。

为把事发时间、地点以及其他相关具体情况弄得更清楚一些，2012年12月13日，我专程登门拜访了当年在场的目击者易正昌。而今已81岁高龄的易老，当年还是二十六七岁的年轻人。他由1952年的区长任上调到中共望城县委办公室搞材料综合工作，并具体负责与胜利农业社的联系。他回忆说：这事发生在雷正兴跟随张兴玉书记去胜利农业社返回的路上。胜利农业社是张兴玉书记办点种试田的地方。在县城东北方向的胜利垸，与县委机关相距约五六华里。湘江望城客轮码头与县城相连的砂石马路穿境而过。时间在农村插了秧后不久，约在1957年“立夏”前后。那天，我随同张兴玉书记去胜利农业社检查工作，雷正兴也跟着同去。我们三人返回时，在距离县委机关约两三百米远的斜坡路段，雷正兴走在砂石路面上觉得脚下被什么东西绊了一下，低头一看，原来是一颗生了锈的螺丝钉，便一脚将它踢到路边草丛里。螺丝钉不到两寸长，不知为何被丢弃的。张兴玉书记获知是一颗螺丝钉后，一声不响，弯腰从草丛里捡起了那颗螺丝钉，用手帕把沾在螺丝钉上的尘土擦拭干净，装进了上衣口袋。几天后，张兴玉书记叫雷正兴把螺丝钉带去交给县机械厂，并对雷正兴说了一些很有启发性的话。他不止讲了物尽其用、勤俭节约的道理，还特别把螺丝钉的功能与作用提升到精神上来认识，讲的主要大意是：虽然这只是一颗小小的螺丝钉，机器上少了它就不行。在国家大事中，个人就像这些螺丝钉一样，缺了谁都不行，我们每个人都要自觉发挥螺丝钉作用。往事已越半个多世纪，城乡巨变。当年张兴玉、易正昌、雷正兴三人同走过的那条马路今称“湘江路”，其当年路基虽在、走向基本未变，但路面早已硬化，两侧店铺、屋宇密集，夹道成街。然而这些都抹不掉易正昌心中难忘的记忆。他不辞劳累，引领着我等一行人，到当年发现那颗螺丝钉的具体地点一一指明、细加讲述，从而为人们解读这件往事提供了重要佐证（见图 14－2）。

图 14－2　易正昌（左一）在当年雷正兴发现螺丝钉处实地向作者（右一）、谢凤阳（中）讲述往事（谢冯卓 2012 年 12 月摄）

(133)

的确，张兴玉书记当年以螺丝钉为题材对雷正兴所进行的深刻而生动的教育，在雷正兴心中留下了终生难的记忆，激励他自觉地“在伟大的革命事业中做一个永不生锈的螺丝钉”。

请看几个例证：

其一，据张兴玉书记回忆：在一次谈话时，我对雷正兴说：“小雷，现在我们解放了，有了工作，生活也逐渐好起来。但是，我们的新中国还很年轻，你也很年轻，今后要做的工作还很多很多，年轻人一定要好好学习，要有奋斗目标。”雷正兴想了想说：“我的奋斗目标，就是在我们机关里当个螺丝钉。”我又问：“将来呢？我说的是将来。”雷正兴停顿了一下，回答说：“将来……不论革命需要我干什么，我都想做一个不生锈的螺丝钉。”

其二，据赵阳城副书记回忆：雷正兴是经过反复争取才被批准参加治沩工程的。他原先的打算是去工地和民工们一起挖土挑担，冲锋陷阵，在体力劳动中显身手，可听说我安排他在指挥部当通讯员做无名英雄时，他便放弃自己原先的想法向我表示：“赵书记，您放心，让我干什么都行，当个通讯员也能起个螺丝钉的作用。”就这样，雷正兴在治沩工程指挥部包揽了通讯员、公务员、保卫员等工作。

其三，在雷正兴留下的手稿和《雷锋日记》中，至少有三次其所写内容与“螺丝钉”精神有关：

一是雷正兴在1958年6月7日写的《你带来了什么?》的短文中，其中有一句即为：“如果你是一颗最小的螺丝钉，你是否永远坚守着（在）你生活的岗位上?”

二是雷锋在1960年1月12日写的日记中，他从所阅读过的一篇“讲了许多向困难做斗争的道理”的文章中，摘录了这样两段话：“虽然是细小的螺丝钉，是个微细的小齿轮，然而如果缺了它，那整个的机器就无法运转了，慢说是缺了它，即便是一枚小螺丝钉没拧紧，一个小齿轮略有破损，也要使机器的运转发生故障的。”“尽管如此，但是再好的螺丝钉，再精密的齿轮，它若离开了机器这个整体，也不免要当作废料扔到废铁料仓库里去的。”

三是雷锋1962年4月17日亦即他牺牲的4个月（差两天）之前写的日记，整篇都以“螺丝钉”为题材。从中可以看到，雷锋生前对“螺丝钉”精神的认知达到了很高的高度。照录如下：

> 一个人的作用，对于革命事业来说，就如一架机器上的一颗螺丝钉。机器由于有许许多多的螺丝钉的连接和固定，才成了一个坚实的整体，才能够运转自如，发挥它巨大的工作能力。螺丝钉虽小，其作用是不可估量的。我愿永远做一个螺丝钉。
>
> 螺丝钉要经常保养和清洗，才不会生锈。人的思想也是这样，要经常检查，才不会出毛病。

我要不断加强学习，提高自己的思想觉悟，坚决听党和毛主席的话，经常开展批评与自我批评，随时清除思想上的毛病，在伟大的革命事业中做一个永不生锈的螺丝钉。

⑬④

资料显示，雷锋在写上述日记的五十多天前，即1962年2月中旬，他在出席沈阳军区首届共青团代表大会期间以及大会闭幕后参加沈阳军区“青年演讲团”巡回为军民作报告期间，曾与被沈阳军区授予“一颗不生锈的螺丝钉”称号的原沈阳军区炮兵5040部队炊事班长刘思乐交流思想认识和学习心得，从理论与实践的结合上对“螺丝钉”精神作了深入探讨。兹据刘思乐1993年7月13日口述回忆文章摘录如下：

1962年2月19日，我有幸与雷锋共同参加了沈阳军区首届共青团代表大会，会上我与雷锋等同志被推选为大会主席团成员。在那次会议上雷锋被授予“毛主席的好战士”称号，我被授予“一颗不生锈的螺丝钉”称号。大会闭幕以后，上级将我与雷锋等同志组成沈阳军区青年演讲团，巡回为军民作报告。我与雷锋同住在沈阳军区第一招待所316房间，恰巧和雷锋床挨床。一天晚上我与雷锋一起学习毛主席著作《为人民服务》，共同探讨人生价值。雷锋看了我的发言稿带着商讨的口气说：“你那《做一颗不生锈的螺丝钉》的标题，要是加上一个‘永’字该多好啊？这样既生动又感人，又鞭策自己。做一个永不生锈的螺丝钉，是无产阶级勇于进取，不断前进精神的形象表达。”我点头称是。顺手递过笔去，只见雷锋认认真真地在我的发言稿标题的“不生锈”前加上一个“永”字。

我对雷锋说：“从1959年起，我把做一颗不生锈的螺丝钉当做自己的人生选择，我做一颗不生锈的螺丝钉的报告也有上百次了，有些听过我讲话的人，忘了我名叫刘思乐，却记着我叫‘螺丝钉’，弄得我在街上一有人叫螺丝钉，我都要回头张望。”

雷锋听到这里，高兴地说："这是一种政治荣誉，祖国建设正缺少你这种螺丝钉呢。说真的，我真羡慕你有一个'螺丝钉'的名字。"

我说："你在'不生锈'前加的那个'永'字，真是值千金啊！做一个永不生锈的螺丝钉在理论上很有探讨价值。我正要向你请教，怎样当好螺丝钉呢？"

雷锋说："要做一个品格如螺丝钉一样的人，最重要的是要牢记我们党的全心全意为人民服务的宗旨，把热爱党、热爱人民的一腔热血倾注在自己所担负的工作上，在岗位上创一流，多做贡献。"

当我谈到，有的人说"我爱干什么就干什么，不当螺丝钉，不当砖，不当黄牛把套拴"的问题时，雷锋说："螺丝钉的可贵，在于他默默奉献。我赞成不想当元帅的士兵不是好士兵的话。人活一世总要有一个较高的奋斗目标，但不是每一个人的奋斗目标都能实现。在社会主义建设时期，我们部队有保卫祖国的特定任务。安排你干的工作，有很多不符合自己的兴趣，有的工作累一点，脏一点，学不到什么技术。如果这山望那山高，都不安心分内工作，部队哪还有战斗力，怎样能赢得反侵略战争的胜利？"

我说："一个人如果不顾客观条件而依旧抱着个人的算盘不放，必然会毁了自己。还是把自己比做螺丝钉好，在生活中到处都有自己的位置。"

雷锋接着说："世界上一切大的和好的东西，全是由小的，不显眼的东西组成的。只有热爱自己岗位的人才能把阶级的利益、革命的利益看得高于一切，把为人民服务看做最大的幸福和快乐，才配得上'螺丝钉'称号。"

我问雷锋当"螺丝钉"怎样才能做到永不生锈？

雷锋说："一个革命者，不仅要有为人民服务的思想，还要有为人民服务的本领。党要求我们做又红又专的人，就是既要树立全心全意为人民服务的思想，还要掌握为共产主义奋斗的能力。依我

看，‘螺丝钉’精神，就是牢记为人民服务的宗旨，把个人理想置于祖国的需要上，热爱岗位，干一行，爱一行，专一行。科学技术是为人民服务的本领，螺丝钉与科技相结合，‘螺丝钉’才能最大限度地发挥作用。螺丝钉作用的大小，要看每个人所掌握的科学技术和本领。‘螺丝钉’精神不仅是我们这一代的需要，而且应该代代相传。”

分别时雷锋在我的纪念册上写着：“让我们携起手来，做一颗永不生锈的螺丝钉。”

鼓励雷正兴好好学习

(135)

张兴玉书记经常用“知识就是力量”这句格言激励雷正兴。对雷正兴的学习极为关心。从一开始就要求雷正兴要一边工作一边学文化，掌握更多的有用知识，不断提高为人民服务的本领。做到工作学习两不误。他不只是一般地说说，还亲自为雷正兴的学习提供具体帮助，创造学习条件，经常检查、督促。

时任望城县委财贸部干事周绍铭 1993 年 4 月写的《如饥似渴学文化》一文回忆说：雷正兴到机关的第三天，张兴玉书记便把他叫来办公室谈话，交代工作任务，还语重心长地教他做人的道理。这时，我正推门进屋送材料给张书记，我找了张椅子坐下，静静地听着。我听到张书记说：“小雷呀！你根正苗红，年纪轻，是长知识的时候，要一边工作一边学文化，有了知识就有革命的本钱，将来才好为人民服务。”张书记见我在场，又对雷正兴说：“小雷呀！今后多向小周同志学习，比如写字、认字、写文章，文化上不懂的，求他帮助你。”我谦和地回绝：“张书记，小雷的文化和我相差不远，他不懂的只怕我也不懂……”张书记急忙打断我的话：“你不是读了中学吗？又先参加工作几年，不要推辞，这也是党交给你的任务。”听说是党交给的任务，我只好点头应承。谈完以后，雷正兴拉着我的手，两人边走边谈。雷正兴说：“不要问，你是我的哥哥，见识比我多，我初到机关一切都不懂，你不仅要在文化上帮助我，还要在政治上帮助我。”我说：“小雷呀，我们都是革命同志，都莫讲客气，还是互相学习，互相帮助，共同进步吧！”

当时，望城县机关开办了一所干部业余文化补习学校，设有语文、政治、数学三门课程，晚上教学。只对在职国家干部开放。雷正兴属于职工编制不合条件，但他到机关报到不久，即向张兴玉书记请求到机关干部业余文化补习学校学习，张书记破例应允，并提醒他报名读初中班。时任县委副书记、组织部长赵阳城兼任这所学校校长，同时也是学员。雷正兴被批准后，学习极为认真，成为班上学习成绩突出的优秀学员之一。

雷正兴到县委机关工作不久，笔者我即与他相识。那天我到县城办完事后，顺便到张兴玉书记家拜访。碰巧雷正兴在场。一见面，张书记便主动指着雷正兴向我介绍说：“你们还不认识吧？他是新来的公务员，叫雷正兴。”随后他又指着我向雷正兴介绍说：“她就是你早就听说过的冯健姐姐。”因这是雷正兴与我第一次见面，张书记又向雷正兴介绍了我高小毕业后回乡参加农业生产的一些成绩和获得的一些荣誉，告诉雷正兴要“向冯健姐姐学习”。张书记特别强调说：你们两个都是高小毕业，都很年轻，一定要注意加强学习，不断提高文化知识水平。他还说：冯健你大一点，你要带个好头，互相帮助、互相督促，取得更好的成绩。那天，张书记还拿出两本吴运铎写的《把一切献给党》，送给我们一人一本。在张书记的鼓励下，我和雷正兴一起订了个学习计划，并到商店里买了笔记本，把学习心得以及不认识的字、不懂的词句记在上面，请教别人，或请张书记指教。张书记听到我们互帮互学、取得成绩的情况很高兴，并给以赞扬。

张兴玉书记要雷正兴认真读毛主席著作，还经常亲自作学习辅导。雷正兴到县里工作不久，在张书记的启发下，找来《为人民服务》、《纪念白求恩》等毛主席著作单行本阅读。当时，《毛泽东选集》发行量不大，只发到县委书记。张兴玉书记有《毛泽东选集》第一、二、三、四卷，县里很多干部都难得一见。张书记却“特许”同意雷正兴经常借读，“条件”是对书要特别爱惜，防止损坏，“读后即还，互不相误。”雷正兴自然很好地做到了这一点。每次借读前，他都主动报告，经同意后借去阅读，读后即及时归还原处，从未耽误张书记的阅读，对书也从无任何污损。

张兴玉书记还经常提醒雷正兴学习要注意联系实际，注意改进学习方法，扩大知识面。他告诉雷正兴不仅要按照机关干部业余文化补习学校的教学要求搞好书本学习，还要坚持读报、学习时事政策。他还表示同意雷正兴找时间读一些文艺书籍，要他读苏联著名作家奥斯特洛夫斯基写的小说《钢铁是怎样炼成的》，等等。

张兴玉书记小时候家里贫苦，无法上学读书。参加革命以后，自觉坚持学文化、学政治，提高了文化知识水平。30 多岁当了县委书记依然坚持认真看书学习，很器重有文化知识的人，特别喜欢爱学习的年轻人。雷正兴勤学好问，被张兴玉书记看成掌上明珠。有这样的榜样和这样好的氛围，更让雷正兴如鱼得水，学习劲头更足，学习成效更佳。雷正兴在县里工作期间的学习事迹，本书将单列一章详予记述。

春风夏雨　润物无声

(136)

“春风得意马蹄疾”。张兴玉书记无疑可称在望城工作期间，大力培养雷正兴健康成长，给雷正兴添上一对金翅膀的“首席导师”。且与此同时，雷正兴得到了县里各级领导的培养教育，得到了无数同志、同事与友人的热情帮助。春风和煦、夏雨滋润，润物无声，恩同再造。

请看这张 11 人合影照片。前排右一雷正兴、右二县委书记张兴玉、右三县委副书记赵阳城，左一县委副书记黄洪全；7 位县委常委、部长、妇联主任站在后排。这是雷锋生前最珍贵的一张照片。在雷锋遗留的许多照片中，唯独这一张镶嵌在一个精制的镜框里。从南方到北方、从地方到部队，一直珍藏在箱子里。他如此珍惜这张照片说明了他特别珍视他在望城县工作的这段生活，特别珍视他在这里得到的关爱、受到的教育（见图 14－3）。

图 14－3　雷正兴（前排右一）1957 年秋与张兴玉书记（前排右二）等望城县委领导合影（据资料图片翻拍）

据张兴玉书记 1963 年回忆确认：“这是 1957 年秋天望城县委一些领导同志在办公楼前的合影。”曾有人拿着照片问张书记：“既然是领导同志合影，雷正兴怎么参加了?”张书记回答：“这很自然嘛。他既是我们的公务员，又是个很懂事的孩子。大家很喜欢他。照相的时候他就在跟前看着。我一招手，他就笑呵呵地跟过来了。”有人又问：“他怎么偏偏跟来站在你的身边?”张书记幽默地笑而作答：“你是想问雷正兴和我有什么特殊关系吧？没有。我是县委书记，他是公务员；他为我服务，我也为他服务——就是这种关系，没有别的。”

好多的“互相服务关系”！——这无疑是以张兴玉书记为代表的望城县委领导与公务员雷正兴相互关系的真实写照；同时也是雷正兴在望城县工作这两年成长进步的动力源泉之所在。

人民共和国建立以来，20 世纪 50 年代，望城县委机关的良好作风，县委领导特别是书记们的言传身教和无微不至的关怀，机关各部室领导和诸多同志、同事们等的关爱和情同手足的照顾、帮助，使雷正兴这个在旧社会血泪做伴的孤儿真正感受到了新社会的幸福、新生的喜悦、做人的尊严。也正是在这样多的好领导、好同志、好同事、好亲友的培养、教育、指引、关爱、帮助下，雷正兴方才得以一帆风顺地茁壮成长。可见，若将解放后在望城的雷正兴比做鲜活的绿叶，则培养、教育、帮助和关爱雷正兴的这些人如同其发达的根系，正是这些根系源源不断地供给绿叶以养料和水分。因而这也就凝聚着绿叶与根的深厚情谊。

所以，雷锋后来在回顾这段难忘的经历时，曾以这样的话语表述自己的心情：

> 我像一个学走路的孩子，党像母亲一样扶着我，领着我，教会我走路。我每前进一步，这里面都倾注着党的亲切关怀和培养！

第十五章

坚定的信念 崇高的理想

不忘本，信仰坚

⑬⑦

雷正兴有火一样的政治热情，有坚定的信念和崇高的理想。参加工作后，在党、团组织的培养教育下，在社会主义革命和建设实践中，逐渐树立革命的世界观、人生观、价值观，选择正确的人生道路。

以革命的名义，想想过去；
以革命的精神，对待现在；
以革命的态度，创造未来。

这是雷正兴参加治沩工程建设时写在笔记本上的誓言。表达了他不忘旧社会的苦难，珍惜新社会的幸福，自愿为社会主义革命和建设事业而奋斗的决心和信心。大量资料显示，雷正兴参加工作以来，在会上发言，与组织或同志谈心，乃至一些课堂作文练习和一些日记等文稿中，念兹在兹，总会情不自禁地谈及自己的苦难家史、孤儿身份，以及对党、对毛主席、对新社会的热爱和为党为人民献身的远大理想。

在这方面，从我第一次见到雷正兴直至以后几年的交往中，我的感觉愈益强烈、不断加深。“共产党好”、“毛主席好”、“人民政府好”、“新社会好”、“毛主席是大救星”、“有了共产党、有了毛主席才有今天的幸福”，这是雷正兴常说的话。对他来说，这绝不是空泛的口号，而是他从死亡边缘走向新生，从苦难走向幸福的亲身经历告诉他的真理。他对党和毛主席始终怀着一颗强烈的知恩图报的心。我听他多次说过：如果不是有了党、有了毛主席，不是解放了，我可能早就不知死在哪里了。共产党、毛主席来了，我这个孤儿不孤，有了家有了亲人。雷正兴常把党比做母亲，把自己比做学走路的孩子。记得有次雷正兴回顾自己的成长和进步的原因时说：我能有今天的成长，能有一点进步，最重要的是因为有了党的亲切关怀和培养。

[138]

据黄菊芳在口述回忆文章中记载：

> 一个星期六的晚上，雷正兴到我家里玩。他高兴地对我说：“我翻身不忘党和毛主席，这次能到县委机关来工作，我要感谢你这个引路人啊。”我说：“这是组织决定的，你要感谢组织上。”接着他又说：“我家里没有一个亲人了，我来机关的先后情况，你算是最了解的，为了今后更好、更快地进步，我要请你多多帮助，指正，我比你小八岁，拜你为亲姐姐，做你的亲弟弟，可以吗？原来喊你做老黄，今后我就叫你大姐姐，因为，按我家兄妹排来你为大。”看着他那诚实的样子，实在不愿让他失望，于是，我说：“好吧，不过在革命阵营里，在我们机关里，年轻的同志都是你的亲兄弟姐妹一样。”雷正兴笑眯眯地点了头。
>
> 不久后的又一天晚上，雷正兴到我家来惊奇地问我：“大姐姐，我听同志们说，你还是我们县委会机关的党支部书记啊，今晚我专登此门，不是向你个人，而是向组织汇报我的思想的。”雷正兴接着说：“思就是思念毛主席，昨晚我做了一个好梦，梦见我上北京看到了毛主席，真是高兴极了，感到又香又甜。想，就是想争取入党，大姐姐，要入党，必须要有哪些条件呢？”我告诉他：“你还属于25岁以下的青年，要先创造条件加入青年团组织。青年团是党的助手，入团以后创造更高的条件再争取入党。”

黎国平在回忆文章中记载了他亲见的一件事：1956 年秋，县委召开县、区、乡三级干部扩大会议。会后，晚上看电影《白毛女》，我和雷正兴挤在一条板凳上。当看到地主黄世仁指使狗腿子穆仁智逼死杨白劳、抢走喜儿的悲惨场面时，雷正兴突然站起来，眼里噙着泪花，腿杆挺得直直的，像要冲上去似的。“坐下，坐下”，我见他这么激动，一把按住他。雷正兴坐了下来，但眼里仍闪着仇恨的怒火，心情久久不能平静。看完电影，我们一同走回机关。我有意问他：“刚才你是不是要冲上去抓住黄世仁要开斗争会?”雷正兴不好意思地笑了。我接着说：“这部电影拍得真好，演得逼真，把旧社会和地主恶霸的狰狞面目刻画得淋漓尽致。所以，勾起了你对过去的回忆，是不是?”“我太恨黄世仁了!”雷正兴说，“我的一家和白毛女一家一样，受尽了地主老财的欺压剥削，我一辈子也忘不了!”我边走边说：“小雷，你过去受的苦，是整个民族、整个阶级的苦。在旧社会受苦受难的同胞，绝不止白毛女和你一家。只有彻底消灭阶级压迫和阶级剥削，才能使所有的劳动人民跃出苦难的深渊。”我鼓励他说：“你还年轻，好好干。革命需要你做的工作还很多很多。”“我懂得了。”雷正兴频频点头说，“我一定好好干!”

周绍铭在事隔三十多年后还记得，他曾经与雷正兴有过一次长谈。他在回忆文章中说：那次，雷正兴突然问我为什么要参加革命，我直率地回答：“我父母亲死得早，当时出来是为了找个饭碗。”他却说：“我找饭碗不是主要的，我恨地主恶霸，我要报仇。我想入党，想去参加解放军杀敌人，保家卫国。”两人一直谈到晚上 12 点多钟。我送他回团山湖，在路上，进饮食店吃了面，还是他争着付了面钱。我们这次谈话，是最长的一次，也是最后一次。

(139)

雷正兴坚持正确的政治方向和原则立场，在是与非、对与错的争论中，他敢于发表自己的看法，以正确的观点从政治思想上帮助人，力求努力实现自己的人生价值。

1956 年，望城县委机关一个青年干部因立场不稳与个人主义恶性膨胀堕落成反革命。雷正兴参加工作后，县委领导正结合这件事开展思想教育，使雷正兴很受启发。据时任县委农村部干部李炳生在1993年5月写的题为《树立革命的人生观》的回忆文章中记载：

雷正兴几次和我议论此事，其见解和体会颇深。他还在一篇文章中写道："一个人不能有个人主义，有了个人主义就会一叶障目，看不到前途，分不清方向。""个人主义发展到了顶峰，就会与党离心离德，就会由革命走向反革命。"我看完后，由衷地钦佩他。接着，我也谈了自己的体会："小雷，你真是一针见血，击中了要害，我们都应引以为戒。应当看到，一个没有完全牢固树立革命人生观的青年，一旦个人的利益与党的利益发生矛盾时，就会有经不起党的考验的危险。所以，我们今后都要树立革命的人生观，随时准备接受党的考验！"雷正兴说："很对，我们应当把革命利益放在第一位，把个人利益放在第二位。"他那铿锵有力的话语，至今使我难以忘怀。

雷正兴出身贫苦，受阶级压迫极深，高小毕业就走上了革命道路，他对党无限感激。他曾对我说："我这个孤儿，能来县委机关工作，真是幸运，这完全是党给的温暖，没有共产党，就没有我现在的雷正兴呵！"雷正兴很有紧迫感，在县委机关的两年时间里，勤学好问，思想成熟很快。1957年初，一本党内刊物的封面内页里有《国际歌》，雷正兴把它抄在学习本上，视为珍宝，特别是歌词中"从来就没有什么救世主……全靠我们自己"等句使他很受启迪。他对我谈了体会："我不求名、不求利，但求做一个有益于人民的劳动者。"为了鞭策自己，他还在笔记中写道："不要轻视劳动，劳动可以长知识、长才干；劳动可以创造一切，世界就是劳动创造的。"

据时任望城县委交通班长陈海文在口述回忆文章中记载：

那时候，在县委机关工作的大多数是干部编制，而在交通班工作的全是职工，没有一个干部编制。雷正兴编在我们班里，从不认为低人一等，他担任勤杂工作，却非常乐意。当时，我们交通班里有位同志，对自己是职工编制有思想包袱，情绪低落、自卑，常发牢骚，并提出要改行。有一次，雷正兴找这位同志谈心，热情开导帮助对方，我正巧碰上，便迎了上去。雷正兴诚恳地说："我们都是为人民服务的。在我们这个社会里人人为我们，我们更应该为人民，革命工作只是分工不同，当官、做工、种田都是为党办事，没有贵贱之分！"我也趁热打铁、因势利导地说："如果大家都不愿在交通班，每天那么多文件，谁去送呢？"这位同志听我们这么一说显得惭愧、内疚，说："小雷，陈班长！我错了，我这是小资产阶级思想作怪！"雷正兴友好地抚着这位同志的肩膀，微微地笑着，言语极其亲切："知道自己缺点就好了，以后改正就是！"这位同志感动不已。从此以后，再没有闹思想情绪了。另有一天，班里召开讨论会，大家针对不健康的思想苗头开展批评与自我批评。雷正兴率先发言："我们工作不是为了升官发财，而是为人民服务，大家都是人民的勤务员。我们吃的、穿的、住的都是工农兄弟辛勤劳动的成果。交通班为领导同志服务，领导同志就能更好地为工农兵服务啊！"雷正兴又诉说了自己的家史，使大家受到了深刻教育。

据莫慎之回忆，雷正兴在团山湖农场三工区第三生产组参加劳动生产时的一天，他听到一些职工七嘴八舌谈起了团山湖农场的前景，有的说："生产工具少，自然条件差，秋天能把种子收回来也就好了。"有的说："这里太苦了，不如回家劳动好。"雷正兴不同意这种看法，他理直气壮地说："我们是来建设的，不是来享福的。我们一定要在这里建设起幸福的大家庭，建设起幸福的社会主义生活。"

太阳培育我成长：做梦都想见毛主席

[140]

雷正兴 1958 年在团山湖农场写了一首题为《我的感想》的诗，充分表达了他对伟大人民领袖毛主席的无限热爱、无限崇敬之情。诗云：

毛主席啊像父亲，
毛泽东思想像太阳。
父亲时刻关怀我，
太阳培育我成长。

雷正兴对毛主席的无限热爱和无限崇敬之情，确实是言语所难以形容的。1950 年雷正兴上小学第一次学写的字就是“毛主席万岁”；1955 年冬雷正兴在乡里农民夜校教学员的第一课就是认写“毛主席万岁”五个大字。那时，报纸登载的有关毛主席的消息，新闻电影纪录片里毛主席的形象，雷正兴看了都感到特别亲切、激动。在清理遗物时，发现他把毛主席在延安窑洞前照的一张历史照片珍藏在身边。雷正兴极仰慕见过毛主席的人。我 17 岁那年，1955 年 9 月，出席全国青年社会主义建设积极分子大会；1957 年 5 月，出席共青团第三次全国代表大会，两次进京都见到了毛主席。雷正兴对此十分羡慕，说我是“最幸福的人”。他多次要我讲见到毛主席的情景，边听边问，一个细节也不放过。特别是我出席共青团三大回来后，雷正兴一见面，就问我见毛主席的情景，打听得特别多、特别仔细。新华社印发的相关新闻图片，他看了一遍又一遍。比如，毛主席的身体好吗？毛主席接见的地方是什么样子？毛主席和你握手吗？对你讲了些什么话？你见到毛主席时的心情怎样？甚至连毛主席穿什么样的衣服、鞋子、走路的姿势等等，一点一滴他都想知道。我见毛主席情景的介绍，他听过很多次以后，仍然像第一次听一样，感到亲切、清新，从中受到鼓舞和教育。雷正兴多次说过：做梦都想见毛主席。他还说：有一次在梦里真的见到了毛主席。雷正兴曾多次说过，他要学习先进，努力做出成绩，争取同我一道上北京去见毛主席。1958 年 10 月，雷正兴在离开望城去鞍钢前夕，特意结伴专程去毛主席故居韶山参观学习。他对毛主席故居的每一件文物看得特别仔细，对讲解员的讲解听得特别认真。毛主席一家为革命牺牲六位亲人的事迹使雷正兴深受教育。去鞍钢途经北京，雷正兴特意在天安门毛主席画像前照了两张相片。那次在北京雷正兴甚至天真地向天安门前的卫兵请求，极想进入中南海拜见毛主席。

入团入党：这是我最大的愿望

[141]

即如前述，还在荷叶坝完小读书时，雷正兴就把入队、入团、入党看做人生的“三件大事”。参加工作后，张兴玉书记在谈话时鼓励雷正兴积极创造条件，实现一个人一生的“三件光荣事”：在已经是少先队员的基础上，争取早日入团、入党。雷正兴参加工作后，对红领巾仍然有着很深的感情。记得 1956 年初冬在张兴玉书记家我第一次见到雷正兴时，他当时正手把手教张书记大女儿秀芳系红领巾。芳秀见我去了，扯下红领巾，要我帮她系。我当过少先队员，戴过两年红领巾，当然系得又快又好。雷正兴仔细看过后说：“哟，系得这么好，你肯定戴过红领巾。”我也反问一句：“你也戴过吧？”雷正兴回答：“是的，我戴过。”雷正兴对红领巾有一种特殊的感情。我们第一次见面时谈了红领巾，以后又谈到过。记得有一次，雷正兴问我：“红领巾为什么是红的，你能给我讲讲吗？”我侃侃而答：“红领巾是红旗的一角，是革命先烈用鲜血染红的。戴上红领巾是光荣的，是要继承革命先烈遗志，为实现共产主义而奋斗。”其实，雷正兴是懂得红领巾的象征意义的，他“明知故问”，可能是想考考我。雷正兴对我摘下红领巾不久就加入了青年团，又加入了共产党，十分羡慕，对比自己很惭愧。他曾当着张书记和我的面说过：“我摘下红领巾就什么也不是了。”张书记听了鼓励他说：“你到县里工作才几天，只要好好干，也会赶上冯健姐姐的。”所以，到县委机关参加工作后，雷正兴就以忘我工作的实际行动，积极创造条件，争取早日加入团组织。

据黎国平写的回忆文章记载：

雷正兴是个政治上、思想上积极向上的好青年。他刚来县委机关时，我去看望他，雷正兴见我胸前挂了一块鲜红的小徽章，上面有“中共望城县委会”的字样，他摸了摸，非常羡慕。

我由县委组织部调到团县委工作，胸前又增挂了一块“中国新民主主义青年团”的徽章。他看见了，一把拉着我，打开话匣子：“你是共产党员，又当了团县委书记，一定不要忘记了我，帮助我也戴上这两个徽章。”

“这是机关出入证。”我解释说，“小雷，我明白你的意思，你是想加入青年团和共产党，对吗?”

雷正兴笑着说：“对，这是我最大的愿望。”

“小雷，只要你努力学习和工作，你的愿望一定可以实现。”我为他靠拢组织、追求进步而感到高兴。

在县委工作的那些日子里，雷正兴总是忘我地工作和孜孜不倦地学习，为自己能早日入团、入党积极创造条件。

当时，雷正兴住在县委大院门旁的一间房子里，跟通讯班的伙伴朝夕相处。那间房里放着一张五屉桌，供大家公用。雷正兴分得一个小抽屉，他在抽屉外面贴上“雷正兴用”4个字作为标志。

一天，我去通讯班玩，对雷正兴说：

“看看你的抽屉，里面装的什么宝贝?”

“有什么好看的，就只有三本书和一本日记本。”

他打开抽屉，里面端端正正地放着三本书：一本党章，一本团章，还有一本团的基本知识。翻开书页，上面有不少圈圈点点，可见他是认真读过了。

“这三本书”，雷正兴笑着说：“我真可把它们当宝贝呢!”

原来，雷正兴平时一有空就如饥似渴地学习毛主席著作和这些书。他到机关工作没多久，就向团支部递交了入团申请书，还经常

主动征求别人的意见，希望得到大家的帮助。

1957 年 2 月 8 日，雷正兴光荣地加入了团组织。不久，又被评为“建设社会主义青年积极分子”，出席了团县委召开的全县第一届建设社会主义青年积极分子大会。

会上，县委书记张兴玉和副书记赵阳城都讲了话，高度评价了社会主义建设中青年人的作用，鼓励青年为社会主义建设争作贡献。领导同志的话，使雷正兴和到会的青年受到了极大的鼓舞。

雷正兴是第一次出席这样隆重的表彰大会，格外激动。他主动与代表谈心，热情为他们服务。因为很多人知道雷正兴的名字，大会开始之前，坐在台下的代表中有人提议欢迎雷正兴给大家唱支歌。雷正兴呢，很不好意思，涨红了脸，低着头，一双手不知往哪儿搁才好，想上台又不敢去，想唱又不敢唱，真难为他了！这时，礼堂里掌声不息，非让他上台唱首歌不可。我见这情景，拍拍他的肩膀，给他鼓气：“小雷，别怕，唱你最喜欢的歌就是了，快上台去！”他鼓起勇气上了台，唱了支《没有共产党就没有新中国》，歌唱的虽不怎么好，可他以饱满的激情唱出了他对党、对新社会的无限热爱之情。

当时，团县委机关支部很重视对雷正兴的培养教育。经研究，分工由时任县委办公室干事解国良找雷正兴个别谈话。又据查证雷正兴本人填表和当事人证实，雷正兴的入团介绍人系钟光仁和谭以新。解国良 1993 年 5 月写的回忆文章记录了她当年代表团支部找雷正兴个别谈话的情况：

雷正兴到县委机关工作不久，团县委机关支部为了培养他，决定安排我和雷正兴谈一次话。我记得那次谈话是在一个满月的夜晚，我们走出县委机关，朝湘江河边走去。圆月正悬中天，夜色宁静、柔和。我们一边散步，一边诚恳地谈心，谈过去，谈将来，也谈理想。从这次谈话中，了解了他那苦难的童年，他说：“解大姐，你还不知道吧，我是一个孤儿，出身穷苦。有年冬天，我到山野砍点柴，手被地主婆砍了三刀，至今伤疤还在。”他捋起袖子，在那明亮的月光下，给我看刀痕，我深感同情。他接着说：“搭帮共产党、毛主席，把我从苦海里救出来。今天，你要好好帮助我，我要报党恩。”提到要我帮助，我就有意识谈到了入团的事。当我问他今后有什么打算，为什么没有写入团申请书时，雷正兴说：“青年团是一个先进组织，是党的得力助手，只有先进青年才能入团。我刚参加工作，还不够条件呢！”看着他那诚实的样子，我说：“条件是可以创造的，申请入团是靠拢组织、争取团组织帮助的表现。你参加工作以来，组织上对你的工作很满意。”“真的？”雷正兴显得很激动，“解大姐，我明白自己条件不够，但我一定努力创造条件，争取早日加入团组织，并随时接受团组织的考验。”“这就对了！”我进一步鼓励他。我看他对自己要求严格，对加入团组织，态度是那么诚恳，心情是那么迫切，我非常高兴。事后，我向团支部负责人汇报了这次谈话的情况，并提出了加快培养的建议。谈话后不几天，雷正兴就积极主动地向团支部递交了入团申请书，他言行一致，表里如一，深受同志们的称赞。1957 年 2 月 8 日，雷正兴光荣地加入了团组织。当时，他是我们团支部也是县级机关团组织里年龄最小的成员。我们为有这样一个小同志加入团组织而感到高兴。

冯乐群为培养雷正兴入团做了许多工作，据其回忆文章记载：

雷正兴是个政治上积极要求进步的好青年。进机关不久，他就向团支部提出申请要求加入团组织。他对我说：“老冯，我要加入团组织，能不能批准？”我告诉他：“团的大门随时都是敞开的，你只要努力，创造条件，是完全可以的。你要经得住组织的考验。”“我够不够条件？还有什么缺点要改正。”雷正兴的神情，显示了他要求入团的迫切心情。我对他说：“你基本条件够了，但是还有些缺点和不足之处，必须改正。一是有时学习抓得不够紧；二是还有点散漫习气；三是有时还表现出一点自满情绪和某些优越感。”雷正兴点点头说：“老冯，你讲得很对，我一定改正。我要创造条件争取加入团组织。”我随即送给他两本书：一本团章和一本团的基本知识讲座。

过了一段时期。雷正兴拉住我说：“老冯，你送的那两本书真好，我看了几遍。我明确了入团的目的。入团，就是要当好党的助手，为党的事业尽心尽力，为共产主义事业奋斗到底！”接着，雷正兴又向团支部提出了第二次申请。不久，机关团支部认为雷正兴进步很快，克服了缺点，决定批准他加入团组织。1957 年 2 月 8 日这一天，对雷正兴来说，是个难忘的、永远值得纪念的日子。这天他入团宣誓之后，很激动地跑来告诉我，情不自禁地连声说道：“我是青年团员了！我是青年团员了！”入团之后，雷正兴特意拍了一张照片。他头戴青色呢帽，身着蓝色列宁装，胸前佩戴着圆形白底红字的“中共望城县委会”的证章，容貌端庄，面带微笑。那无限喜悦的心情，言语难以表达。这照片他送了一张给张书记的爱人郑大姐，送了一张给我，我至今还保存完好。就在雷正兴送给我照片的这天晚上，他与我作了一次长谈，他说：“我早就渴望加入团组织了！在学校，我参加了少先队，是我加入的第一个组织。现在进机关又加入了团组织，我要严格要求自己，做一个模范团员。”

雷正兴的话，不久就成为现实，他被县级机关评为“建设社会主义青年积极分子”、“模范团员”。

(142)

雷正兴成为县委机关最年轻的青年团员后，他很快把这个喜讯告诉了我，表示入团以后更要好好地工作和学习，争取做个模范团员（见图 15－1）。他还要我多帮助他，让他也能早日成为一个共产党员。

雷正兴渴望早日加入中国共产党。他成为青年团员后，即把创造条件加入中国共产党作为自己的前进目标。

据黎国平回忆，当年在团县委召开的全县第一届建设社会主义青年积极分子大会的小组讨论会上，雷正兴在发言时庄严提出：“我要努力工作，为社会主义多作贡献，争取早日加入中国共产党。”

据李炳生写的回忆文章记载：我是 1956 年 6 月 5 日入党的。雷正兴见我来县委机关不久即成为一名新党员，非常羡慕。所以总是询问我：“作为一名新党员，要具备些什么条件？”我简要地告诉他：“要听党的话，服从党的领导，要有为共产主义事业奋斗终身的坚定信念，树

图 15－1　雷正兴 1957 年 2 月 8 日入团留念（据资料图片翻拍）

立全心全意为人民服务的观点，不懈地为党为人民的事业努力工作等等。”并帮他找到了一本胡乔木同志所著的《怎样做一个共产党员》的书，雷正兴喜不自禁。后来，他告诉我，他认真读了这本书，懂得了许多的革命道理，还说要成为一名共产党员，自己条件还很不够。我鼓励他说：“只要你听党的话，努力学习，提高觉悟，积极工作，你的理想是一定会实现的。”雷正兴会意地点了点头，两眼闪烁着希冀的光芒。

据冯乐群写的回忆文章记载：报名去鞍钢前夕，雷正兴考虑改名将山峰的“峰”改为先锋的“锋”时曾对我说：“老冯，我想把山峰的‘峰’字改为先锋的‘锋’字，你看好不好？”我问这是为什么。雷正兴语气急迫，显得很激动：“我现在已经成为团员了，将来要加入中国共产党。共产党是工人阶级的先锋队，成为其中的一员，做个先锋战士更有意义，对吗？”我忙说，改为先锋的“锋”字意义更重大，意味更深长。

据黄菊芳口述回忆文章记载：当年，望城县委机关党支部根据雷正兴的表现和入党的迫切要求，曾经研究过把他列入纳新的计划，由大家负责培养。

在那些年雷正兴处处用党员的标准衡量自己，把自己入党的决心落实到行动上。雷锋参军以后，在 1960 年 11 月 8 日，终于光荣地加入了伟大的中国共产党，实现了他自己的崇高理想。入党以后，雷锋很快即给我写信告诉了这一喜讯，并表示自己今后一定要更加严格要求自己，更好地工作和学习，做一个合格的优秀党员。1961 年的四五月间，我在一本杂志上看到雷锋在部队的先进事迹介绍，我很感动。我当即去信向他祝贺，表示向他学习。没过多久，雷锋就给我回了信，还寄来了一张珍贵的照片，就是大家从报刊上多次看到过的雷锋擦拭“解放”汽车那张照片。雷锋在照片背面，亲笔题写了这样两行字：“冯健姐姐，我永远向你学习。为共产主义奋斗终身——雷锋 1961 年 6 月 4 日”。不言而喻，题词主旨——为共产主义奋斗终身——这既是雷锋对我这位远在故乡的同志和“姐姐”的期盼和鞭策，同时，亦深切地展示作为共产党员的雷锋的崇高信仰和奋斗目标。他的确这样说也是这样做的。

做人就要做这样的人[143]

那几年，在平时的交谈中，我感到雷正兴对人生选择、怎样做人、怎样立志成才、怎样为党为人民多作贡献的问题思考得很多。他极其崇敬革命先烈、英雄模范和先进人物，并引以为自己的学习榜样，据以明确自己奋斗的正确方向和目标，而当他认准之后，就坚定不移地沿着正确的道路朝前走。他在自己的言语以及日记等文稿中一再表示要学习郭亮、方志敏、赵一曼、刘胡兰、董存瑞、黄继光、吴运铎、白求恩、保尔·柯察金等革命先烈和英雄人物。他阅读了大量有关记录革命先烈和英雄模范人物事迹的书籍和文章，极爱听爱讲这方面的故事，从中得到的教益极其深刻。

冯乐群在题为《走英雄成长的道路》一文中回忆说：雷正兴非常爱听革命英雄人物的事故。雷正兴常跟着张兴玉书记下乡，行路时间长，路上的时光，就是听张兴玉书记讲革命英雄人物故事的极好机会。张书记讲过很多英雄人物的故事，从赵一曼、刘胡兰到邱少云、黄继光；从土地革命、抗日战争到抗美援朝战争中涌现出来的英雄人物，讲得有声有色，感人肺腑。雷正兴和我都受到了深刻教育，对我们树立正确的人生观、世界观起到了十分重要的作用。我至今还记忆犹新，永远难以忘怀。雷正兴曾经问我，这些英雄人物的故事，是不是都印成了书？我告诉了他，并建议他到新华书店去找找看。不久他就搬来一堆书，不仅有故事书，还有连环画。雷正兴一有空就看，在阅读时，又是点，又是圈，又是画。读了之后，还经常绘声绘色讲给机关其他同志听。雷正兴讲英雄人物的故事，能够很自然地、有机地和毛主席著作中的道理联系起来。他讲刘胡兰的故事，就曾联系过毛主席为烈士题的词“生的伟大，死的光荣”。雷正兴对我说：“刘胡兰牺牲时不满 16 岁，比我还小。她是为人民利益而死的，她的死比泰山还重，做人就要做这样的人。”

(144)

在我和雷正兴订的学习计划中，我们各自按计划读过的书中有三本书留的印象最深，对我们有着深刻而长久的影响。一是方志敏烈士写的《可爱的中国》。二是张兴玉书记送的《把一切献给党》。三是苏联作家奥斯特洛夫斯基写的小说《钢铁是怎样炼成的》。

吴运铎在书的结束语中写的话：“我们要永远记住毛主席的教导，做一个毫无自私自利之心的高尚的人、纯粹的人，把我们的力量、我们的智慧、我们的生命、我们的一切，都交给祖国、交给人民、交给党吧！”奥斯特洛夫斯基的名言：“人生最美好的，就是在你停止生存时，也还能以你所创造的一切为人民服务”；以及他在《钢铁是怎样炼成的》一书中借小说主人公保尔·柯察金的口气讲的话：“人生最宝贵的是生命，生命属于我们只有一次。人的一生是应当这样来度过的，当他回首往事时，不因虚度年华而悔恨，也不因碌碌无为而羞耻。这样，在临死的时候他就能够说：我的整个生命和全部精力，都已献给世界上最壮丽的事业——为共产主义的实现而斗争！”

这些话，雷正兴不仅都能一字一句背诵出来，而且把它作为自己的座右铭。在交流学习心得时，我多次听雷正兴说过：方志敏、吴运铎、保尔·柯察金是每个青年人学习的好榜样，我要像他们所说的那样去做人做事，这样的人生才有意义。雷锋 1960 年 12 月 27 日日记还摘录了方志敏烈士在《可爱的中国》一书中的话：“……不怕饥饿，不怕寒冷，不怕危险，不怕困难。屈辱，痛苦，一切难于忍受的生活，我都能

忍受下去！这些都不能丝毫动摇我的决心，相反的，是更加磨炼我的意志！我能舍弃一切，但是不能舍弃党，舍弃阶级，舍弃革命事业。”雷锋接着写道：“永垂不朽的革命烈士——方志敏同志是我永远学习的榜样……我要时刻准备着为党和阶级的最高利益，牺牲个人的一切，直至生命。”

英雄的形象，英雄的业绩，对雷正兴的成长起了潜移默化的作用。雷锋短暂的一生，就是以英雄为榜样，一步一个脚印，向着共产主义远大理想的高峰攀登的一生。

使世界一天天变得更美丽

(145)

“如果你是一滴水，你是否滋润了一寸土地？如果你是一线阳光，你是否照亮了一分黑暗？如果你是一颗粮食，你是否哺育了有用的生命？如果你是一颗最小的螺丝钉，你是否永远坚守着（在）你生活的岗位上？如果你要告诉我们什么思想，你是否在日夜宣扬那最美丽的理想？你既然活着，你又是否为未来的人类的生活付出你的劳动，使世界一天天变得更美丽？我想问你，为未来带来了什么？在生活的仓库里，我们不应该只是个无穷尽的支付者。”

据所遗留的手稿影印件辨认，此文雷正兴系 1958 年 6 月 7 日写于团山湖农场，标题为《你带来了什么?》。据 1958 年 11 月 12 日晚在离湘北去的列车上雷锋本人向同伴披露：原本是《望城报》社约他为“青年论坛”栏目写一篇文章，但他想了好些天也没有写出来，只写了这么一段话，又觉得没头没尾不像一篇文章，故没有给报社寄去，而将其随意夹在《郭亮同志事略》的书页里（见图 15 - 2）。令人喜出望外的是这倒使此一珍贵文稿，因而得以随之保存下来，后被选编入《雷锋日记》而成为其开篇之作。

在这则而今已被人们视为经典的 177 字的短文里，当时差六个多月

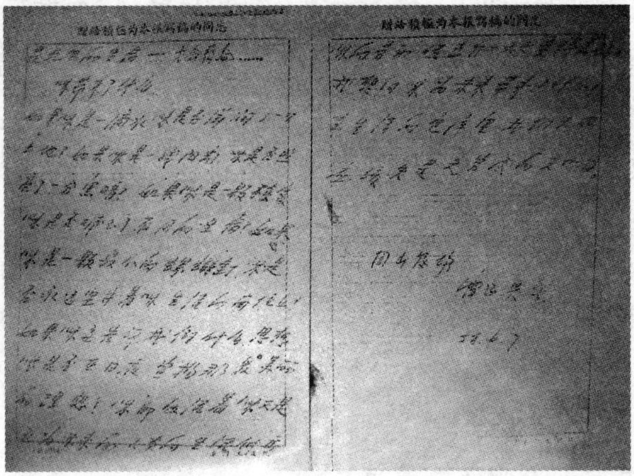

图 15－2　雷正兴 1958 年 6 月 7 日写的《你带来了什么?》手稿（据资料图片翻拍）

方满 18 岁的作者雷正兴，用散文诗一样的语言，从七个方面作了系列式的问与答。叩问人生，叩问未来，叩问生活，叩问我、你、他。显然，年轻的雷正兴此时正激情满怀地探索着“人为什么而活着”这个古老而重大命题的真谛，且亦找到了人生价值最佳坐标点，并用朴素的语言作了生动而形象的表述。文中蕴涵的哲理既勉励作者自己，也启迪他人。这也就深切地表明：雷正兴在望城县工作期间，就已经自觉而明确地把卡尔·马克思说的“为人类而工作”作为自己的人生追求，决定为未来的人类的生活付出自己的劳动，“使世界一天天变得更美丽”。

第十六章

在县委机关：“三员”工作堪称第一等

两年三易工作岗位

⑭⑥

雷正兴被中共望城县委机关正式录用参加工作至他离开望城北去鞍钢，其时为1956年11月17日至1958年11月12日，差5天即达两年。在县里工作这两年，雷正兴曾三易工作岗位：

一是在中共望城县委机关当公务员兼机要通讯员和张兴玉书记下乡的警卫工作（因而被非正式地冠以“警卫员”之称）。其时为1956年11月17日至1957年11月中旬，持续时间将近1年。

二是在望城县治理沩水工程指挥部当通讯员。其时为1957年11月中旬至1958年2月，持续时间将近4个月。

三是在望城县国营团山湖农场当职工。其时为1958年2月始，3月学成为拖拉机手，10月该场下放五星人民公社管理，任该社通讯员，11月初报名去鞍钢当工人，持续时间约8个月。

在这两年，因去治沩工程指挥部当通讯员是雷正兴主动报名争取而成，属临时派任性质；去团山湖农场亦为雷正兴主动报名争取而成，且当时县委为办此农场曾动员下放国家职工（含干部）共50多名到农场劳动，雷正兴即被编入其下放职工之列。当时机构设置、单位体制及人事变动频繁，而雷正兴在县委机关与领导和同事关系密切、口碑亦佳，张兴玉书记等县委领导仍然想在适当时候将雷正兴调回机关，故去团山湖农场后雷正兴的人事关系仍留在县委机关，处于“似定非定”、“似离非离”状态。事实上，据雷正兴自述：1958 年七八月份，又被调回县委机关工作了一段时间。

我要努力加油干

⑭⑦

雷正兴初出茅庐，上任以后，他的具体工作任务是什么？他又以怎样的认识、态度和行动对待工作呢？

时任望城县委办公室原主任皮问安是雷正兴参加工作后第一任直接上级。当时公务员与机要通讯等工作均由县委办公室统管，故雷正兴的具体工作任务即由办公室直接分配。对此，皮问安 1993 年 7 月 4 日写的回忆文章《雷正兴来到县委机关》一文中有这样的记载：

在雷正兴到机关工作不久的一天下午，收发室的小王送文件报纸到办公室，我对他说：“小雷一天忙个不停，现在在哪里？你去找一下，要他到我这里来一趟。”

关于雷正兴应担负的具体工作，我早就想和他谈谈。一会，只听到楼梯间“咚咚”的脚步声作响，雷正兴来到我的办公室，叫一声“皮主任”，就急忙提着热水瓶往外跑。

“小雷，我不是要你打开水，而是想找你谈谈工作。”雷正兴听了停住脚步，随即意识到了这是领导为工作的事找他，便坐了下来，目不转睛地望着我，等待吩咐什么，手里的热水瓶还没放下。

“小雷你到机关的时间不长，工作干得很好，张书记和同志们很满意、喜欢你呀！”

“我进机关还不久，情况不太熟悉，加之我不会做事，很多方面做得不够，我要努力加油干，希望领导同志多指教，我决不辜负同志们的期望！”

接着，我对他说：“你担负的任务，主要是为张书记及县委领导集中开会时，供应茶水、打扫卫生，管好会议室等；张书记下乡检查工作时，你不但要在生活上很好地照顾他，而且要为他做好警卫和通讯工作。”我顺手将他手里的热水瓶拿了过来，并告诉他：“机关干部办公室里的茶水、卫生都是各自负责，到食堂吃饭时各自把水带上楼来就是了。平时，机关院内的公共卫生，也是大家动手干，不是你一个人的任务。”我看他平日累得很，便有意识地提示他：“你在做好本职工作的同时，一定要挤出些时间学习，但要注意劳逸结合。”

谈到这里，小雷激动地回答：“我懂了，你交代的任务我坚决完成好！”“你的任务就是刚才讲的，你有什么困难没有？”我又加重语气补问了一句。

这时，小雷坐下来，似乎有很多心里话要说。“我不累，也没有困难。”停了一会，他深有感触地说：“机关里的同志为党工作，为人民服务，才辛苦呢！有时深夜十二点多钟了，我还看到办公楼的房间里亮着灯，电话铃声叮叮地响。大家没日没夜地为全县人民操劳，我能为大家做点什么，心里才感到舒服。我多做点事是应该的，什么困难都不怕。”

我听到小雷这番诚挚的话语，深受感动。我连连点头，并拍着小雷的肩膀说：“你讲得很对，我们都是在为党工作，为人民服务！”

上文列举的事实表明，当年雷正兴所任的“公务员”的概念和内涵自与现在不同，实质上是担负县委机关首长日常工作生活事务的勤务人员，是一些相当繁杂、劳累的服务性工作。雷正兴乐此不疲，从不挑肥拣瘦。他暗下决心，要按照毛主席的教导，做一个创造“第一等的工作”的模范工作者。对此，皮问安在文章中回忆说：

在50年代，县委机关里就只有雷正兴一名公务员。他工作起来从不分分内分外，的确是够累的。但雷正兴总是以苦为荣，以累为乐，谁见到他都是一副热情的脸，一颗火热的心，一双勤快的手，干得起劲，干得欢乐。雷正兴曾对我这样说：“今天，我进了县委机关，是党给我的机会，我要使出全部精力，努力工作，虚心学习，不断进步。”记得那时候，县委开会时，是雷正兴在我们身边忙着递茶倒水，会开完了他打扫卫生整理会议室。机关食堂开饭时，雷正兴就在那里协助送菜端饭，给厨房炊事员帮忙，负责食堂的莫大爹常常夸奖雷正兴是闲不住的人，是厨房里的好帮手。当文印收发室的工作繁忙的时候，也有雷正兴在那儿忙着干事。在绿化机关，美化环境，栽花种草，培植树苗的劳动中，雷正兴更是一位殷勤诚实的劳动者。我还记得在严冬的一个晚上，深夜下了一场大雪，整个机关院内被雪压得厚厚的。天将亮时，雷正兴冒着寒冷，悄悄地拿着铲子，把院内人行路上的雪铲至两旁，清除得干干净净。同志们到食堂吃早饭时议论着：“大清早，这是谁干的好事，要表扬呀！”当知道是雷正兴干的，大家都夸奖他：“小雷，你大小事都做得这么周到，真了不起，要向你学习！”雷正兴边吃饭边笑着回答：“还做得很不够哩！”

⑭⑧

钟光仁是雷正兴的入团介绍人之一，当年他在望城县委办公室当干事，他在回忆文章中记录了雷正兴的几件“小事”：

记得1956年秋，我在中共望城县委办公室工作时，县委机关来了一位十五六岁的小青年，见着我和机关的同志总是那么甜甜的一笑，并且一笑就现出两个小酒窝。我问当时的同事：“那个小伙子挺逗人喜爱的，是哪里来的？”同事们告诉我，是刚从安庆乡调来县委机关的公务员，叫雷正兴。一天下午，我在一个临时睡房倒茶喝时，没注意将茶杯里的剩水往门外倒，刚好倒在从门前路过的雷正兴的身上。我马上赔不是：“我没有注意，很对不起！”而他却连忙说：“没事！没事！不要紧。”并且仍然现出甜甜一笑。仍然是两个小酒窝。这虽是一件小事，然而却一直铭刻在我的心中。雷正兴刚来县委机关时，年龄最小，个子也不高，而做起事来总是手不停、脚不住的。人们都说他有一股使不完的劲。他常说：“我应当为大家多做点事情。而我现在做得太少了。”当时，县委办公室的领导只安排他打扫张书记的办公室、会议室和安排茶水。而他连县委办公室楼上楼下各处的卫生都坚持打扫，还主动为县委机关的一些部门打开水。有次，他来我的办公室（当时我是管电话联系掌握农村基层情况的，一个人住一间房子，架一部电话，既办公又睡觉）帮助打扫卫生。我很不好意思地说："雷正兴！让我自己来打扫吧！不应该麻烦你了。"而他却说："只要需要我干的，我能够干的，都是我应当干的，这些小事就让我来干吧！"他时而帮人打扫卫生，时而又帮人打开水，总是干个不停。还说："你们辛苦了，我多做点小事，只要你们满意，我就高兴。"

黄越当年在望城县委办公室担任文书工作，他在回忆文章中写道：

雷正兴在县委机关中，工作不分分内分外，他总是乐意去干。有一天晚上，我在办公室印资料，印了还要装订，任务很重，雷正兴找我联系第二天的公事，看我很紧张，二话没说，便帮我装订，我再三谢绝，他却坚持要帮忙，还逗趣说："这就叫做'同甘共苦'。"那时候，没有打字机，材料都是用钢板铁笔刻出来的，由于印的张数多，腊纸走了样，有些字迹看不清。雷正兴拿着材料一份一份地念，把不清晰的地方一笔一画地填写清楚。我知道雷正兴干公务员工作，是一些不显眼的琐碎事，便试探着问他对工作有没有想法。雷正兴毫不迟疑地回答："我觉得不管干哪一行，都是革命的工作需要，都是党的事业的一部分，党叫我干啥就干啥！凡是党交给我的工作，我就要乐意地去干。"当时，我是普通干事，常抱怨自己的工作，他的话使我对他很钦佩。从此，我默默地向他看齐。记得有一回，我送公文给张兴玉书记，看到雷正兴在客房里叠被子、扫地、抹桌子、洗茶杯，室内搞得非常整洁。雷正兴口里唱着歌，看我进来，朝我点了点头，脸上依然挂着笑容。"我这服务像不像？"他有如小学生接受老师的指教一般，显得那么坦诚。我满心喜悦地连忙称赞，"非常称职！"他笑了，我也笑了，两人笑得那么舒心。

苦，我不怕

(149)

而今，高塘岭一带早已成为了一座现代化的新城。昔日的山丘、田园、湖塘，大片大片地被各种各样的现代建筑物取代，一座座农家村落在如雨后春笋般耸立的楼群中消失，弯曲崎岖的乡间小路变成了宽广笔直的通衢大道，在如诗如画的宜居环境中，大家享受着安乐祥和的美好生活。然而，如果历史回到20世纪50年代，人们眼前所见的这一切大都不曾存在。

望城是1951年5月由长沙析置而成的新县。县治先在望城坡，1952年3月迁往今高塘岭。其时，这里是一片林木稀少、满目荒凉的丘岗地，如同一张白纸。没有电、没有自来水、没有高楼、没有马路。到机关初驻时，赖湘江水运与外地沟通。且又没有码头，客轮到达需用木划子接送上下旅客，直至1954年才修建成通往湘江望城码头的长1.56公里、宽6米的简易公路。而当时百废待举，国家不可能投入大笔资金用于县城建设。所以，虽陆续兴建了一批基础设施、办公用房等，但仍与需求相距甚远，故在望城县机关工作的条件是相当艰苦的。

图16－1　雷正兴当年工作过的望城县委办公楼（据资料图片翻拍）

作为望城人，我高小毕业回乡参加农业生产后，约自1953年开始，即常往高塘岭到县里学习、开会、办事，目睹县城日新月异的变化和县委机关等的变迁（见图16－1）。2012年11月和12月，我又接连两次旧地重游，寻访雷正兴当年在县里工作时留下的历史足迹。1959年3月望城县与长沙县再次合并时，此前望城县在高塘岭陆续新建的党政机关、事业单位公房悉数分别移交给长沙市委党校、市干部疗养院、市第25中等单位使用。其中，雷正兴当年工作所在的县委机关

图 16－2　雷正兴 1958 年春与张建文等交通班的同志栽植的香樟尚存三棵（谢冯卓 2012 年 12 月摄）

大院先被用作市干部疗养院，后改为望城县人民医院。故老照片上雷正兴工作过的县委唯一的一栋办公楼已不复存在。雷正兴当年在此开会、看电影或文艺演出的望城大礼堂风貌依旧，仍可供使用。当年雷正兴见过的县委机关大院门前的古樟依然在新建的高楼侧畔直插蓝天，老犹弥健。张建文等老人告诉我们：1958 年春雷正兴与交通班六位同志一道栽植的香樟树还有 3 棵仍在后院一角生长得郁郁葱葱。我们欣喜近观，为之留下了一帧半身近照作为珍贵纪念（见图 16－2）。

创业维艰，物是人非。从历史与现实、新与旧的比较中，我们对当年雷正兴和他的领导、同事筚路蓝缕，在高塘岭将机关工作生活条件的艰苦引以为荣耀的精神油然而增添敬佩之情。

⑮⓪

且从案头相关回忆文稿中摘录 4 例：

其一，据时任望城县委宣传部干事李仲凡回忆：高塘岭离长沙市六十华里，20 世纪 50 年代初，中共望城县委机关搬迁到这片荒山上，没有高楼，没有公路，也没有像样的工厂，树木也没长起来。当时县委全体干部职工也只有百把人，大部分同志下乡、蹲点、搞中心，经常在机关的只三十几个人。因为人少，县委机关就一栋两层房子，来一位新同志，大家都会知道。特别是像雷正兴，只有十五六岁，个子不高，一脸孩子气，更引人注目。他由乡下来到县城，而且进了县委机关，第一次遇到这样大的场面，陌生、新鲜，也很好奇。到每间房子的门口望望，把电话机、油印机、交通班的几部单车等很少见过的东西仔仔细细看了个够。不时他也好和大家聊聊天，问问什么。因此很快就和机关其他干部搞熟了。我和雷正兴相识是在一天晚饭后，我正在往距离机关几百米远的一口塘里挑水到院子浇花、灌树，雷正兴担一担水桶走近我说："你姓李，是党员，对不对"？我说："你怎么知道的。"他说："是别人告诉我的，你比我长几岁，既有文化，又是党员，今后要多教教我。"我说："我们互相学习吧。"我还问他工作累不累，经常下乡去不？他说："来了一个多月，跟张书记下过二次乡了，机关给我发了被子和衣服，比在家里好得多。"我们一边挑水，一边闲谈，我说当干部，干革命是艰苦的。下乡去要住在最困难的贫雇农家里，缺粮少油。五四年涨大水，围垸被淹，吃糠粑粑充饥；小菜、红薯当饭这是常事；回机关，一个部室三五个人，什么事都得干，根本没有什么星期天；有时晚上十一二点散会，还要走四五十里路赶到工作地点……怕苦就来不得。雷正兴听了，激动而又坚决地对我说："干革命工作，苦，我不怕，新社会再苦，都比旧社会甜。"

其二，据时任望城县组织部干事、县团委书记黎国平回忆：雷正兴被推荐到望城县委当公务员时，我仍在县委组织部工作。由于在安庆乡我们早就认识，所以一见面就感到格外亲热，关系更加密切。他性格活泼，而且有点孩子气，一天到晚总是蹦蹦跳跳的，感到生活在新社会这个大家庭里有着无限的温暖和快乐。每天他都是忙这忙那的，这里送茶倒水，那里打扫卫生，还主动兼当通讯员和警卫员。工作起来总有一股子止不住的热情、使不完的劲。当时有人问他："机关生活这样清苦，过得惯不？有什么困难？"雷正兴说："困难我不怕！我这个孤儿，旧社会只有黄连水尽我喝，就是没有尝过甜。如今我们搭帮党和毛主席翻了身，我进了机关能为人民服务，同志们待我比亲人还亲，在这个大家庭里多么幸福，再大的困难我也能战胜。"

其三，据时任望城县委办公室机要秘书冯乐群回忆：雷正兴到望城县委机关工作时，机关条件并不算好，办公、住宿用房都很拥挤，生活是比较艰苦的，吃的一般是大米，遇到灾荒时还要搭点红薯、豆饼之类的杂粮。但大家生活得十分愉快。为了办好机关食堂，改善干部、职工生活，大家都自觉参加劳动，开垦荒地，种菜、养猪。记得在一次开垦荒地的劳动中，同志们一片欢声笑语，干劲十足，雷正兴一边起劲地挥锄挖土，一边愉快地独自哼起《南泥湾》这首歌。这时我故意与他打趣地说："小雷，你的嗓子虽不见得亮，曲子也不见得唱得准，但此时此地唱这首歌却有十分深刻的意义。"雷正兴立即回答道："我从来没有到过南泥湾，更没有见到当年南泥湾搞大生产是什么样的情形，只听到张书记讲过这个故事，从书本上知道什么是南泥湾精神。我感到我们现在组织干部、职工开荒种菜，也像南泥湾搞大生产一样。"我连忙说："你真是个小精灵，想得海阔天空，联系得自然贴切，不过南泥湾搞大生产时的条件比我们现在的条件要艰苦得多呢！"

其四，据钟光仁回忆：有一次，县委机关的同志在机关大院后面的小山上开荒，准备种菜。雷正兴和我一道参加劳动，他口里哼着歌，干劲十足。劳动的中途，机关食堂的莫事务长送来热气腾腾的馒头给同志们充饥，每人两个。因炊事员做的馒头大小不匀，当时有的同志争着在筐子里选大的拿，而雷正兴他不仅不争先，而且走在最后选了两个小的。我当时不解地问："小雷，你为什么只拿小的？"他微笑着说："我人小，吃两个小的够了。"其实，那时他正是长身体的时候，也是劳动得最多的，计划粮食对他来说并不够，他这样做，也是严于律己的表现。

有我在那里，大家就多一份安全

(151)

中共望城县委组织部原部长陈维杰在回忆文章中写了他当年亲历亲见的一件事：

1956 年深冬的一个晚上，我接到了开常委会的紧急通知，同志们陆续赶到会议室，围在火炉旁。我走进会议室刚坐下，顿时一张熟悉可爱的面孔出现在我眼前，红扑扑的脸上还带着稚气，他是公务员小雷。

"陈部长请喝茶!"他端着一杯热气腾腾的茶向我走来，口语十分亲切。我双手接过茶杯，朝他点头致谢。开会时间到了，雷正兴的会前服务工作也搞得差不多了，他朝四周看了看，然后才带着满意的微笑退出会议室。

深冬的夜晚，四周寒林萧瑟，飕飕的北风吹着外面的落叶扫地作响，显出严冬特有的肃杀。当时雷正兴就坐在会议室侧房里的板凳上，旁边没有火炉。张兴玉书记担心雷正兴受凉，便说："小雷，赶快过来烤烤火!"雷正兴却回答："没事呀，我不冷!"他一直没有起身。

那天晚上，会议讨论的问题很多，不知不觉已到了深夜十二点钟，谁都忘记侧房内坐着个小雷。这时，有的同志出去"方便"，猛然间发现雷正兴还端坐在那条板凳上，心里有些过意不去，提议让小雷休息。张书记马上叫会议记录员冯乐群通知雷正兴休息，可是雷正兴坚持不肯离去，还说："坚守岗位是我的职责。"冯乐群把这话转告给张书记，张书记用不无责备的口吻对冯乐群说："你这个书生！怎么搞的？天这么冷，又是一个细伢子，还让他奉陪到底？赶快让他去休息!"这一说，把大家都逗笑了。冯乐群又急急忙忙地去通知雷正兴休息。

后来，会议进行到一点多钟才散。走出房来，寒气逼人，谁都禁不住直打寒噤。大家一看，雷正兴还坐在那里。同志们望着这位忠于职守的"警卫战士"，无不点头称赞。张书记拍着雷正兴的肩膀说："小鬼，跟我走，这回没你的事了!"雷正兴看了看会议室，说："不，还有任务呢!"说完又朝会议室走去，冯乐群叫他去休息，他却坚持要打扫一下房间，只见他扫地、洗杯子、搬桌椅，动作干净利落，把一切料理妥当以后，才愉快地离开。

第二天，见到雷正兴时，我说："小雷，今后别这样做'傻事'了!"雷正兴微笑着解释说："你们都很忙，年纪也比我大，我是细伢子，陪一下累不坏的；再说有我在那里，大家就多一份安全。"纯朴的话语体现他高尚的情操，我还能说什么呢？

黄色公文包

(152)

在望城雷锋纪念馆展览室的陈列柜中陈展着一个黄色小公文包，它是雷正兴在县委机关工作时兼任机要通讯员的见证。皮问安在他写的文章中回忆说：

那时候，地委机关下达的紧急机要指示，一般是通过密码电文传下来的，经过县委办公室机要员翻译过来后，我要很快阅完并签出意见，然后装入一个小公文包里，并上好锁（锁上的钥匙分别保存在县委领导和县级有关负责同志手里，送来文件打开锁，阅后再锁上），由专人送县委领导批示再给县级机关有关负责同志传阅，要求做到不误时间，严格保密。有时晚上收到电文，深夜还要传送，是一项十分重要的工作。雷正兴年纪虽轻，但却是一名很得力的兼职机要通讯员。他既机灵活泼，又沉着稳重，是办事认真、令人信得过、靠得住的好小伙子。我曾几次亲手交他传送过紧急机要文件。当我将小黄色公文包递给他并作交代后，他便小心翼翼地把公文包装入口袋，还要慎重地复述文件是送给哪些领导签字的。我说了“没错”，他才迅速行动。在传送过程中，有时阅件人不在，他便要到处寻找，才能将文件送到领导同志手里。一路上他行动敏捷，专心致志。在文件传阅完签了字，返回来等我查看以后放心了，雷正兴才愉快地哼着歌离开办公室。

在那些日子里，雷正兴负责传送的机要文件，均做到了及时准确，严格保密，从来没有发生过差错，曾受到领导和同志们的赞扬。

留在西塘的难忘记忆

(153)

我的家乡西塘在望城县大湖乡东北部，地处湘江之滨，与县城高塘岭相距十多华里。西塘集江湖山水田园村落之美，风光秀丽。解放以来，西塘人民朝着建设社会主义新农村的远大目标，持续不懈地进行着探索与实践，丰硕之果累累。雷正兴曾多次随同张兴玉书记来到西塘。

西塘的田野上到处印着雷正兴的足迹，有他洒下的辛勤汗水。

当年，西塘办互助组、初、高级农业社都属全县“第一”。粮食（水稻）单产高、生猪也居全省领先地位，因而备受地、县委领导重视。县委书记张兴玉、副书记赵阳城、黄洪全以及相关部门领导常来西塘检查指导工作。1958年上半年，张兴玉书记还和团县委书记黎国平、县委机要秘书冯乐群等来西塘高级农业社蹲点、种“试验田”。雷正兴每次都跟随前来。

来西塘蹲点的同志，他们自带行李与社员同吃、同住、同劳动，晚上睡在用门板临时搭的“床”上。社里有一片荒地，足有三十多亩。社里决定组织青年们开发荒地种桔子树。雷正兴和我们社里的青年人一起劳动，开荒、整地、栽树、施肥、除草，干得特别起劲。雷正兴还多次到我们社里的养猪场劳动，他像饲养员一样扫猪栏、挑猪粪、洗饲料、挑水、喂猪潲，样样都干，弄得满身汗水，不叫累，不怕脏。张书记他们种的“试验田”面积将近三亩，积肥、插秧、中耕、灌溉等许多工夫蹲点干部都要参加。大家常常早出晚归在试验田里忙碌着，而每一次干活雷正兴总抢在前头。雷正兴在西塘劳动时曾经用过的一把木柄铁锄，老社长吴吟钦一直作为传家宝一样保存着。1989年10月，抚顺市来西塘拍摄电视片《雷锋的足迹》，他才拿出这把心爱的锄头献给了雷锋纪念馆。

在我们西塘，雷正兴还留下了争着捐钱，为贫困户排忧解难的美谈。

那是1957年夏，雷正兴跟随张兴玉书记和冯乐群来我们西塘农业社蹲点。他们了解到第九生产队社员刘少先，人多劳少，生活困难，想养猪又没有本钱买猪崽。张书记和冯乐群商量，决定捐钱财给他买猪崽。雷正兴在一旁听见了，主动提出他也要凑一份。张书记劝他说：“你参加工作不久，工资不高，每个月不过二十几元钱，就不捐算了吧。”可是雷正兴偏不让步，说：“张书记，别看您工资比我高，可您一家7口人，就您一个人拿工资，而我只一个人，算起来，我的钱不会比您少咧。”张书记拗不过他，只好同意了。三人一起凑足了一笔钱，

帮刘少先买了一头架子猪和三头小猪。一年之后，刘少先一家的生活得到了明显改善。

(154)

且将黎国平文章中有关在西塘办点回忆片断摘录如下：

1957 年上半年，我和冯乐群同志随县委张兴玉书记到大湖乡西塘高级农业社办点。雷正兴也和我们到了这里。

张书记要领导全县的工作，还经常去省、地委开会，点上的工作由我和老冯负责，雷正兴也有一多半时间留在这里，成为了我们办点工作组一员。

西塘社位于湘江河畔。这里山清水秀，山上盛产南桔。岗山的桔园、茶园，湖中的荷花莲蓬，与蓝天相映，构成了一幅美丽的江南图画。西塘社水稻单产很高，生猪发展在全省居领先地位。为了进一步探索提高水稻、生猪和水果产量的经验，张书记选择在这里办点，以便更好地指导全县的农业生产。

社长吴吟钦是一位劳模，女青年冯健是一位带头安心农业生产的先进回乡知青。雷正兴一到西塘社，就交上了这两位朋友，他是抱着向先进人物学习的态度到这里来的。

我经常看见雷正兴向吴社长请教农业技术，与冯健交换学习心得。那时，吴社长和冯健都很忙，谁都顾不上家务。雷正兴就帮助他们干这干那，就像为自己家里人做事一样热心，做完这家的事，又去做那家的事。

每当他挑着水桶到塘边去时，我们就跟他开玩笑：“又是搞义务劳动去了？”

他笑了笑：“吴社长、冯健他们太累了，帮他们两家挑几担水也是好的。”在西塘社办点，除了协助农业社的全盘工作以外，张书记有试验田 2.4 亩。我和老冯帮着他干活，每天都是早出晚归。雷正兴看在眼里，放在心上，总是默默地帮着我们。夜深了，我们回到屋里，桌上早就放着茶水；洗完澡换下的衣服不翼而飞，等我们知道时，衣服早以洗好，晒在竹竿上了。

“小雷，老要你操心，真不好意思!”

“这有什么，互相帮助是应该的。”

望着他那诚恳的神情，我们内心充满了感激之情。

除了张书记的试验田以外，我也有0.9亩试验田。我跟吴社长有个“君子协议”，积肥、插秧、中耕、灌水、治虫，全由我自理，社里只帮牛工。为了提高产量，我计划中耕三次。前两次我到田里中耕时，都被雷正兴抢先干了。我心里盘算着：下次不能再让他“抢”了去，那天，我早早地来到田边，谁知道雷正兴更早，快把田中耕完了。

1958年，“浮夸风”蔓延各地。快秋收时，一位负责同志给我打来三次电话，要我预报张兴玉书记试验田的亩产量，我说还未收获，也就没有上报产量。

过不久，“上头”又第四次来电话催问：“张书记的试验田预报亩产量两万斤，行不行?”

我知道张书记的性格，是不容许讲假话的。他那时在地委开会，事实上试验田也没有收割，怎么可以瞎吹呢？我忙回答：“不行!”

“你们看了报纸没有？不要保守！人家福建‘早稻王’亩产13万斤。”电话里传来声音，“如果县委书记的试验田亩产量低了，能鼓动群众吗？能交得了差吗?”

这时，我也火了：“你们预报你们负责，我们不能瞎报!”

雷正兴一直坐在电话机旁边，听得一清二楚。他瞪着眼睛，一声不吭，但从他的脸色来看，是不赞成虚报的。

吃完晚饭，我往门外走，雷正兴问：“老黎，到哪里去?”

“找吴社长。”

雷正兴明白了我意思，赶紧收拾碗筷，说：“我们一起去。”

我们摸黑来到吴社长家，把来电话的事说了一遍。

我本来就是“作田汉子”出身，一亩田究竟能产多少粮食，是不用请教别人的。说实话，我是想试探吴社长的态度。

吴社长一听，有些气愤地说："亩产哪能这么高，吹牛皮也不怕吹破皮！"

我又说："老吴，如果电话打到你这里来了，怎么办？"

吴社长毫不犹豫地说："我也顶回去！"

"我看可以这样回答，"这时，坐在一旁的雷正兴插话了，"不收不报，收了再报，收多少报多少，总要实事求是！"

"这样回答好！"

我和吴社长惊喜地望着小雷，没想到他涉世不深，还真有头脑。我们深深感到：这位充满稚气的小青年，渐渐地成长起来了。

我不能离开张书记

(155)

本章开头说了，雷正兴"三员"之中的"警卫员"是人们非正式冠以的称呼，实为兼做张兴玉书记下乡的警卫工作。对此，有人曾问张兴玉书记："雷正兴在你身边本来是公务员，可乡里、县里都有人说，雷正兴是你们警卫员，这是怎么回事？"张书记回答："我看是两个原因造成的。一个是雷正兴跟我下乡总是带着枪；另一个原因也许是人们以为让雷正兴当警卫员比当公务员神气些吧。"

本来，1955 年以后，按规定县委书记就没有警卫员了。但雷正兴每次跟他下乡总是带着枪。为什么？因为望城四乡依山傍水比较偏僻，当时又没有什么现代交通工具，不仅没有汽车，连自行车也没有。书记下乡不管路多远，全靠两条腿走路。到了人烟稀少的地方，安全没保障。为了安全和自卫，组织上决定，允许他们下乡带枪。张书记带一支"橹子"（短枪），雷正兴挎着卡宾枪。每到一地巡视或者开会，雷正兴就自觉担负起警卫任务，这是事实。乡里人特别是雷正兴家乡的人，见雷正兴挎着枪给张书记站岗放哨，就以为他是"警卫员"。

张书记说：那是一支漂亮的卡宾枪，雷正兴每天擦拭得闪闪发亮，十分钟爱。有同学回忆，原荷叶坝完小考上望城一中读书的男女同学在那个时候都十分羡慕雷正兴，尤其喜爱他那支枪。那一时期雷正兴穿着整齐的工作服，肩扛一支卡宾枪，飒爽英姿。这样出入县委大院、各区各乡，那一份威风凛凛可以想见。但是，他温口善面，谦虚谨慎。除了完成本职任务之外，始终保持了一个普通劳动者的身份与群众打成一片，从没有任何自以为优越一等的表现，也从不借张书记的名义谋私利、搞个人特殊。下乡时，跋山涉水，渴了到老百姓家讨口水喝，没有烧开过的水就喝生水；饿了就奔乡食堂，赶不上时，也到老百姓家买碗饭吃。乡里同志为照顾书记劳累，常常烧一大锅热水，备其洗澡、洗脸或洗脚所用。但是，雷正兴从来都是洗冷水，为的是替老百姓节约柴草。

(156)

从时任望城县委宣传部干事李仲凡、时任望城县委组织部干事钟盾等的回忆文章记载的事例可见，当年雷正兴的警卫工作做得很出色。请看李仲凡的题为《我不能离开张书记》一文记载：

1957 年 4 月，中共中央发出《关于整风运动的指示》，决定在全党进行一次以正确处理人民内部矛盾为主题，以反对官僚主义、宗派主义和主观主义为内容的整风运动。全党整风运动逐步展开，广大群众和爱国人士积极响应党中央号召，向各级党组织和党员干部提出了大量的有益的批评和建议。在望城县却有极少数人借“大鸣大放”，对共产党的领导和社会主义制度进行攻击。有些不明真相的人跑到县委机关院子游行，骂共产党，攻击社会主义制度。当时有那么几个人煽动一伙教师，用稻草扎成人像，写上县委书记的名字，抬到县委院内，用棒子打，然后用火烧，说是打倒宗派主义，火烧官僚主义。在这种情况下，雷正兴总是紧紧跟随着张书记，保护着张书记。有一天下午有人在宿舍里围攻张书记，雷正兴就在门边或者窗外护卫着张书记。等围攻的人都去了，我对雷锋说：“好了，我们吃饭去吧。”

“不行，我不能离开张书记。”雷正兴坚定地说。

在那种非常的情况下，雷正兴经常顾不得吃饭，晚上和衣睡在张书

记外面的那间房子里，每晚还要在县委院内巡逻好几次。他说："谁要反对共产党，谁要推翻社会主义制度，我就要跟他拼到底。我是穷人家的苦孩子，我的经历就是最好的证实，是共产党救了我，救了中国；是社会主义使中国好了起来，我们决不能再回到旧社会去。"雷正兴的精神使大家很受教育，有很多不明真相的人也不再受煽动到县委院内闹事了。

钟盾回忆文章的题目叫《明知山有虎　偏向虎山行》，记载了雷正兴深夜只身探路的事：

1957 年夏季的一天，张兴玉书记通知雷正兴说："明天去大湖乡养猪点上看看。天气太热，清早动身赶路，凉快一些，我们都要早些起床。"雷正兴听了，心里有些犯难。因为早几天听说，谷山有老虎出没，谷山又挨近大湖乡，万一遇上这家伙，那后果不堪设想。晚上，他左思右想，难能入睡。他便悄悄起了床，去挨近谷山一带的地方走了一趟。路上，四周阴森森的，偶尔传来几声犬吠，他壮着胆子，随时准备出击。几十里小路，未发现什么意外情况。他回到机关时东方露出了粉红色。正巧张书记起床去雷正兴住处叫他起来吃早饭。雷正兴从房里蹦出来，一副睡眼惺忪的样子。洗漱后，和张书记一起简单地用完早餐便一同启程往目的地赶去。后来，我听说了这件事，问他为什么要先去"探险"，雷正兴眯着眼歪着头，风趣地回答："这就叫做'明知山有虎，偏向虎山行'。保护首长的安全，这是我的本职工作。"我和他开玩笑说："小雷你当时怕不怕？说说真话。"雷正兴犹豫了一下，说："讲不怕是假的，老虎本是吃人的猛兽，但一想到首长的安全，我就浑身有劲，什么都不怕了！"雷正兴说完还自豪地用手拍了一下胸脯。

忙不完的事，帮不完的忙

(157)

雷正兴在工作中从不分分内分外，只要是他能够做到的事，他都乐意去做，手脚勤忙，肯帮忙。起早摸黑，风里雨里，不辞辛劳。对人很热情又很有礼貌。因而在我的记忆中，雷正兴当时总有忙不完的事，帮不完的忙。他无论干什么事都认认真真，从不拖拉、马虎。他走起路来两脚生风。在机关上班时，不是跑腿送公文信件，就是打扫卫生、提水、泡茶或在文印室帮助油印、装订，或在厨房帮助择菜、洗碗筷，或帮助接待外来的客人，或是帮别人做一些琐琐碎碎的事，如买米、挑水、买煤，他都是主动地、热情地同时也是不声不响地积极去做。

当时望城县委机关院子里，有部、办、委十多个部门，人手少，事情多，生活条件还比较艰苦。就拿开水供应来说，都是靠灶上安放的铁瓮里的开水来供应，经常是水开了无人打，水冒开又有人要。有些办公室一忙起来便打不到开水，一些办公室的热水瓶常常是空的，工作人员口渴了喝不上水，客人来了泡上茶。雷正兴看在眼里，就主动与厨房里的大师傅商量好：坛瓮里的水一开就请大师傅摇铃子，发信号，他就把各个办公室的热水瓶统统提来灌满开水，然后再一个一个送到各个办公室，从而解决了这个小难题。

因此，县委机关工作人员甚至他们的家属，谁个有什么事情要帮忙的，往往都说“找小雷去”。雷正兴从来不分是不是领导干部，不分等级高低，也不分亲疏，甚至对素不相识的人，只要他能做得到的事，也总是有求必应，从不推辞，也从不看人行事，从不嫌弃麻烦，没有哪个不喜欢他、不赞扬他的。

据黄菊芳回忆：有一天中午，雷正兴来到我家中，看到屋里地上扔着一块我小孩刚换下来的尿片，他弯下腰拿起来就要去洗，我连忙将尿片从他手中夺了过来不许他去洗。雷正兴有点不好意思地说：“这有什么关系啰，我自愿的。”我也坚持说：“不许你洗，也是我自愿。”说完，我们两个都不由自主地笑起来。隔壁邻居听到笑声，前来想看个究竟，可雷正兴又抱着我的小孩到外面玩去了。邻居们都说：“这个小伙子不怕累、又不怕脏，到处帮别人做事情，他助人为乐，助到了机关的每个角落。”

(158)

就如其日记中所写的，雷正兴对待同志像春天般的温暖。这方面，我确可谓受惠多多。

记得有次我到县里开会，晚饭后去张书记家拜访。坐了一会，张书记叫雷正兴陪我到外边走走看看。当时，雷正兴正在洗什么东西，他就回答说："我做完卫生就去"。郑姨对雷正兴说："你快去吧，我来做。"雷正兴坚持不让，硬是把事做完才走。刚出门，碰到县里另一位领导要他送个稿子到县广播站。雷正兴对我说一声："健姐，你等一下子，我就来。"他二话没说，接过稿子拔腿就跑。果然，没有多久，他就完成任务气喘喘地回来陪我去散步。

那时，我开会或办事离开县城回家去，一般都是吃过午饭或晚饭的时候。这个时段正好是县机关的休息时间，所以只要雷正兴在机关或没有紧急任务，他就必定要送我一程。离县城五六华里的地方有条流入湘江的小河叫枞树港。这是从县城到我家的必经之道。因这是一条水面只有几丈宽的小河，除发大水外，一般季节河水浅而平缓，故没有专门人摆渡，更没有什么码头。"野渡无人舟自横"。仅用两根棕绳系在一条小船的两端，在两岸各钉上一个木桩，再把绳子固定在木桩上，过港时，要自己站在船头上绕绳而渡，我们当地称之为"悠渡"。悠渡也并不是想象的那么简易，如果操作不得要领，船一摇晃，人就可能落水。雷正兴生怕我不安全。因此，他每次都要把我送过枞树港。平时像个温顺小弟弟的雷正兴，这时却有点像个大哥哥的架势，不管我怎么谢绝，他都一定要亲自动手绕绳索拉船。他总是说："没关系，我是个男的，干这个我比你行。"

⑮⑨

雷正兴关心人、体贴人，具体而微，对任何人都一样。只要是他能做的都尽心尽力去做，而且做得很细心、很周全。且举两例：

那是 1957 年 4 月 1 日，早饭后，雷正兴照例按时送一瓶开水到县委副书记黄洪全的住室。

黄洪全的爱人已上班去了，只见他独自一人睡在床上。雷正兴问："黄书记，你身体好吗？"黄洪全回答："我患了重感冒，没有去上班。"雷正兴摸摸他的额头，感到有些发烧，就说："我陪您到医院去看病好吗？"黄洪全说："我一身痛，没有劲，不想走。"雷正兴说："我代您

去看病取药好不好。”黄洪全无力地嗯了一声。雷正兴倒了一杯开水放在靠床的椅子上后，就直往机关医务室走去。医生看到雷正兴来了，就问他：“小雷你也要看病吗？”雷正兴回答：“不是，是县委黄书记病了，起不来，他要我代他看病。”雷正兴把黄洪全诉说的头痛发烧和流鼻涕等症状细说了一遍后，医生开了治感冒的几味药单。取药时，药剂员就在黄洪全的病历上对雷振（正）兴代取感冒药的情况作了简要记录。雷正兴取回药后，又倒了一杯开水，扶起黄洪全喂，待他服药后再睡下，将被子紧紧捂住身子，才走出卧室，做别的工作去了。这以后，雷正兴还三番两次来到黄洪全的住室，探问病情，服侍喂药，打扫卫生，料理其他家务。在雷正兴和黄洪全爱人的热心护理下，两三天后，黄洪全的病逐渐痊愈了。几十年后，与已近八十岁高龄的黄老书记谈及当年雷正兴在望城县委机关的工作表现，黄老仍赞不绝口。在黄老那份珍藏几十年纸张已经发黄的病历表上，当年药剂员写的“雷振（正）兴取去感冒药，代诉头痛流清涕”的病历记录清晰可见。

还有一件事：1957 年 7 月 7 日上午，将要临产的县妇联干部陈杰在室外往绳子上搭晒被子，突然腹部一定剧痛，连人带被子软瘫在地上，头上冒出豆大的汗珠，想喊人又无力喊出声，心里十分着急。正在这时，平日常来陈家帮助提水、打饭的雷正兴碰巧因事路过，他见状立即搀扶着陈杰回房上床休息，帮她倒茶、递水、擦汗，把外面的被子晒好，安顿好了，雷正兴临走时说：“陈大姐，你好好休息，我出去一会儿就来。”陈杰强打精神点了点头。雷正兴大步走了，陈杰这才想起没有嘱托他去请医生。她丈夫方湘林是县委宣传部秘书，这时也上班办事去了，不在家。室内无旁人，肚子剧痛，若是真生孩子，怎么办？她心里又急又怕。可没过多久，机关医务室的柳大夫大步流星走来。陈杰问她为什么来得这么巧？原来是雷正兴跑去告诉她来的。柳大夫检查后，发现胎位不正，如再延误，后果不堪设想。柳大夫及时采取紧急措施终于保证母子平安，生下了一个男孩。为由衷感谢雷正兴及时解人危难的义举，陈杰给小宝贝取名“方乐”，寓意为雷正兴使他们全家沉浸在幸福和欢乐之中。而今方乐大学毕业，作了父亲。1994 年 3 月 5 日，陈杰与方乐应邀参加抚顺市雷锋纪念馆举办的“忆我和雷锋”座谈会，深表母子共同缅怀雷锋之情。

(160)

雷正兴走到哪里就把好事做到哪里。我多次亲眼见到过，在路上走，见到哪家晾晒的东西掉了，他就不声不响去拾起来重新晾晒好，如果弄脏了时间来得及就拿去洗净，再晾晒。遇上小朋友打架，或做一些危险动作的游戏，他必定前去劝架和说服。遇到哪位老人走不动，他就去扶。谁提不动的东西，他就帮忙抬。

那时候，望城交通条件很差，绝大多数乡和村的人要到县里来都靠两条腿走路。因此，遇上风雨天，来县里开会的不少同志常是一身湿透。遇到这情景，雷正兴更忙了。他总要想法帮助大家烤衣裤、鞋袜，有时还脱下自己身上穿的衣裤给人家穿，以便人家把淋湿或弄脏了的衣服换洗干净再穿。我就穿过雷正兴的衣。

雷正兴乐于把方便让给别人。雷正兴当公务员时，除担负公务员的本职工作外，抽空还兼机关门卫与兼管接待四方来客。当时，县委机关仅有一家床位不多的小招待所，每天总挤得满满的。雷正兴的床铺开在招待所的传达室内，床铺窄窄的，床上放着薄薄的被子，虽陈旧但很整洁。来客人多难开床位时，雷正兴总是主动把自己的床铺让出来。1957年冬天的一个夜晚，北风呼啸，寒气逼人。大约晚上八点钟时，黑龙江省一个单位两位搞调查的同志搭长沙至望城的最后一班船来到县委招待所要求住宿。可是所里床位早已住满了，临时床位也开不下了，实在无法安排。两位客人急得坐立不安，全身冻得直发抖。好在没过多久，正巧雷正兴完成送信任务从外面回来，了解到这个情况后，毫不犹豫地说：“你们不要着急，就睡在我的床上好，两个人挤一挤，将就一下，怎么样?”“那你睡哪里?”一位客人问：“不要管我，我自有办法。”雷正兴回答，笑一笑走开了。过后不久，雷正兴又把自己晚上值班穿的军棉大衣加盖在来客的被子上。那一晚，雷正兴自己就睡在食堂边的两条长木板凳上。第二天清早，这两位客人发现了这个情况，很受感动。上班时特意到县委办公室报告致谢。其实，对雷正兴来说，类似事例很多。县委办公室多次收到外调人员寄来的信，表扬雷正兴把困难留给自己，把方便让给别人。

光荣属于那些志存高远、勤奋工作、虚心好学、乐于奉献的人。

资料显示，在望城县机关工作期间，雷正兴由于各方面表现出色，备受群众与领导赞扬，因而他参加工作 80 多天后，即被批准加入青年团，先后三次被评为“模范工作者”，还荣获“模范青年团员”、机关“建设社会主义青年积极分子”等称号。

第十七章

在治沩工程指挥部：“螺丝钉”精神放光彩

治沩：我不去会后悔一辈子的

⑯1

据《望城县志》记载：1957 年 10 月 25 日，中共望城县委、县人民委员会作出决定：治理沩水，并成立工程指挥部，由县委书记张兴玉任政委、县委副书记赵阳城任指挥长，于是年 11 月 20 日动工。

发源于宁乡县沩山的沩水河自东朝西由石头口入境，横贯望城县境，分两支流分别经靖港和新康流入湘江。河道曲折，分成 9 个小垸，堤长险多，汛期洪水泛滥成灾，成为域内民众的心腹之患。1957 年秋，省、地、县三级决定整治沩水河、围垦团山湖。将沩水由原来自靖港镇注入湘江改道由新康镇注入湘江。这样既使境内各个堤院内的上十万民众减轻洪涝灾害，又可将团山湖大片湖荒沼泽地围垦成为水旱无忧的良田。这是当年望城全县人民的大事，并被列为全省重点水利工程之一（见图 17－1）。望城县调集了 300 多名干部和 1.8 万多名民工上阵。

这项改造自然造福人民的巨大工程在雷正兴心里无疑又点起了一把火。他找县委张兴玉书记和担任治沩工程总指挥长的赵阳城副书记，一再请求到治沩工地去战斗。雷正兴是幸运的，他的请求得到了批准。当时，我们西塘高级农业社按照县里的要求组织了 12 名青壮年劳动力参加治沩工程，我因为担负社里养猪场（也是县里抓的重点）的饲养员工作未能去治沩工程。

图 17－1　望城县 1957 年治沩工程全貌图（据资料图片翻拍）

雷正兴这次坚决要求参加治沩工程劳动的想法和请求，赵阳城在口述回忆《治沩工程指挥部的雷正兴》一文有这样的记载：

……治沩工程由我全权负责。指挥部设在乌山乡的一座古寺杲山庙。杲山庙历经千载风雨，砖墙、竹墙、纸糊墙破旧不堪，房高屋大，光暗地潮，阴森可怖，几块土砖，架起几块木板，撒上些稻草，就算是床——遇阴雨天气，床铺受潮散发出阵阵霉味，令人作呕。工地生活条件更差，在一片片荒地上几根树枝支撑起一个个尖笠式的工棚，芦苇当瓦，没有窗子，四面透风，棚内没有床，地面上摆一层芦苇，除去走路的过道，其他都用作地铺，十几个甚至几个人挤一间。吃的都一样，油水不多，也很单调，米饭加萝卜、辣椒、酸菜汤，餐餐如此。很多人望而生畏，而雷正兴却明知工地苦，偏向苦中钻。他一连几次递交申请书坚决要求参加这场改造大自然的斗争。开始我们考虑他是孤儿，年龄太小，应当照顾，不同意他去，可他就是不依，找我们论理。他说："旧社会，我被逼成了孤儿，讨过饭，晚上睡在人家的阶基上，什么苦都吃过，比起来，工地上算是幸福生活了。何况我年纪轻，能够吃苦哩。”又说：“共产党领导我们翻了身，让我读了书，现在又让我在县委机关工作，我只有多做工作，才对得起党和毛主席呀。”还说：“治沩工程这么重要，我不去，会后悔一辈子的。”经他一再请求，加上我当时正患疟疾，县委同意了他的请求。但不是到工地上参加体力劳动，而是让他到治沩工程指挥部去当通讯员，并负责照顾我日常生活。

当个通讯员也能起个螺丝钉的作用

⑯²

治理沩水工程大，时间紧，没有任何现代工程机械，全靠人用体力施工。雷正兴抱着直接到工地与民工们一起挖土挑担，在体力劳动中得锻炼、显身手的希望到治沩工程指挥部报到，谁知难以如愿，只得改变想法，服从分配，其态度则始终是积极的（见图 17－2）。对此，赵阳城的口述回忆文章写道：

图 17－2　治沩工程总指部所在地杲山庙原貌（据资料图片翻拍）

那天，雷正兴背着简单的行装来到工地。一到指挥部，把背包往墙根一放，顾不得擦去额上的汗水，就直奔我的办公室，一进门就问："赵书记，我来报到了，您说吧，我到哪个大队去?"那股高兴劲，简直无法形容。

"噢，小雷啊！欢迎你来工作，先别急，休息一下。"

"还不急？我已经来迟了!"他简直有点耐不住了。

"不迟，你来得正是时候。"接着我又装出很神秘的样子说，"给你一个艰巨的任务。"

雷正兴一听，劲头更足了，连忙说："艰巨的任务，好啊，我是来锻炼自己的，任务越艰巨越好，到底给我什么工作?"

我看他紧追不放，便走过去，拍着他的肩膀说："你呀，哪个大队也不去。"

"哪个大队也不去，那干什么?"

"还是干你的老本行，在指挥部当通讯员。"

"当通讯员?"雷正兴脸上的笑容消失了。我知道他很想去工地和同志们一起挖土挑担，冲锋陷阵，可指挥部里通讯员也确实不可少。于是我笑着说："你不愿意？小雷啊，别小看这通讯员，虽然不如挑三五方土那样痛快，他的作用可重要啰，每天要发通知、送文件、记电话……指挥部要指挥千军万马，可少不了这个其名不扬的通讯员哟!"

雷正兴一听"其名不扬"几个字，心里明白这是指无名英雄，便立即表示："赵书记，您放心，让我干什么都行，当个通讯员也能起个螺丝钉的作用。"

"螺丝钉？这个比方打得好！先去找个住的地方，明天开始上班!"

"是!"雷正兴爽快地应着，笑嘻嘻地走了。就这样，雷正兴便当上了治沩工程指挥部的通讯员，包揽了通讯员、公务员、保卫员等工作。住在我的隔壁——古庙一间简陋的房里。

面对苦差从不叫苦

163

当时，治沩工程是在相当艰难的条件下上马的。工地通讯不像机关，是个苦差事。治沩工程上的人马近两万人，总指挥部设在破旧的杲山庙，下辖 11 个施工大队，从与宁乡接壤的照光村到新康镇，摆成首尾相距 20 余公里的长蛇阵。虽有一台手摇电话机，但经常打不通。为了不误事，所有通知、文件、报纸都得靠通讯员送。不通公路，尽是些田间小道，别说不能坐汽车，连单车都不能骑，只能步行，加上正值深冬季节，雨雪天多，天寒地冻的。但无论是冰天雪地，还是刮风下雨，也不管白天还是黑夜，只要有任务，雷正兴总是乐意接受，千方百计坚决地完成。泥泞中摔倒了爬起来又走；风雨中衣服湿透了，靠自身的热量将它烘干；手脚冻肿了，他忍着。有时到各大队送完通知回来，开饭的时间早过了，他把冷饭用开水泡一泡就吃，从来没听他讲过一个苦字。

164

据时任《治沩工地报》记者刘大谨 1993 年 5 月写的回忆文章记载：

1957 年深冬，长沙地区气温比往年更低一些，最低温度达到零下 7 度，这是江南罕见的低温年，治沩工程进入了紧张阶段。

有一次，省里直接发来寒流消息：当晚 12 点左右，有七八级大风暴，气温将降至零下 5 度左右。这时已是晚上 7 点 40 多分钟了。指挥部办公室里召开紧急会议，分工给各大队电话传达。当时，我负责通知第八大队、第九大队（在一条线路上），电话几次都没有打通，总机话务员小程告诉我，可能是断了线。指挥部离两个大队约七八里路。这时，正是农历十一月底，满天阴云密布天黑得伸手不见五指。怎么办？我急得像热锅上的蚂蚁，自己去一趟吧，可我又是高度近视加夜盲，同时，还正在编写明天出报的稿子。工作人员打完电话后，正在集合向指挥长汇报传讯情况。同志们的汇报完了，我也只好把没有接通电话的情况向领导作了汇报，并提出自己去跑一趟。可是指挥长说：“‘眼镜’不能去！”他还诙谐地开玩笑说：“要是在路上摔死了，那可没时间给你开追悼会！”其他同志也都争着要去。这时雷正兴走了进来，知道情况后，说了声：“不要争了，我去！”便往外走。我急忙拿件雨衣追至大门口叫他穿上时，他只说了声：“不用，我有。”便钻进了茫茫夜色中，唯有一闪一闪的手电光急急往前移动。我虽然回到编辑室里的60度灯光下戴着350度的近视镜继续修改我的稿子，但心里却老惦记着雷正兴的安全。时针快指向10点，门外响起了急促的脚步声，接着，编辑室的门推开了，雷正兴俏皮地作了一个敬军礼的姿势：“报告记者同志，我完成了任务！”我一把拉住他说：“快来暖和暖和，看把你冻的，本来应该是我的任务……”雷正兴笑了笑，说：“我不烤火，记者同志您又说错了，我是指挥部的通讯员，本来是我的任务嘛！我还得去见指挥长，免得他还记挂着我！”

事后，第九大队的队长告诉我，那天晚上幸亏小雷及时把信送到，他们立即对工棚进行了检查，发现几处不牢固的，及时进行了加固，风暴来后，虽然吹得“嘎、嘎、嘎”地响，但却没发生事故。

另外还有一件事：有天晚上，暴雨倾盆，一连几个小时下个不停，沩水河水位猛涨，狂风卷着汹涌的山洪，如脱缰的野马横冲直撞，堆积在河边的水泥、木材、粮食和干菜，眼看就有被山洪卷走吞没的危险，情况十分危急。指挥部当即做出决定，紧急动员干部民工奋力抢险。指挥部让雷正兴和几个女同志留下来值班，实际上是照顾他们。同志们出发后，雷正兴坐立不安，怎么也待不住，趁几个女同志没注意，赶紧写了张条子，压在值班桌上，交代其他女同志认真值班，自己迎风冒雨直奔抢险工地，和同志们一起投入了战斗。等到全部物资和器材转移到安全地带，他从头到脚全湿透了。

编外“质检员”

⑯⑤

1957年农历十一月底，治沩工程已完成总量的百分之七十左右。

从照江石头口到新康镇的10公里新沩水河道业已开通，夹岸河堤已具雏形。放眼望去，有如两条并行的苍龙在广阔无垠的大海上蜿蜒流动。堤身上“百年大计，质量第一”的石灰标语，十分显目，更增添了大堤的雄伟气势。

为了年前能如期完成主体工程任务，全线指战员战天斗地，忘我劳动。雷正兴也为传送工地报与各种文件日夜奔忙。他在完成通讯任务，还注意利用步行之便，检查工程质量，成了编外“质检员”。对此，时任治沩工程指挥部副指挥长肖介凡在1991年5月写的《编外“质检员”》一文中回忆说：

第五大队的民工全是来自山区丘陵的农民，从来没有修过堤，对工程质量问题认识不足。加上时近岁末，天气寒冷，思家撤兵的思想相当严重。部分连队的民工不按要求施工，进土常常厚达五六公寸，三遍磙没法打紧。这些情况常被雷正兴碰上，他便上前劝阻说：“修堤是百年大计，如果不顾质量，将会祸及子孙。”建议连队干部组织返工，有些连队干部也有思家撤兵思想，对雷正兴的建议有点打折扣。雷正兴则十分严肃地说：“如果你不讲究质量，将来洪水决堤，你就会成为历史的罪人。”

有一天下午，雷正兴风风火火地跑进办公室：“肖叔叔，有件事要向你汇报。”什么事？我听他口气严肃，便放下手里的文件问他。

“第五大队有几个连质量出了问题。”说着，用手比个大圆，“我从那些堤上可以用手抠出两三斤重的大‘乌龟’（土疙瘩）来给您下酒。”

“有几个连？”

“两个连！”

听了雷正兴的汇报，我带着他向第五大队工地走去。我们找到大队长老刘，边走边检查，来到二连工地，小雷指着一段说：“这里有一段砂堤。”来到四连工地，他跺着脚说：“这里土层太厚，碶打不紧，里面埋有‘乌龟’。”说着便放下背袋，蹲下身子，很轻松地从堤中抠出一些重约两斤的“乌龟”。走完第五大队，发现存在质量问题的远远不止两个连。我转身对刘大队长说：“老刘！你们五大队的工程质量问题严重，马上通知各连队干部到分部开会！”然后转身对雷正兴说：“小雷，谢谢你这位编外‘质检员’，为我们及时发现问题。你回去转告赵指挥长，我们一定连夜返工，保证质量、数量两不误。”当天晚上，总部赵指挥长也在电话会议上给各级干部敲响了警钟，及时纠正了松气思想，同时特别表扬了雷正兴注重质量、工作负责的好思想。也就在这天晚上，第五大队一千多米长的工地上，火把通明，人声鼎沸，近千名民工冒严寒、顶烈风，将不合格的堤段按质量标准全部返工。

第二天下午，雷正兴乐呵呵地对我说：“肖叔叔，今天不仅第五大队各连质量很好，其他各大队的质量也都超过以往。”我说：“这也是你这位编外质量检验员的功劳呀！”

山歌唱给民工听

(166)

参加过治沩工程的人，都不会忘记当时工地上流传的一首山歌《儿要治沩娘也忙》。

这首山歌，歌词是《治沩工地报》编辑熊春祜创作的。歌词写道：

月儿弯弯照屋檐，
娘在房中把线穿。
油灯一盏燃过了，
儿要治沩娘也忙。
娘老做鞋眼发花，
几次起身拨灯花。
鞋底纳的胡椒眼，

面上镶的滚洞边。

儿哎，娘为你治沩不贪眠……

雷正兴非常喜欢这首歌词，把它抄在自己的笔记本上，读熟记在心里。

一次，雷正兴送通知来到第五大队，正赶上工间休息，只见民工们有的从衣口袋里摸出个丝烟荷包，用小纸卷了个喇叭筒，在那里吞云吐雾；有的则跑到茶水桶边，舀上一勺茶水，咕咚咕咚，一口喝光，然后懒洋洋地往地上一躺，闭目养起神来；姑娘们则三三两两坐在一起，细声细气地谈论着她们永远说不完的秘密……雷正兴待人热情和气，结交能力强，很多人他都认识。

“小雷呀，又有什么好消息呀？”

“好消息？”是呀，雷正兴知道，工地上的劳动是十分辛苦的，民工们多么盼望有好消息来振奋一下精神，可今天，他是来送通知的，他思索了一下，突然想起了《儿要治沩娘也忙》那首歌词来，于是，笑着说：“有！”民工们一听有好消息，便立即围了过来。雷正兴站在人群中，仿佛真要宣布什么好消息似的，清清嗓，然后大声地朗诵起来：“月儿弯弯照屋檐……”有的民工一听，就知道这是那首《儿要治沩娘也忙》的山歌，虽然他们在《治沩工地报》上已看过了，但还是聚精会神地听雷正兴朗诵。待他朗诵完了，大伙报以热烈的掌声，同时也半开玩笑半认真地提了个“意见”，说：“山歌是唱的，哪有像你背书一样背的？”雷正兴听了，脸红了，也笑了，觉得大伙提得对，连忙说：“下次来，我就给大伙唱唱，怎么样？”

“要得，”民工们齐声说，“你讲话可要算数啊！”

“好，保证算数！”又是一阵掌声。

民工们笑嘻嘻地上工去了。雷正兴看到民工们快乐的神情，心里有股说不出的高兴劲。回到指挥部，第一件事就是去找熊春祜编辑，要拜他为师，请他教唱山歌。熊春祜回答说：“我写是写了，可我是个音乐盲，根本不知道山歌是怎么唱的。”雷正兴没法，只好去问别人，但问了三四个，都说不知道唱。这下雷正兴可急了：“怎么办呢？下次去第五大队怎么‘交差’呢？”一连几天，雷正兴总想着这件事。后来，他想起了小时候听他六叔祖父常唱的那个曲子，便配上《儿要治沩娘也忙》的歌词，试着哼起来，左哼右哼，反复试唱，山歌终于让他给哼出来了，调子有点像湖南花鼓戏《刘海砍樵》的味道，虽然变了点腔，但还是很好听。他又请指挥部里几个搞后勤的女同志一起试唱，都觉得韵味很浓。

过了不久，雷正兴送信下工地路过第五大队，还真为民们唱了这首歌，获得了大家的赞扬。

这首山歌，也就这样一传十，十传百，迅速在工地上传唱开了。

以理服人

⑯⑦

在治沩工程指挥部所在地杲山庙前，原有一条小河，横跨小河的是一座麻石砌成的小桥，桥面宽一丈，桥身长十余丈，两侧有石栏杆，是人们经杲山过河南去新康的必经之路。据当地老人说，这座桥是清朝光绪年间，由十个寡妇婆婆省吃俭用，捐资修建的。人们为了铭记这十个寡妇婆婆的恩德，便将这座石桥命名为“十婆桥”。沩水改道石桥报废，施工时石桥即将拆毁。

一天下午，大部分干部下工地还没有回来，治沩工程指挥部里只有雷正兴等几个同志在家处处理日常工作。突然，来了二三十个人，扎脚勒手，吵吵嚷嚷，个个满脸怒气，还没有进门，就叫开了，说什么：“龙王迁都，水鬼乱游。”“龙王来，要遭灾。”“我们这一方的风水全被你们破坏了。”“你们要还我鱼塘。”“还我祖坟。”等等。雷正兴一听，顾不得多想，从值班室走了出来，往门口一站，理直气壮地和来人展开了辩论。他历数旧社会自己一家苦难的历史，热情歌颂解放后共产党的恩情，指出来人无理取闹的错误。开始，来人见雷正兴个头矮，年纪轻，是个一脸稚气的细伢子，根本不把他放在眼里。不仅不听雷正兴的劝说，反而越闹越凶，声调越拉越高。面对这种场面，雷正兴毫不畏惧，也越说越激动。他站在台阶上，两手插腰，从过去沩水泛滥给两岸人民带来的灾难，讲到根治沩水河后的美好前景，最后他以十婆桥为例分析说：“你们知道，在十婆桥过往的行人谁都怀念那些修桥的婆婆姥姥。封建社会，十个婆婆尚能联合起来修建石桥，造福乡里，难道你们还不如她们吗？还希望沩水河泛滥成灾，百姓流离失所吗？今天，共产党、毛主席领导我们大搞社会主义建设，治理沩水，造福人民，造福子孙后代，全县人民无不衷心拥护，积极支持，你们却出来阻止、反对，不觉得心里有亏吗？”他动情地讲着，自己也激动得热泪盈眶。终于，有的被这“伢子”的真情所感动，有的被他讲的道理所折服，也有的则迫于雷正兴的一身正气，没有等到指挥部的领导回来，便都自动离去。

《治沩工地报》的编外“三员”

(168)

据刘大谨在回忆文章中记载：在指挥部里，领导上分配彭正元、熊春祐和我三人编《治沩工地报》，八开油印。彭刻得一手好字，便负责刻印；熊是位农民作家，为了丰富他的文学创作素材，便负责采访；我因搞过几年党报编辑，便负责编。既分工又合作，紧张时其他工作也得帮着去干。三人齐心合力，搞了一段时间，虽按时出了报，但都忙得不亦乐乎。可是，后来，由于要加强工程质量的检查，组织上又把熊春祐调到工程科去了。编辑只剩下彭和我俩人了，工作更显得繁忙。编采都是我一个人负责。雷正兴和我相处得很好，他有什么事，总喜欢和我谈，见我工作上有什么困难，也乐于帮助。《治沩工地报》本来只发到民工中队一级，刚出版不久，他便对我说：“记者同志，你的报纸每期多给我几份吧！我要让当地的农业社也能看到我们的《治沩工地报》。”我当即满足了他的要求。以后，他去各民工大队执行任务时，总要捎带几份给当地农业社，有时还读给社员们听，使这张油印小报在当地的社员中产生了良好的影响。如在第三期上，我们刊登了当地社员积极热情迎接和安置治沩民工的一组稿件，并用通栏总标题为：“治沩人真光荣，处处受到人崇敬。”雷正兴把这期报纸带到几个农业社后，当场读给社员们听，农业社当即把这个标题用大红纸写成横幅标语，贴在院内，有的用石灰写的墙壁上，鼓舞了民工的积极性。后来工地上出现了民工在业余时间帮助社员做家务，社员为民工烧茶递水、添被加衣的动人场面。当时，报纸没有专人递送，平日只趁开会时间分发或顺便让人捎带，否则便压在编辑室里两三天。雷正兴每次去大队，总要来编辑室主动捎带报纸。有时，还在休息时间专程递送。有一次，我笑着对他说：“小雷，你真是工地报的编外三员（发行员、送报员、读报员）啦！（因为‘元’与‘员’谐音）我祝你以后三元及第！”他爽朗地笑着说：“帮你大记者的忙，也是为了工作嘛！”我说：“我现在小记者都不是，你怎么叫我大记者来了？”雷正兴却调皮地说：“你叫刘大谨，将来老了人家叫刘大爹，现在是《治沩工地报》的记者，所以叫你大记者。”在生活中，雷正兴总是那样幽默、活泼乐观。我忍俊不禁地说：“看你这个小机灵！”停了片刻，他又疑惑地问：“记者同志，你刚才说祝我三元及第是什么意思？”我在惊羡他勤学好问精神的同时，又怕有人说我向这个小青年灌输封建教育科举制度的功利思想，知道自己说溜了嘴，只好就便解释说：“就是祝你当上少先队员、青年团员，将来当上共产党员！”

民间单方　治病良药

⑯⑨

熊春祐在回忆文章中写了这样一件事：

赵阳城指挥长患重感冒好几天了，雷正兴为此事也愁眉不展了好几天。请来医生给指挥长打了针，开了药，病势就是不见好转，整天昏昏沉沉四肢无力。治沩战斗是有几万人参加的大工程，总指挥长病倒了，雷正兴心里怎能不急呢！

一天中餐时，我在食堂门口碰上了他，为他着急，便说：“小雷，莫紧张！有医生在，不会有什么问题的。”停了一会儿，我似有所悟地提醒他说：“我们群众中有个土方子，路边姜煮青壳鸭蛋，专用来治感冒的。”雷正兴一听，心里一亮说：“是呀，有一天与指挥长在严大娭毑家里坐时，严大娭毑曾讲过这个验方呀！但不知指挥长喝得下这种药不?”只见他转身往指挥长房间跑去了，不久便回来对我说：“老熊，指挥长愿意用这种土方试一试。但是，我不认识路边姜，你认识吗?”路边姜我是认识的，只是时值冬季，草木凋零，这时候恐怕找不到鲜药了。另外，这附近几千民工挑土筑堤，就是有这种药根，也早被挖掉或踩成泥巴了。尽管如此，我还是陪他到附近找了一遍，没有。便对他说：“小雷，这里找不到了。严大娭毑既然懂这验方，说不定会采了这种药存放在家，不如找她问问看。”听我一说，雷正兴拔腿就走，半个钟头后，他气喘吁吁地回来了，果然从严大娭毑家里要来了一大把干路边姜，手里还捧着三个大青壳鸭蛋。他把药和鸭蛋送进厨房，请李师傅帮忙煮好后，送给指挥长。路边姜没有多大杂味，指挥长一口气喝了一大碗药汤，还坚持吃了一个青壳鸭蛋。雷正兴待指挥长服了药后，扶他睡下，盖上了大被子。众人见指挥长睡下，便先后离开房间，只留下雷正兴在旁边照顾。

约摸一个钟头之后，雷正兴急匆匆地跑出来找刘医师说：“你快去看看，指挥长好像很不舒服。”他一嚷，众人一惊，我也紧张：莫不是吃路边姜出了问题？这方子可是我提供给雷正兴的呀！我心里一急，不知说什么才好，跟着雷正兴与大家往指挥长房间跑。到床前一看，只见指挥长面色苍白，一身汗湿，额上还有豆大的汗珠往下滚，呼吸紧迫，十分痛苦的样子。刘医生听诊后，迅速给他打了一针，又吊瓶输液。站在旁边的雷正兴心里着急，生怕领导出事，便急切地问：“刘医生，严重吗？要不要住医院?”刘医生说：“没大问题。赵指挥长患的是重感冒，闭了表，打针之后已经稳住了。刚才只是吃了草药开了表，猛汗失水，暂时虚脱。现在输了液，补充了水分和葡萄糖，就会好转。”没过多久，大家看到指挥长面色转红，病情转好。一场虚惊过去，雷正兴悬起来的一颗心终于放下，大家也松了一口气。指挥长睁眼看了看雷正兴，深情地笑了，小声地说：“小雷，再给我一碗路边姜汤喝，没有吃完的青壳鸭蛋也放在里面。”

在雷正兴的热心护理下，三四天后赵指挥长基本康复。一天，他突有所悟地说：“小雷，这路边姜煮青壳鸭蛋真是不花钱的良药呀，哪天我们得去谢谢严大娭毑，并请她以后多准备一些放在家里，急时也可给民工同志们治感冒。”雷正兴俏皮地行一个举手礼说：“是！我这就去办！”逗得我们都笑了。

我有义务照顾她

(170)

这又是刘大谨回忆文章中记载的一件事：

有一天，雷正兴来到《治沩工地报》编辑室问是否要带报纸下去。临走时，又把我叫到一旁，轻声而腼腆地问我：“能借两元钱给我吗？”我当时也没问他借钱干什么，给了他，他便走了。

过了几天，雷正兴领工资了，便把钱还给我。这时我才问他借钱干什么？他告诉我，前不久他下大队时，路经一个老娭毑家，发现她是一个无儿无女的老人，得了感冒，头痛发热。雷正兴见状，立即帮她买了一些消炎镇痛药。那回向我借钱是第二次去看望老人了。雷正兴当时笑着对我说：“那老人对我说：‘好孩子啊，你父母一定很喜欢你。’当我告诉她我从小就没有父母时，她又叹息地说：‘老天爷怎么没长眼，这样好的孩子，也这样命苦啊！’她是一个多么善良的老人啊！我有义务照顾她。”我听完他的话后，便说：“小雷，你才参加工作，工资不高，这钱就不用还了。”雷正兴听了，怎么也不肯，说：“你收入虽比我多，但你有负担，我是上无老、下无小、中间无弟妹。”说着，硬把钱塞进我衣袋里跑开了。

治沩工程模范

(171)

历经4个月奋战，治沩工程于1958年2月按计划胜利竣工。上堵石头口，下堵靖港口，开辟一条新河道，使沩水南移，由新康入湘江。沩水改道，从此水随人意流。全工程由国家投资105万元，群众投工

134.4 万个。新筑环形大堤 13.6 公里，改造合并堤线由原 122 公里缩短拉直为 41.8 公里，将新康、合益、朱家湖等垸与大众垸合成一垸，完成土石方 284 万多方，大堤保护面积达 20 多万亩，扩大耕地面积 1.43 万亩，并为治理团山湖、创建团山湖农场奠定了基础。整个工程效益可永久发挥防洪减灾作用。

在工程竣工时，雷正兴被评为“治沩工程模范”，并与指挥部领导成员合影留念（见图 17－3）。这次奖给雷正兴的印有“治沩模范”4 个红字的绒衣至今仍在雷锋纪念馆展出。

图 17－3　雷正兴 1958 年 2 月与治沩工程总指挥部领导合影（前排左一雷正兴）（据资料图片翻拍）

第十八章

在团山湖农场：驾驶拖拉机垦荒造田

其实，张书记也“真舍不得他走”

⑰②

治理沩水河胜利竣工，治沩工程总指挥部宣告撤销，雷正兴本来又可以返回县委机关工作，然而他却意犹未尽，又下决心朝着新的目标奋进。他知道县委已决定紧接着将沩水新堤围起来的团山湖荒洲垦殖为一个国营农场，还要使用拖拉机，因而他又缠着张书记等领导，再三要求转到团山湖农场当农业工人开拖拉机。原治沩工程总指挥部副政委李庆发被县委任命为团山湖农场党委书记、场长，原本就很喜欢雷正兴这个可爱的“小鬼”，只是碍于情面，不便明争。张书记是个用长远眼光关爱年轻人而又很体谅同事和下属诉求的人，只得割爱成全。这样，雷正兴如鱼得水，参加团山湖农场的开发建设，以其特有的热情和才情，实现了自己青春之旅的又一次重大新转折。

对此，1996 年 5 月 29 日，作家殷云岭在访问张兴玉书记之后写道：

张兴玉老书记提起雷正兴去农场开拖拉机的事，至今颇多感慨。他告诉笔者：“雷正兴一而再、再而三地提要求，写申请。我真舍不得他走。有些领导、同志也建议他‘还是在县委，跟张书记好’。同志们的这些建议是考虑他的个人前途。因为农场职工和县委通讯员相比，谁也看得出其中差别。而且，深得领导、组织信任的雷正兴，在县委的机遇可以说是如日东升。可他非要去开拖拉机犁田不可！”张书记进而评论说：“若是如今的县委工作人员，谁也不会要求下农场。这就是当代青年人与那个时代的青年人的思想距离……”

雷正兴以艰苦创业为荣，勇于担当，在治沩工程以及创办团山湖农场中作出了突出贡献，得到了前所未有的锻炼和成长。雷正兴在这两项建设事业持续近一年中的表现，与此前在县委机关当公务员的工作相比，不仅在其本职工作和生产劳动的各项表现更加出色、文化等方面的学习大有长进，而更为可贵的是，望城人民建设社会主义大胆实践第一线火热的锻炼与考验，激励着雷正兴的思想认识走向新的飞跃。

[173]

据《望城县志》记载：团山湖位居乌山乡东北隅，北濒沩水，东南临八曲河，因东南岸有个叫团山的小山头而得名。1957 年，中共望城县委、望城县人委作出《关于整治沩水尾闾及围垦团山湖的决定》，将八曲河改道南移至三汊河汇入沩水新道注入湘江，从而形成一片面积约一万四千亩的沼泽地。规划将其中一部分留作汛期调蓄洪水，将另一部分湖滩垦复作为农田。1958 年 2 月 21 日，“国营望城县团山湖农场”建立。调各社劳力 400 余人、动员下放国家职工（含干部）50 多名到农场劳动，干部编制 8 人，其中包括技术干部、工人。当年垦复湖滩 5800 亩，种植水稻 700 亩、甘蔗 400 亩、蔬菜 200 亩。同年 10 月下放五星（后改名乌山）人民公社管理。

当时，雷正兴本不属下放对象，但他自己再三提要求、写申请，张兴玉书记等县委领导只得应允。所以，雷正兴到团山湖农场后，虽担任农场拖拉机手，却一度属下放干部（职工）“机关小组”之列。6 月，下放干部先后由组织另行安排了各种工作，雷正兴则仍坚持留下来在农场开拖拉机。10 月又随农场的下放而去五星人民公社当通讯员。

捐款建拖拉机站

[174]

为加快团山湖农场的垦殖进度，县委决定帮助场里筹建一个拖拉机站。财政困难，望城团县委发出捐款倡议。县直机关干部和全县广大青少年积极行动，大家或几元、或几角，纷纷解囊响应。当时雷正兴工资不高，每月仅二十多元，他却慷慨捐献20元，成为全县青少年中捐款最多的一个。团县委为雷正兴特发一张捐款纪念证书，以资表彰。那天我到县里开会，遇见了好长时间未曾相见的雷正兴，我问他怎么能捐献这么多钱？雷正兴不以为然，还觉得捐献少了，他对我说："我平时节余得不多，工作一年多才节余这几个钱，如果节余得多一点，我会多捐献一点。"

时任县委副书记赵阳城在口述回忆《捐款见真情》一文中写道：

1958年春，治沩工程胜利结束后，县委研究决定将围起来的团山湖开垦成一个国营农场，让荒芜沉睡的湖洲地变成米粮仓，这一决定得到了上级的大力支持，分配给了一台拖拉机指标，并批准建立拖拉机站。在当时，由于新中国成立不久，百废待兴，经济困难，县财政也非常拮据，为了购买拖拉机与建站，团县委发出了捐款的号召。县直机关干部和全县广大青少年积极响应，雷正兴更是不甘落后。听到号召之后，马上就把自己进县委机关工作后一年多来积蓄的20元钱拿了出来，送到机关团支部，捐献给农场买拖拉机建站。

20元钱，现在看来算不了什么，可那时，雷正兴每个月的工资也只有二十几元钱。吃饭、穿衣、购日常用品，各种生活费都得靠这些钱来支付。平时他最节俭，舍不得吃好的，舍不得穿好的，把余钱一分一角地积起来。在捐款时，他的钱是用一块布包着的，里面有分币，有角票。他积这些钱，本来是想买床棉絮的，当时他盖的旧棉絮不暖和。在治理沩水河时，我就劝他买床新的，他说：

“正在积钱，准备明年（即1958年）买。”但当社会主义建设事业需要的时候，他却慷慨解囊，捐献了出来。在这次捐献活动中，雷正兴是全县青少年中捐献最多的一个，受到团县委的表扬。1958年3月22日，团县委发给他一张纪念证，证书上写着：

“雷正兴同志，为建立望城青少年拖拉机站，积极地开展了增产节约，勤俭办一切事业，热情的捐献人民币贰拾元正（整），特发予此证，以资纪念。”

县委领导同志知道了这件事，都非常高兴（见图18－1）。

图18－1　望城县团委发给雷正兴的捐款纪念证（据资料图片翻拍）

那时，我国第一个女拖拉手梁军的事迹令我们很受教育和鼓舞。在平日交谈中，我和雷正兴一样都有当拖拉机手的美好理想。记得大概是1958年初春一天，雷正兴兴高采烈地跑来告诉我：“健姐，好消息！你和我，就要成为县里第一批拖拉机手了！”我虽然早就盼望能学会开拖拉机，但感到他传来的这消息太突然，难以置信，就随口说一句：“你莫骗我。”雷正兴越发认真，几乎赌咒似地说：“骗你是小狗！”他拉着我去问张书记。果然有这回事。张书记说，办团山湖农场要培养几个拖拉机手，县里决定让你们两个先去。这下子，我们两个人都高兴得不得

了，互相表示一定要好好学习，决不辜负党和人民的期望。可是，过了一些日子，却只让雷正兴一个人去，说是西塘的生猪饲养工作离不开，要我留下来。没有法子，我只好继续养猪。雷正兴也安慰我，叫我莫急，以后会有机会的。说来也巧，两年多后，1960 年初，我确实也能开拖拉机了，不过不是在望城县，而是在湖南农学院读书期间，在国营大通湖农场劳动教学中学会的，这时雷正兴已经参军了，记得我还把这个消息写信告诉过他。这是后话。

第一位拖拉机手

[175]

雷正兴走马上任时，团山湖农场只有两台拖拉机。一台是从省农科院借的旧拖拉机，三个机手是从澧县借调的。另一台是新购置的“德特-54 型”拖拉机，由雷正兴负责驾驶。雷正兴拜随车来的机手陈师傅为师。陈师傅性格内向，脾气犟，不爱答理人。雷正兴恭敬、老实而又特别用心地当学徒。每天出工雷正兴快步走在前，师傅还在吸烟，他就按师傅指点，细心地做好擦车、注油、紧螺丝等各项准备工作，休息时给师傅敬烟、端茶，收工回来很快就给师傅打来了热水洗脸泡脚。从而很快感动了“上帝”，陈师傅一改其古怪脾气，极为热心地给雷正兴传授驾驶技术。在拖拉机驾驶台，雷正兴坐在陈师傅旁边，全神贯注地看着师父怎样操作，怎样握方向盘，怎样转弯，怎样发动汽油机，怎样加油门、推离合器……雷正兴对师傅讲的驾驶知识一一听记在脑子里，对师傅的每个驾驶动作都仔细观摩，对照《学员手册》上写的技术规范和说明认真领会，融会贯通。这样学习了一个星期，3 月 9 日在收工返回的路上，陈师傅高兴地拍着雷正兴的肩膀说：“小雷，明天试车吧！”

3 月 10 日上午，在场里众多人见证下，雷正兴现场试车。拖拉机驾驶台有正副两个座位。平时，陈师傅坐正位，雷正兴坐侧边副位。今天，互换了位置，雷正兴坐到正位上来了。雷正兴按照师傅的精心指点，克服紧张心理，沉着冷静，掌握要领，握好方向盘，一试再试。这样经过几个回合，拖拉机终于乖乖地听使唤了。雷正兴得心应手地操作着拖拉机牵引的五铧犁在团山湖农场的荒原上犁耕出了五道笔直的泥浪，标志试车成功，雷正兴成为望城县第一位拖拉机手。当晚他在熊春祐的指导下把自己学习的心得和成功的喜悦写成一篇题为《我学会开拖拉机了》的文章，刊登在1958年3月16日的《望城报》。兹照录如下：

团山与杲山之间有一个大湖——团山湖。它纵横六七里，湖草丛生。人们形容这里土地肥沃，说是有5尺深的肥料。湖的周围去年围起了一道新的大堤，那弯弯曲曲的八曲河，再不能穿过湖中间了，只能顺着新堤往下游流。一个新的国营农场在荒洲上建起来了。还有“铁牛”在荒地上奔驰着。这里有300多勤劳勇敢的农场工人在歌唱今天的幸福，歌唱劳动的愉快，歌唱美好的未来。

3月10日，是我永远不能忘记的日子！这天，我第一次学会了开拖拉机。心情是何等激动呵！

我7岁时父母双亡，变成了一个可怜的孤儿。那时，在国民党反动统治下，只得给地主放牛，吃不饱，穿不暖，经常挨打挨骂，过着牛马一样的生活。

自来了人民的救星——共产党，把我从火坑中拯救出来，送我上学，给我吃的穿的，把我培养成为一个有一定知识、觉悟的青年；使我于1956年投入革命的怀抱（在县委会当通信员），并在1957年2月加入自己光荣的组织——共青团。

今年1月底，团县委号召建立望城第一个青少年拖拉机站，接着又看见农学院的拖拉机来支援团山犁田，我多么想当一个拖拉机手！我就把节约下来准备做被子的20元钱，全部捐献了，只想拖拉机站马上建成就好。

这次，党批准我到农场来，我真是高兴极了。2月26日，我光荣地走上劳动战线——到了团山湖农场，学习驾驶拖拉机。

当我第一次爬上拖拉机驾驶台学习的时候，我真高兴得要跳起来。我坐在驾驶员的身边，专心地看他们怎样操作，怎样转弯，怎样发动汽油机……老陈一面驾驶，还一面告诉我操作方法和各部分名称。我一点一滴都记在脑子里，并写在日记上，这几天，我总是睡不着觉，起来又去学习就好，只想早一日学会，早日为祖国出一点力量。

学习了一个星期，懂了一些操作方法和基本知识，老陈就要我试验驾驶。他真的让出座位，站在一旁指点我。我一坐上驾驶台，心跳得很。生怕开不动，别人会讥笑；只怕没有力，转不动方向盘；还怕刹不住车，就更糟。我的心情既紧张，又快活，手脚都不由自主地颤抖起来。老陈对我说："不要怕，要放勇敢些！"这时，我才把油门加大，把联合器向上一推，拖拉机嘎嘎地开动了。可是，拖拉机总不听我的指挥。走弯路。开了一会儿，我不怕了，心也跳得不那么厉害了，手脚也慢慢地不发抖了。这时，拖拉机也听我的使唤了。在这个时候，我的心情又是多么喜悦呀！我回头望望，看到那可爱的肥沃地，很快地被犁翻了，仿佛看见了一大片绿油油的可爱的庄稼。

今天，真有很大的收获，过得真有意义。下班以后，脑子里一个转又一个转地想着。吃饭的时候，还好像坐在拖拉机上似的，不停地摇晃着；拿着筷子，像握住拖拉机的操纵杆一样，随手拽动；两只脚像踏在"刹车"和"油门"上，自然地踏动着。我在想，今天这样幸福，不是党的培养，又是哪里来的呢！

我一定要以实际行动，来报答党对我的亲切关怀和照顾。一定努力钻研，勤学苦练，克服一切困难，忘我地工作，争取做望城县的第一个优秀的拖拉机手。

要真正成为一个开拖拉机的内行

(176)

雷正兴没有以一次试车成功为满足，他给自己定了新的更高的目标。他在继续虚心向陈师傅请教拖拉机驾驶技术和经验的同时，进一步废寝忘食地抓紧时间学习钻研相关各项技术知识。他把拖拉机的结构基本原理、主要部件名称、性能、驾驶规划、注意事项等等，详尽摘录在笔记本上，认真理解，反复默记。对其中的15条驾驶规则，雷正兴能一字不差地背答出来。时任团山湖农场办公室干部方湘林在回忆文章中写了他亲历亲见的一件事：

1958年4月的一天，艳阳当空，清风习习，团山湖农场里，各种野花竞相开放，彩蝶翩翩，阳雀声声。吆牛声，拖拉机的马达声，职工们的谈笑声，融成一片。春耕已进入高潮，农场充满了新春活力。

上午10点左右，我沐浴春风，身披霞光，到三工区有事，路上正好碰到职工们工间休息。职工们三五成堆，有谈农场劳动感受的；有天南海北摆“龙门阵”的：也有一些青年人索性躺在芳草地上，享受着艳阳暖风的温馨。我用目光搜索着雷正兴，那不是吗！他正靠着土坎低头看什么书。我们是老熟人，我便悄悄走近他，一把夺过他手中的书说：“看什么书？”

小雷一惊，空着两手说：“不是书，是日记本。”我这才留神，一看果然是一个书本大小的红皮日记本，上面印着“奖给治沩功臣模范”，中间有工农兵浮雕像，下面还有一行小字：“望城县治沩工程指挥部，1957年12月。”日记本做得精巧。我笑着说：“嗬！写爱情日记啰！”雷正兴也笑着说：“你看吧！”我果真打开日记本看，希望真有爱情日记，可仔细一看，写的全是政治与技术方面的内容，如下放干部开会记录，自己在会上的发言提纲，拖拉机性能、拖拉机驾驶规则等等。

我怀着敬佩之情说：“小雷，我真服你了，工作这么辛苦，还抓紧学习。你是想当伟人呀？”

雷正兴说：“我是在默记拖拉机驾驶规则，要开好拖拉机，这些规则不记清是不行的！”

我又翻开他的日记本，找到他说的规则，一数共有15条。小雷说："老方，你来考考我，看我记得准不准？"

我笑着说："行！我点一条，你背一条。先背第5条！"这一条是谈安全第一的，我想帮他树立安全意识。

"5. 在检查油位时要用量油尺，在任何情况下不许为了照明而将火移近油箱。"

"第13条呢？"我还想考考他的驾驶常识。

"13. 拖拉机成纵队工作时，要距离20～25米。"

"好啦，小雷可以得满分，你记得真准。"

"这算什么！开拖拉机是门很深的学问。要做到能驾驶、能保养、维修，能节油，这就不容易了。今天我记住了规则，还要进一步掌握理论知识真正成为一个开拖拉机的内行。"

我看自己呆久了，忙站起身来说："小雷，祝你成功！"雷正兴也一跃而起，又摆弄他的拖拉机去了。

⑰⑦

雷正兴原本心灵手巧，再加上勤学苦练肯钻研，他的驾驶技术提高得很快。才只有一个多月，他不仅拖拉机开得又好又快，而且还掌握了某些维修技术，甚至还能用土办法解决一些难题。四月的一天，雷正兴发现拖拉机气缸垫烧坏了。气缸垫是夹在气缸体与气缸盖之间的垫片，用以使缸体与缸盖弥合紧密防止燃油泄漏，否则，内燃机起动不了，拖拉机就无法工作。令人为难的是，备件用完了，县里又没有零配件商店可买。雷正兴动动脑子，决定找人用土办法解决。他不顾已时近黄昏，跑了5里路，到县城请来了会刻字的李师傅。他从工棚里拿出了一块厚约5毫米的长铜片，请李师傅照着一块满是大洞小孔的样品用铜片刻凿新用品。李师傅积极配合，拿出自己的好手艺，在煤气灯下突击刻制。干到晚上11点钟左右，几经修改、调试，一块手工刻凿的新气缸垫终于制成。雷正兴熟练地用已经精心擦洗过的气缸加上新的气缸垫和各种零部件重新安装好，跳上驾驶室一试车，拖拉机又突、突、突地响了，能像往常一样欢快地奔跑。

吃饭低标准劳动高标准

(178)

据熊春祐的回忆文章记载：团山湖农场根据当时的情况，提出了“当年开荒，当年受益”的战斗口号。为了加快开荒速度，每台机子每天要加班四至五个钟头，机手劳动量大，体力消耗大，而伙食比较差，有时连青菜也吃不上。为了改善机手的生活，农场领导决定另开小灶，每餐增加一点荤菜。这个小灶只优待机手，领导干部和农场普通职工一律吃大食堂。雷正兴起初是学徒，自然和我们一道吃。

雷正兴试车成功后，开车的事大部分落到了他的肩上，到了 5 月份，加班加点，几乎是日夜奋战了。

这天吃饭时，小雷又和我们一起吃腌菜汤。场长李庆发说：“小雷，你是机手，你和师傅们一起吃吧，我已经跟食堂打了招呼，你现在就去!”我也打着边鼓说：“这一向也真够你辛苦的了，李场长叫你去，你就去吧!”小雷笑眯眯地说：“我和大家在一起吃惯了，我就在这里吃算了!”在驾驶拖拉机这段时间，他始终和我们一起同甘共苦，没吃过一天优待餐。

团山湖农场有一万多亩荒地，雷正兴恨不能一口气把每寸荒地都开垦过来，种上绿油油的庄稼。在那些日子里，雷正兴驾驶自己心爱的“铁牛”，夜以继日地在荒原上奔驰，从不知苦和累。为加快开荒进度，每餐吃饭三扒两搅，放下碗又赶着去开拖拉机。在雷正兴的影响和带动下，场里两台拖拉机都你追我赶出满勤，加快进度，提高工效，按照场里的垦殖规划，将荒地一片一片地耕整成棋盘似的良田。从而争得了按农事季节将大片大片新开的农田插上水稻、种上了高粱、甘蔗以及多种蔬菜，为实现“当年开荒、当年受益”的目标创造了条件。

抽闲到生产队学犁田插秧技术

(179)

在团山湖农场，雷正兴是驾驶“铁牛”的拖拉机手；同时，对使

牛犁田也很感兴趣，自己抽空到生产组拜师学习犁田插秧技术。据当时场里三工区生产组长莫慎之在口述回忆文章中记载：

当时，我在团山湖农场第三工区生产组当组长，全组十多人都是二十岁左右的小伙子，没有生产经验，加之劳动繁重，生活艰苦，有的人就动摇起来想回家；有的人吵着要去学开拖拉机，一天，一个小伙子走进我们宿舍，他圆圆的脸上露出亲切开朗的笑容，人显得很精悍活泼，大家认出他是农场的拖拉机手雷正兴。他热情地说："现在旱地快翻完了，拖拉机上事情少一些了，我请求下生产队来劳动锻炼。"他那种不回避艰难困苦的精神给了我们很大鼓舞，大家的劳动热情高起来了，也没听到谁再吵着要去学开拖拉机了。我的文化水平很低，连家信都不会写，就下决心学习。雷正兴热情地鼓励我、帮助我，还谦虚地说："在生产上我还外行，要向你学习。"确实，他在生产中处处刻苦学习，严格要求自己。莫看他是开"铁牛"的人，对传统牛耕技术也很感兴趣。那时我是犁田插秧的能手，插秧时他跟我并排插，看我怎样握秧苗、使力。犁田时，他跟着我的犁走，看我怎样握犁头、翻泥块。他很快掌握了犁田插秧的技术。他下田时，脚掌被泥里的小蚌壳划破了，被冷水一浸就红肿起来，大家不要他下田，他坚决不肯。他还抢着挑秧苗，挑着沉重的担子，在田埂上不时被滑倒，浑身湿淋淋的，但他干得很欢。同时，他还种了两块试验田，他那试验田里的高粱长得比周围的都要高大。

在抗洪抢险第一线

(180)

1958年天不作美，从4月底直到5月中旬，大雨几乎下个不停，降雨量高达414.9毫米，为当地历年来降雨量最多的一次，湘江、沩水河水位一直在警戒线以上。新修的沩水河大堤和国营团山湖农场首当其冲，如有闪失，沿堤内外广大垸民和农场自身的生命财产将遭遇难以估量的损失。对此省、地、县防汛指挥部高度重视，周密部署，严阵以待。在高洪水位期间，雷正兴按照李庆发场长部署，把两台拖拉机包括五铧犁等物都拉到杲山庙前的高坡地上，暂停垦荒作业。这个时候，雷正兴当然闲不住。经积极争取，雷正兴被安排到农场防汛指挥部担任一些机动性的工作。

雷正兴在抗洪抢险斗争中不畏艰险，哪里需要、哪里有险情，他就出现在哪里，为抢救国家财产，为保护人民群众生命财产安全、减轻洪涝灾害损失作贡献。有这样几个事例给大家留下了很深的记忆：

⒅

其例之一，抢运甘蔗种。

据时任团山湖农场民兵队副队长李湘梅回忆：那天，洪水以每小时5公分速度猛涨，眼看停放在河滩上的甘蔗种株有被洪水吞没的危险。下午四点多钟，雷正兴主动前来配合我带领一、二工区的20余人突击将甘蔗种株往高坡地转运。天快黑了，人手不足，他又建议我把第三工区的职工调来支援，并主动担负通知任务。雷正兴摸黑过河渡水，只用了几十分钟，就将两公里之外的第三工区40名职工火速调来参战。洪水越涨越高逼近甘蔗种株堆，雷正兴带头站在风浪口和一工区的职工靠拢，手挽着手，排成人墙顶住风浪，二三工区职工加紧抢运，奋战至深夜十一点多，终于圆满完成了甘蔗种株突击转运任务。

⒅

其例之二，勇塞涵管。

据时任团山湖农场防汛指挥部副指挥李湘梅回忆：五月上旬的一天，我们正在吃午饭，突然接到巡查队的报告，篦子塘的涵管穿了，河水灌进团山湖大垸里来了。汛情就是命令，大家都把碗筷一丢，立即赶赴险区。只见浊黄的河水，从河堤底部冒出来，向稻田冲去；再看那河面上，在涵管处形成一个箩筐大的漩涡，从江面上漂流而来的杂草和树枝一到这里就钻入漩涡，再也不见出来。情况十分危险，必须马上堵塞涵管。我喊道："技术队，技术队！"没有人应。旁边一个同志说，技术队还没有通知到。我把同来的人打量了一下，有雷正兴、周树生等十来个人，立刻命令他们赶快向这里搬运抢险器材。于是雷正兴就带领大家忙开了。有的灌草袋，有的运木桩，有的抬扮桶……

塞涵管是一项极危险的抢险工作。塞管人必须潜入三四米深的水底，用灌好泥土的草袋塞住管口，稍有差错，人就有被吸进涵管里去的危险。因此塞管人不但要水性特好，还得有熟练的塞管技术。现在技术队还没赶到，怎么办呢？我十分着急。这时，雷正兴自告奋勇地说：“我来！”说完就“扑通”一声跳入水中。一个浪头打来就把他盖住了，好一会才露出水面，连呛了几口水。我发现他的水性和我一样不好，便大声疾呼：“雷正兴，赶快上来，危险！”站在我身边的周树生见雷正兴如此勇敢，也勇气倍增，将上衣一脱，说声：“我是水上长大的，让我来！”旁边还有几个要下水的，我连忙拦住：“够了，下水的人不能太多！”我又对雷正兴说：“你千万不要到漩涡边上去，就在水边递木桩好了。”我们又把扮桶放下水当船使，叫一个人站在桶内打桩。技术队的同志已闻讯赶到，大家一齐动手，很快就在涵管的入口前面钉上了包围桩。将装满泥巴的草袋投下，由潜水工下水塞管，终于将涵管堵住，险情已经排除了。

在回家的路上，我不停地批评雷正兴，说他盲目蛮干，这是拿生命开玩笑。雷正兴很不好意思地低着头，任凭我如何批评，总不还嘴。但他那种无私无畏的献身精神，令我口头上虽然是批评他，但在内心里则对他怀着敬佩的心情。

(183)

其例之三，暴风雨之夜溃堤后智勇带领50多人出险区。

据时任团山湖农场场长李庆发1993年7月口述回忆文章记载：

1958年汛期，在团山湖农场防汛抢险中，工作量最大的要算排渍和挑堰峰。为了使防汛、生产两不误，开头一段时间，我没有安排雷正兴上堤防汛，只要他和师傅们继续垦地开荒。但雷正兴一下班就来到河堤，不是挑土，就是车水，忙个不停，像个不知疲倦的人。他很活跃，同志们很爱逗他唱歌。他也不推辞，说唱就唱。他唱的歌词，有的是“捡”来的，有的是自编的。我记得他曾经唱过这样一首歌：

垅中清水似汪洋，
英雄排渍日夜忙。
稻田绿遍水排尽，
活活气死老龙王。

这首歌对大家鼓舞很大，激发了同志们战天斗地的劳动热情。

由于汛期长，河堤泡水时间久，后来堤身开始发软，堤基到处发生渗水现象，险情也不断发生。

5月12日，我接到县防汛指挥部的电话，说今晚还有更大的洪峰到来，各垸要积极做好防汛准备。农场防汛指挥部立即开会，布置了晚上的防汛工作。这天黄昏，雷正兴又跑上河堤，投入挑土筑堰的战斗。我一眼瞥见他，忽然想起一件事来，连忙问道："小雷，拖拉机停在哪里？"小雷说："我们计划今晚要开夜班，就停在四工区的坪塘围下面。"我琢磨着：这个鬼天气，万一堤垸溃，两台拖拉机淹坏了可不行。便说："现在要作最坏的打算，你去通知农科院的李师傅、黄师傅，说今晚不要开晚班了，把两台拖拉机，包括五铧犁都拉到杲山庙前的高坡上，等过了今晚再说，你快去！"雷正兴拔脚就跑。随后，我又命令全体干部职工（包括炊事员）都上堤通宵值班。

雷正兴把拖拉机安排好以后，立即赶回堤上参加防汛。开始，他看到挑土堰峰的任务比较艰巨，就参加挑土。后来，闸子口附近的堤段出现险情，为了防浪护堤，几十个职工正紧张地捆扎防浪排，忙不过来，雷正兴又主动参加了扎排的工作。

深夜1点40分，忽然一阵北风从河对面吹来，掀起了一个个恶浪，朝团山湖大堤扑来，新堤经不起洪水冲击，突然堤身一阵阵发抖，我和雷正兴所站立的大堤被撕开了一道裂口。"不好，要溃堤了！"我全身一震，马上组织堤上的职工堵口。有的架木条，有的填土，有的挡门板。但是，裂口越撕越大，无论我们怎么努力，也无法堵塞了。就在这时，我感到堤身已在移动，后面有位同志将我猛力一拉，我退了好几步，脚下的泥土猛烈崩塌。大堤被拦腰冲开一个大溃口，将我和雷正兴一东一西分隔开来。雷正兴还想挑土堵塞，但因溃口大、水流急，塞土已无济于事，只得撤退避险。

这样，我只得在东边隔着大堤溃口向西边断堤上大声疾呼："小—雷，快撤退，你千万要做好那边民工的工作！"风雨中听到雷正兴回声："知道了——"凶猛的洪水像出洞的蛟龙，怒吼着，咆哮着，以排山倒海之势冲向田野，堤上的人向两边撤退，溃口的洪水把我和雷正兴那一边堤上一、四工区的几十个人隔得越来越远了。堤岸上乱成一团。大家都担心朋友、亲人、同志出事。我心中一阵隐痛，党和政府交给我的任务没有完成好，感到对不起党，对不起人民。我真想大哭一场，但我又想到自己是场长，是指挥员，在关键的时刻最主要的是沉着、冷静。想到这里，我振作精神，转向同志们说："同志们，别担心，小雷他们不会有事的。现在我们一方面继续观察大堤安全，同时还要注意自身的安全，抓紧时间休息，恢复体力。我设法向县委汇报情况，请求派救生船来。"在场的干部立刻分头出发到各工区清点人数，组织力量加强巡逻。

天亮了，雷正兴和一、四工区的几十名职工还没有回来，我十分焦急。一直到上午八九点钟，他们才满身泥浆赶了回来。雷正兴见了我，像孩子一样扑到我的怀里，紧紧地抱住我，用沙哑的声音叫道："李叔叔，我回来了！"我深知他这时的心情，大难之后，这个孤儿多么想念他的亲人啊！我搂着他，抚摸着他的头，含着热泪说："孩子，你受苦了……"

后来，我才了解到雷正兴在那暴风雨之夜，为群众做了很多很多的好事。河堤溃决以后，隔在溃口西边的有50多人，其中有一工区的，也有四工区的，大部分是从山区来的农业社社员，乍见洪水心里紧张。雷正兴带着他们沿着大堤撤退，想绕到徐家桥、周家坝，经下塘铺、刘家山，迂回20多里往回赶。跑了约两三里路，突然前面人声鼎沸，队伍停止了前进。原来前面大堤上的子堤也被洪水冲毁，切断了前进的路。大家没有安全感，乱得很。这时雷正兴马上安慰大家说："社员们，职工同志们，目前，我们虽然前无去路，后无退路，但还是很安全，因为河堤两边都有水，堤身受的压力均衡，再不会发生溃堤的危险了。”大家听了情绪渐渐地安定下来。他继续说：“我们的处境，场长和其他领导同志是知道的，是会千方百计来营救我们的，只要我们互相照顾，坚持到天亮，我们是一定能胜利脱险的。”大家信心更足了，团结互助，迎接黎明的到来。雨停了，风也小了，天一亮县委就派来了小火轮，把同志们救出了险区。

驯服小黄马

[184]

1958年春天，团山湖农场刚建立的时候，买了两匹马，一匹是大白马，另一匹是小黄马，用来拉犁种旱粮。当时场部在杲山庙里，马厩离庙门口不远，请了个老大爷负责饲养。雷正兴是个见了什么都想学的人，自然对骑马发生了兴趣，且终得如愿以偿。对这件事，雷正兴的好友胡道明在回忆文章中作了生动记述：

开始，负责看马的老大爷不许雷正兴学，怕摔伤了他。有一天，雷正兴便乘看马的老大爷不在时牵来小黄马偷着学骑马，被小黄马狠狠地摔了一跟头。看马老大爷回来听说此事，气得吹胡子瞪眼睛，闯进场部，一状告到了团支书孙建华那里。其实，孙建华晓得雷正兴喜欢学骑马，并曾经问过他：“你学骑马做什么?”“多学一门本事，就能为党为国家多作一份贡献。”雷正兴回答得蛮有道理。因此，孙建华也就没制止他。眼前，为了安抚看马老大爷，不得不当着老大爷的面批评了雷正兴几句，还让雷正兴向老大爷作了检讨。老大爷一听，气就消了。

自农场买来了两台拖拉机后，两匹马“失业”了。农场的青年职工们好玩，都想学骑马。一天工余，大家牵来小黄马学骑马，可是，小黄马性子烈，不听使唤，上去一个，摔下一个，没人能骑得上去。在旁边的雷正兴心里痒痒的。跨上前几步说：“让我来!”他勒住马缰绳，纵身一跃跨上马。雷正兴骑在马背上心里甚是得意，望着众人一笑。谁知小黄马也不是省油的灯，非要再摔他个跟头不可。只见它向前猛跑几步，急转几圈儿，骤然来一个直立，悬空颠起的雷正兴直落马下，幸亏地上草软，不然难免大家笑不起来。

在众人的笑闹声中，雷正兴爬起来，一瘸一拐地边走边不服输地发誓："你们不要笑，我非学会骑马不可！"笑闹完了谁也未把他这誓言当真，因为这纯是一种娱乐，用不着当真。可他却用了真功夫：谦恭地请教告过他状的老大爷，并讲述了几次挨摔的细节，老大爷已开始喜欢他，觉得这个小子实在有趣，待人有礼貌，又好学上进，便道出了玩马的经验："是马三分龙，性子都烈。烈是烈给生人的，对与它一面不识的人物，一来就想骑它于胯下，它心里烦得很，口里又说不出，不想法儿摔你个脆的才叫怪呢！你要想骑它，就要讲交情：就像处朋友一样，关心它，养护它，'羊马比君子'嘛！除了是个哑巴，心理与人一样！"

听了这番话，雷正兴受了极大的启发：这是一种处世经验，你要得到友爱，就要付出友爱。你要得到感情，先要付出感情。对马、对鸟、对人概莫能外。从此以后，他每天利用休息时间，牵着小黄马去吃草，帮它梳毛，和它拉话，照顾它饮水……不久，他和小黄马处成了朋友，小黄马眼光之中都带了感情，好像在鼓励他跨上背来。

在一个落霞通红的傍晚，雷正兴又一次跨上了小黄马，小黄马小心翼翼地踏上绿色的草地，沿着小河走起来，火红的夕阳映在水中，小黄马和雷正兴也映在水中。在几次回头看过它的骑手之后，小黄马开始慢跑，颠出了节奏，颤出了舞步。在这样的时刻里，他与他的小黄马成了一对心心相印的舞伴：他随着它的节奏颠颤，它随着他的心思起舞；在这样的绿草滩上，他想起了小说中的苏联大草原，想起了挥舞战刀的钢铁战士……

下班的农场工友们发现了，兴高采烈地喊叫、欢笑追着观看。雷正兴温柔地牵动着缰绳，马儿转起了圆圈了，"驾！"他吆喝一声，马儿迅跑了，他感到自己悬浮在晚霞燃烧的湖空，晕晕地、款款地飞起来。一群水鸟不是被惊飞而是在赛飞，他真正地激动起来，激动了就想唱一唱，要唱就唱当时的流行歌，顺口唱来，竟与此情此景貌合神融：

蓝蓝的天上的白云飘，
白云下面马儿跑。
挥动鞭儿响四方，
百鸟齐飞翔。
要是有人来问我，
这是什么地方？
我就骄傲地告诉他，
这是“我们的农场”……

这最后一句，是雷正兴将“这是我的家乡”原词即兴改唱的，大家都为他的机灵与潇洒鼓掌。

团山湖农场有5个工区，以前场部的通知和信件是靠派人递送的，雷正兴学会骑马以后，主动向场领导要求把全场传递通知和信件的任务交给他。从此，雷正兴不但每天要驾驶拖拉机翻耕荒地，而且常常骑着小黄马奔驰在农场田野和大堤上，把农场文件通知和个人信件及时传递到各个工区及一些生产队和个人。

他被评为全县下放干部先进生产者

(185)

在1958年下放团山湖农场劳动锻炼的干部和职工中，雷正兴的表现是很出色的。当年由望城县银行营业所副主任而下放到团山湖农场三工区任队长的李治廉1993年5月写的回忆文章有这样的记载：

为了大办农业，加强一线领导，县委决定下放部分机关干部。决定一作出，机关干部积极响应，有些还递交了血书。1958年2月底，干部分期分批下到各乡、各农业社。我与26名同志下放到国营团山湖农场。我们的分工各不一样，有的垦荒造田，有的养猪养鸭，有的养蚕养蜂。雷正兴也属我们机关下放干部小组，他的任务是驾驶拖拉机垦荒。

我分配在第三工区垦荒造田。第三工区的荒地大部分是八曲河故道。这里地形复杂，有许多沼泽地，淤泥没腰，甚至没顶，拖拉机常常遇险陷于泥沼中。遇到这种情况雷正兴他们就够辛苦了。我们也都放下手里的锄耙工具，找来撬杠、粗索，将稻草铺在拖拉机轮子下面，拉的拉，撬的撬，大家齐心协力将拖拉机从陷阱里拖出来。这种情形不知遇到多少次。后来雷正兴摸索出了一个防止陷阱的办法，每开垦一片新荒，便先行勘测，用小竹竿标记，这样拖拉机入陷阱的事就没有发生了，垦荒的进度也就更快了。

4月底，县委《关于对下放干部劳动锻炼教育工作的意见》印发下来了。我们按照县委的规定，劳动中坚持了政治学习、文化学习，过组织生活。雷正兴在劳动和学习中表现都很出色，在农场干部会上，领导多次表扬他。

5月底，县委决定，对下放干部的工作进行一次总结。团山湖农场党委按照到县委部署在场部召开了一次总结评比会。会议由场党委书记、场长李庆发主持。他向大家传达了县委拟定的评比条件：比劳动，比政治思想，比生活艰苦朴素，比群众关系，比社会活动。经过充分酝酿讨论，大家首先提名雷正兴为先进，并推选他为全县下放干部先进生产者。

6月6日上午9时左右，望城县下放干部总结表彰大会在县委大礼堂隆重举行。雷正兴作为下放干部先进生产者代表在会上发了言。他深情地说："我从小就是一个孤儿，是完全吃党的乳汁长大的。几年来党不断地培养教育我，让我进了县委机关，从此我有了温暖的家，并在1957年加入了光荣的组织——青年团。党又把我送到农场锻炼培养，并安排我学习驾驶拖拉机，为社会主义建设贡献青春和力量。在党的无微不至的关怀下，在同志们的热情帮助下，我取得了一些成绩，有了一定进步，我非常感谢党，感谢同志们。"他发自肺腑的讲话，不时被热烈的掌声打断，最后他向大会表示了决心："我一定听党的话，跟党走，在劳动中锻炼成长，走又红又专的道路，做无产阶级坚强战士。"

总结大会后，下放干部先后由组织安排了不同的工作。不久，我被安排到铜官信用社，以后再也没见过我们下放团山湖农场的先进代表雷正兴。但是他在总结大会上的发言，却令我终生不忘。

功业千秋

⑱⑥

就其建制而言，团山湖农场自建立至下放公社，其存在历史约8个月左右，但作为一处农业园区，则自围垦成垸以来，在建设中不断完善、发展，其前景未可限量。

资料显示，在1958年垦复5800亩的基础上，20世纪六七十年代，乌山公社团山大队青年队又有一批批男女青年，踏着雷锋的足迹，把适宜开垦的荒地开垦成农田，进行田园化建设。团山湖从此再也不是普通意义上的汪洋一片的“湖”了，而是有湖、有田、有路、有林、有村落、人寿年丰的社会主义新农村（见图18－2）。

图18－2　胡庆云（中）、冯正其（左一）向作者（右一）介绍当年治理沩水垦殖团山湖农场往事（谢冯哲2012年9月摄）

“喜看稻菽千重浪，遍地英雄下夕烟。”

2012年9月下旬，我与雷正兴当年在县里工作时的同事冯正其、胡庆云等驱车沩水大堤，在团山湖村、杲山庙一带寻觅雷正兴当年留下的足迹，亲眼目睹眼前新农村的壮丽景象，不由得想起了当年雷正兴在团山湖农场劳动时写的诗篇《南来的燕子啊》中的诗句：

红旗插在社会主义的农场，
到处是谷满仓，鱼满舱，
祖国又添了一个“鱼米之乡”……

第十九章

学习·读书·作家梦

我现在太需要提高文化水平了

⑱⑦

雷正兴在望城正式参加工作为期仅两年。然而就在这短短的两年中，这个时年不足 18 岁的贫苦孤儿出身的“小雷”，在县委机关、在治沩工地、在国营团山湖农场、在抗洪抢险第一线、在他跟随张兴玉书记下乡检查指导工作和蹲点劳动生产所去过的每个地方，他都给领导、给同志、给同事、给友人、给与之打交道的知名或不知名的许许多多的人留下了那么多美好的而难忘的印象；他的那许许多多看似平凡细小的事迹，则使人们倍觉“身边的感动”，因而有口皆碑。究其所由产生的原因，无疑乃诸多因素使然。而大量事例表明，其中极为重要的因素之一即是雷正兴热爱学习，爱好读书，是一个优秀的“学习型”青年，是自学成才的典范。他废寝忘食、锲而不舍地看书学习，且学以致用，从而得以提高了文化水平，获得了知识与智慧，进而日渐提高了自己的思想认识水平和工作能力。

雷正兴参加工作前只有高小文化，深感要做好工作，必须提高政治觉悟和文化知识水平。因此，他发扬“钉子”精神，在工作之余，自觉抓紧时间看报读书，学文化、学政治、学科技知识。即如前述，在张兴玉书记的启发下，为互相帮助，促进学习，记得我们在 1956 年初冬认识不久，即在一起商议了一个学习计划，到商店里买了笔记本，把不认识的字、不懂的词句以及学习心得写在上面，互帮互学。我们虽然都只有高小毕业，但雷正兴见我毕业比他早，年纪比他大，参加实际锻炼比他早，因此，他提出这个那个问题问我，有些问题我也弄不懂，就去问别人。我感到雷正兴天资聪颖，在学习上特别虚心，自己不明白的地方总喜欢打破沙锅问到底，一直到弄懂为止，因而学习提高很快。

⑱⑧

当初经张兴玉书记特许，雷正兴到县委机关报到后不久，即被县委机关干部业余文化补习学校破格吸收参加初中班的学习，这对雷正兴无疑提供了极为可贵的学习条件和机会。2012 年 12 月 13 日，当年曾在县委机关干部业余文化补习学校担任专职教员的彭固善，与笔者面谈时，讲到当年雷正兴在校学习情况记忆犹新（见图 19－1）。

图 19－1　彭固善老师（右）向作者谈当年雷正兴在县委机关干部业余文化补习学校学习往事（谢冯卓 2012 年 12 月摄）

彭固善老师回忆说：

1956 年至 1957 年这段时间，雷正兴曾在望城县机关干部业余文化补习学校学习，我教过他的语文，也教过他的数学。那时我们都很年轻，我虽说是老师，也仅比雷正兴大三岁。我们学习在一起、生活在一起、娱乐在一起。但在学习上，则一点也不马虎。雷正兴要到夜校学习的愿望很强烈，到校以后学习表现特别好。

记得那天中午，雷正兴来补习学校找我。他先自我介绍一番。我听后，明白他是新调来县委机关工作的，因文化基础差，想中途插到干部业余文化补习学校学习。我考虑这期书已教了一半多了，怕他赶不上班，劝他下期再入学，没料到他不同意，说："早学一点知识就早掌握一点为人民服务的本领嘛！"他在感叹中带着恳求："我现在太需要提高文化水平了！前面教过的内容，请你课外给我补一补，好吗？我自己再加油，争取赶上来！"我很钦佩这个好学习的小伙子，听说张兴玉书记也同意了，我也就当面答应了他的要求。他认真地填了报名登记表，我记得他写"雷正兴"三个字，写得斜斜的，但很清晰。

雷正兴插到学习班后，每天晚上到校很早，来到教室后，总要拿鸡毛扫帚去打扫每个座位上的灰尘，以便让大家在舒适干净的环境里学习。上完课以后，他又多次主动帮助别的同志搞清整工作，有的同志过意不去，便说："小雷，这是我们的事，怎能老要你代劳呢？"他笑着回答："我本来就是公务员嘛！"这一说，引得大家都笑了。

雷正兴读书非常用功。他抓紧时间补课，白天紧张地工作，晚上潜心读书，他只用个把月的时间就把前面缺的功课补上来了，并全部补做了作业。有时，由于工作的需要，雷正兴要与县委领导同志下乡，但他总是坚持"领课"、"补课"制度，从不因公事而缺交作业误了学业。出差前，他先到我们那里"领课"，明确了解下一段的教学内容，并要我们指出教材的重点、难点和关键。这样他带着书，利用出差空闲时间认真学习。回机关后，雷正兴又会及时来找我们"纠缠"，直到把疑难问题弄懂为止。

雷正兴学习语文很认真，是班上语文成绩优秀学员之一。有一次，他把《党是我的亲爹娘》一文送给我修改，文章感情真挚，我很受感动。记得有一篇题为《我的童年》的作文，曾在班上作范文宣读过，有的同志听后流下了眼泪。雷正兴对魏巍写的报告文学《谁是最可爱的人》很感兴趣，能全文背出，还和班上的同志们一道讨论“排比”、“设问”等修辞手法在文章中的作用。雷正兴对《谁是最可爱的人》一文的开头一段尤感兴趣，他说：“读了这段，我就产生了一种幸福感，我就觉得中国人民志愿军，为革命而牺牲的烈士的确是我们最可爱的人，心里自然而然地对他们产生了敬慕之情，我决心向他们学习！”

雷正兴也喜爱看文艺小说。他对苏联著名小说《钢铁是怎样炼成的》、《青年近卫军》这两本书看得最熟，感受也很深，立志要做保尔·柯察金那样的人物，为共产主义事业奋斗终身。

雷正兴学习数学也爱动脑筋，每次数学考试成绩都在85分以上。有次数学测验，他得了92分，还不满足，并对我说：“彭老师，你对我多辅导一下，争取100分。”后来，有几次数学考试，雷正兴得了100分。有一次晚饭后，我们一起散步。看见两个社员赶着一群鸭子，我当时出了一个趣味数学题给他。我说：“小雷，有一群鸭子，二只一数多一只；三只一数多一只；五只一数也多一只；七只一数还是多一只，你说这群鸭子至少有多少只？”因为当时这类智力题目见得不多，他一时没答上来。但他希望我不要提示他，默默地走了一段路程。突然，他“啊！”的一声说：“这就是求最小公倍数问题，”他算了算说：“至少是211只。当时我若是注意你讲的‘至少’二字，我还可以快点回答出来。”我们俩不由得发出了会心的微笑。

(189)

前面说了，周绍铭是张兴玉书记当面作为“党交给你的任务”而“奉命”去帮助雷正兴学习的。这位被雷正兴尊称为“我的哥哥”的热心人，在他写的回忆文章《如饥似渴学文化》一文中，记载了这样几个片断：

雷正兴在机关领了个记录本，用自己带来的一支钢笔作学习笔记。我看过他写的字，笔画不准，架子不稳，我便在机关消费社买

了毛边纸，装订了大小字本，打好了套用的格子，还买了大小字笔和墨汁，把我自己用过的一本柳字帖送给他，规定他每天工作之余，练写大小字各一页，大字照帖练，小字开头横排的八个字，我帮他起了个头。我记得第一页是，工整地写下毛主席“好好学习，天天向上”的教导。以后有几次是写“要彻底为人民服务”、“为共产主义而奋斗”……当月雷正兴发了工资，要把买纸笔墨汁的钱还我，我不肯要，不知何时他硬是把两元钱偷偷放在我办公室的抽屉里。他天天写、日日练，一个月过去了，进步很快。我也学着老师那样，拿起红笔，在写得好的字旁打上两个“○”或三个“○”，雷正兴看了非常高兴。

又过了一段日子，我发现小雷有时因工作忙，练字间断了，在他要求我讲故事时，我有意讲了从前有个小孩骄傲自满，经启发教育后变成好学的好孩子的小故事。未等我讲完，雷正兴就插话了：“老周同志，我明白了，今后我绝不松劲自满，一定刻苦学习。近几天没有练字，我一定补起来。”从此以后，写字不间断，进步很快。我发现他书不离手。他的床头、桌上都是书，有从张书记那里借来的毛主席著作，有《钢铁是怎样炼成的》，还有连环画和报纸。

两三个月过去了，我和小雷成了形影不离的好朋友，一同上文化课，一起进食堂吃饭，一起讲故事、说笑话，两个人个头都不高，真像一对亲兄弟。1957 年春，我离开县委机关到商业局专卖科工作。后来，他也离开了县委机关到团山湖农场学开拖拉机，回到机关他曾好几次到科里找我。我记得只有一次我们见了面，如久别重逢的亲兄弟，都有说不完的话。他讲了在团山湖农场怎样学会了开拖拉机，讲劳动的乐趣。雷正兴还对我说：“现在我才体会到，一个人活着，吃饭是为了饱肚子、求生存，只有学习和劳动，才会获得知识，才不会在政治上迷失方向。”我问他还在练字没有，他告诉我字没有时间练了，但每天读书、看报，学写新诗、散文等。当时，他还带了一篇文章，要我看看，我借故工作忙推辞了。

手不释卷勤记勤写

(190)

“小雷很爱读书”——这不只是雷正兴留给我的难忘印象之一，亦是许许多多熟悉他的人的共同感觉。这也就令人不难联想到，雷正兴当年在望城工作期间留下的照片中有一张全身单像竟然是个颇有特色的手不释卷的“书生”造型：请看，背景是江南城郊常见的小桥流水园林，他身着藏青色秋装，脖子围着有条纹的毛线围巾，脚穿黑色皮鞋，上衣左侧口袋别着钢笔，胸前别着出入望城县委会机关的圆形白底红字的徽章（上有“中共望城县委会”字样），右手握着的书卷（或为某种报刊）引人注目，而“小刘海”发型和坚定、自信、前瞻的眼神，使整个照片凸显一种浪漫文化人的风韵。这张照片拍摄地点在当年望城戴丽照相馆摄影棚（有些引用此照片的说明称其系雷锋在鞍钢当夜校兼职教员时摄影，此说有误）。最初系普通黑白照片。雷正兴将这张照片洗印多张，赠给友人留念。我即曾收到他亲笔签名题赠的这张照片，是他去鞍钢以后不久写给我的信中邮寄来的。

(191)

在望城县工作这两年，见证雷正兴爱读书的人难以数计，上面写了彭固善、周绍铭的亲见实例。以下再举几例：

据张兴玉书记在口述回忆文章说：雷正兴爱读书，他先后买了许多有关思想修养的书刊，如饥似渴地读了《钢铁是怎样炼成的》、《把一切献给党》和关于黄继光、黄存瑞、刘胡兰等许多英雄故事。只要有空，他就埋头学习。

据皮问安的回忆文章记载：雷正兴不仅在工作上那样主动，在劳动上那样自觉，他在学习上也是抓得紧紧的。他的最大特点：一是刻苦，二是虚心。他结合平时工作挤出时间学，持之以恒。我常看到他不是手里拿着书，就是口袋里装着书，一有空闲，就聚精会神地学习，有时加班加点，熬至深夜。他在学习中遇到疑难问题时就勤问、勤想，虚心求教他人。

据李炳生的回忆文章记载：雷正兴工作之暇最大的兴趣和爱好便是看书学习、写学习笔记。我翻阅过他三四本笔记，都是名人格言、书中警句、学习心得。写的东西虽只三言两语，却言简意明、很有意义。雷正兴既爱读政治理论书籍，也爱读英雄故事、文学名著。他看的书，我所记得的有《怎样做一个青年团员》、《怎样做一个共产党员》和毛主席著作选编，有英雄模范故事书籍《刘胡兰》、《董存瑞》、《黄继光》、《把一切献给党》，有小说《钢铁是怎样炼成的》等等。这些书籍对雷正兴革命人生观的形成起了重大作用。

莫慎之是原团山湖农场三工区生产组长，他在口述回忆文章中记载了当年雷正兴抽空到队上学犁田插秧时的某些与众不同之点，即是他爱看书学习。他回忆说：我们每天的劳动相当繁重，一收工回来大家就往铺上一倒，很少关心别的事情。雷正兴却不休息。他的口袋里经常揣着书报，一有空就拿出来阅读，晚上别人睡了，他还在灯下读书或给望城报写稿。

胡道明在回忆文章中以《书迷笑话》为题写了雷正兴读书入迷的一件事：雷正兴在望城县委工作时，人们经常看到他衣袋里揣着书或手上拿着书，只要有空闲时间，他就拿出来看。有时看书入迷甚至达到闹出笑话的地步。一天晚上，已经九点钟了，他还想把一本关于刘胡兰的书看完。为了不影响同室另外两人的睡眠，他把电灯线放长，牵到床上，然后用枕头压住灯泡，用被子罩住，躲在被窝里看，没多久，一股烧焦棉布的臭味散满了整个房间。这时，同室的另外两人还没睡着，闻到这股焦味，就喊雷正兴，叫他检查，看哪里烧着了。雷正兴掀开被子，移动枕头，准备拿了电筒寻找，这时候，他突然惊叫起来：“哎呀！电灯把我的枕头烧着了。”他抱歉地连忙把火熄灭。第二天，雷正兴不懂电气知识，用枕头压着灯泡看书的笑话，传遍了整个县委大院。

满怀革命激情学习毛主席著作

[192]

雷正兴爱读毛主席著作，认真学习毛泽东思想。他参加工作后，从读毛主席著作单行本入手至读四卷本的《毛泽东选集》，一篇又一篇读了很多，有的文章还反复读了数遍。与此同时，他还读了其他一些经典著作。他注意联系实际进行思考，以求弄懂毛主席著作中的革命理论，弄不明白的地方就向张书记或其他同事请教。

对此，冯乐群在他写的回忆文章中记载：

> 雷正兴学习文化知识如饥似渴，学习马列主义、毛泽东著作也是如此。50年代中期，《毛泽东选集》发行量还不多，只发到县委书记。他跟张书记在一起的时间多，常借来看，看不懂，就问，他常说：“学而不懂，等于不学；学而不用，等于无用。”他总是“打破砂锅问到底”，不弄明白，决不放手。他看了《中国社会各阶级的分析》之后，进一步弄清了张兴玉书记说的南方的地主和北方的地主一个样，根本不存在什么两样的道理，因为地主的本性是由他们的阶级本质所决定的。学了《纪念白求恩》，他神情庄重地说：“一个外国人能为中国人民的解放事业以身殉职，我们就不能牺牲小我服从大我吗？如果连个人主义都不能克服，那才显得渺小可悲呢！”一天，雷正兴显得很高兴，他拉着我的手连声说：“我懂了！我懂了！”我问他为什么这么高兴，他说：“我学习了《为人民服务》，过去不太清楚的问题，今天终于找到了答案。过去我总认为人的死无足轻重，现在懂得了死的真正价值。毛主席讲，为人民利益而死，就比泰山还重，替法西斯卖力，替剥削人民、压迫人民的人去死，就比鸿毛还轻，我愿意像泰山一样巍然屹立，不愿做鸿毛遭世人唾弃。”雷正兴不仅学习毛主席著作，也学过一点马克思、恩格斯、列宁、斯大林的著作。一次，我看到雷正兴手上拿着列宁的著作《唯物主义和经验批判主义》，我问他：“这么厚的书，这样深奥的道理，你弄得明白吗？”雷正兴笑着说：“看不懂就开动脑筋钻，钻不通就拜别人为师，天下无难事，只怕有心人！我读了这些书，还真尝到了不少甜头呢！”

李仲凡在1993年7月写的回忆文章中记录了他当年亲历的一件与雷正兴认真学习毛主席著作有关的趣闻：

我比雷正兴大5岁，是除雷正兴外在县委机关年龄最小的三个人之一。我是宣传部（后为文教部）干事，又是党员，自认为比他强，有时问问这，问问那，像“先生”似地就形势、政策等问题考考雷正兴。每一次“考”他总能对答如流，即算一时答不上来的问题，他找出答案后又要亲自告诉你。他当时学习确实非常自觉而且刻苦，凡是他不懂的问题，宁愿不睡觉，不吃饭，不弄得一清二楚，他是决不罢休。大概是他觉得我问的过多，对我这个自命不凡的人来了一个突然袭击。有一天晚上，他到宿舍里对我说：“老李，我有个问题考考你。”

我说：“有什么问题尽管说，如果答不出请你吃蒸鸡蛋。”（我们食堂有位厨师很会做蒸蛋，既便宜，又好吃，很受大家欢迎，在县级机关的几个食堂里也有点小名气）。

他说：“先莫吹牛，我问你，《湖南农民运动考察报告》这篇文章是哪个写的？”因为50年代中期，《毛泽东选集》发行不多，一个县只有那么一两套，在县委书记们手里，雷正兴在张书记那里当公务员，得天独厚，就读了这篇文章，可我当时没有学《毛泽东选集》，更没有看过《湖南农民运动考察报告》这篇文章，当然就答不出。他见我答不出，高兴得往椅子上一蹲，得意地说：“这是毛主席写的，你这都不知道，别人还讲你是秀才呢？”

接着他又起劲地问：“毛主席这篇文章写到了新康镇一个叫何迈泉的人，他说他是好人还是坏人？”我当时很幼稚地想，毛主席的文章里讲的人肯定是好人，于是我就毫不犹豫地回答了他。

雷正兴马上就反驳说：“是坏蛋，是十足的大坏蛋。毛主席讲，长沙新康镇团防局长何迈泉，办团十年，在他手里杀死的贫苦农民将近一千人，美其名曰‘杀匪’，你说他坏不坏。”他还提出要我去新康镇实地考查一下。

这一连串的问题确实把我给问住了，但也引起了我极大兴趣，我搞宣传工作，不学革命领袖的著作怎么行。从那以后我下定决心要努力学习毛主席著作。不久，我从湘潭地委宣传部“开后门”买回了一套《毛泽东选集》，我学习毛主席著作就是在雷正兴这次启发下开始的。

努力学习科技知识，走又红又专的道路

[193]

党中央提出“向科学进军”、“又红又专”的号召，进一步激发了雷正兴学习科技知识的热情。他干一行、爱一行、钻一行，爱岗敬业。他在团山湖农场开拖拉机、在鞍钢开推土机、在部队开汽车，始终与驾驶技术打交道的优异实践，表明他始终坚持在又红又专的道路上一步一个脚印地前进。

雷正兴对“红”与“专”的内涵有明确理解。即如前所述，在国营团山湖农场，雷正兴即把熟练地掌握拖拉机技术，“真正成为一个开拖拉机的内行”视为“专”的具体行动，表示要“争当一个红透专深的无产阶级先锋战士”。据方湘林回忆，在那次田间对话中，雷正兴曾这样说：现在毛主席号召我们青年人走又红又专的道路。‘专’是什么呢？职业不同，‘专’的内容也不同。我想熟练掌握拖拉机技术就是‘专’，这也是县委交给我的任务。我若为农场开好了拖拉机，出色地完成了党交给的任务，就是又红又专了。

雷正兴早在读高小六年二期时，积极参加试制矿石收音机的活动，主演小型花鼓戏《盆式秧田》宣传科学种田，表明在他心里，早就萌生了对科技知识的热情。到县里参加工作以后，他对科技知识有了更浓厚的兴趣，拜胡庆云为师学习手摇计算机操作技术即为一例。

胡庆云系原望城县人大主任，当年雷正兴到望城县工作时，胡庆云在县统计科工作，他对雷正兴各方面的表现印象极深。2012 年 7 月，而今已 78 岁高龄的胡庆云在与我的谈话中，特别讲了这样一件事：因县统计科与数字打交道多，故配备了一台手摇式计算机，后来早已淘汰不用了，但在当时颇算先进。平时由我负责操作。那是 1957 年上半年的一天，雷正兴来我办公室，发现了这台计算机。他十分好奇，站在跟前左看右看，向我问这问那，我给他作了简要介绍，告诉他：这计算机

的基本原理，其实跟我们普通用的算盘差不多，但使用起来比算盘要快些、准些。雷正兴一听就产生了很大兴趣，他几乎带着恳求的语气对我说：“我很想学着使用，就是不知道容不容易学?”接着他就缠着要我当师傅，教他学习。我看他这样热情好学，也就很爽快地答应说：“那你就试试吧。”我给他简单地讲了这台机子的基本结构、操作要领，手把手地告诉他怎样开机、怎样作加减乘除等运算、怎样核准和读取数据等等。雷正兴脑瓜子很聪明，很专心听、用心记，教了两三次，他就基本学会了手摇计算机的使用。

讲起雷正兴当时之所以能发现这台手摇计算机的事，胡庆云还赞不绝口地说：雷正兴是一个长得很灵秀、热情、好学、手脚勤快、乐于助人的小伙子。当时的统计科工作人员 6 人共用 3 盏煤油灯。煤油灯上的玻璃灯罩容易被生成的烟子弄得黑糊糊的。为了保证照明效果，我和同事们经常自己动手擦拭灯罩。有次，雷正兴来统计科，看到我在擦拭灯罩，就主动走过来对我说：“我跟你一起来擦咯”。他边说边拿起另一只灯罩和桌边的一块抹布仔细地擦拭起来，直至把灯罩擦得通明透亮为止。雷正兴每次来我们办公室，只要发现煤油灯罩没有擦亮，他都要动手帮一把。因而全办公室的人都很喜欢他。这样，他对这台手摇计算机发生兴趣而动手摆弄几下，大家也就不以为怪了。

(194)

雷正兴对技术革新和技术推广方面的新事物兴趣颇浓。对此，我亦有亲身感受。以西塘推广科学养猪技术为例：

1956 年春，我响应望城县委“大力发展牲猪事业”的号召，辞去第二社长的领导职务，到社办猪场当饲养员养猪。那时养猪全凭体力，每天从早到晚很少休息，劳动量相当大。其中，切猪饲料工作量大，为了节省劳力，减轻劳动强度，在农机部门技术人员的支持和帮助下，1957 年我设计制成了一种脚踏滚筒式三用（切丝、切片、切碎）机，每台造价 80 元左右，提高功效五倍多。不但可大大节省劳动力，而且饲料切得很匀，质量提高，很受欢迎。这项革新解决了切猪饲料的一些难题。那天，雷正兴随同张兴玉书记来西塘养猪场检查指导工作。在猪场，雷正兴看了三用机的使用效果，亲自用脚踏上去操作切割饲料，连声叫好。他还深有感慨地说：劳动出智慧，真伟大。在劳动中只要动脑筋、想办法，就可改变劳动条件，提高劳动效率，为国家、为人民多作贡献。

当时，为了改变传统的养猪方法，我按照张书记带来的科学养猪技术书籍，结合实际，对过去的一些老办法作了一些改进，如在猪厩门前建消毒坑用石灰消毒，出入行人双脚都要在这里消毒防止疫病传播。雷正兴看了说这办法简便易行，土办法中有科学。

那段时间，雷正兴来到我们西塘，几乎每次都要到养猪场看一看，或与饲养员一起劳动。他看到我们猪场选育良种猪，分栏、分类、分群饲养，竹筒溜潲，定量、定时喂食，潲熟栏干，早防早治疫病，把猪养得比较肥壮，中央新闻电影纪录厂还专门拍摄了《望城养猪》电影。这些情况，让雷正兴对生猪饲养技术有了进一步了解。他在谈自己的感受时说：当农民作田需要文化，养猪没有文化也不行。

据老“团干”刘盛明回忆，1957 年初春，他们两个年轻人在相互谈心时，雷正兴说，他要抓紧利用业余时间，多学习文化科学知识，学习技术，为农业机械化、现代化出力。他说社会主义新农村要实现点灯不用油、耕田不用牛，楼上楼下，电灯电话，像苏联集体农庄那样，用拖拉机、康拜因耕种收割，没有文化技术不行。他说：我还要学会开汽车、开拖拉机，作机械化种田能手。

这些事例表明，雷正兴当时对科学技术的重要性有了一定的认识。换句话说，他当时的脑子里已开始有了科学技术的应有位置。无疑这也是难能可贵的。

拜师学写日记

⑲⑤

在望城县委机关工作时，雷正兴学写日记的第一位老师是周绍铭。大约在雷正兴参加工作两三个月后，周绍铭启发他可以结合练笔写日记。雷正兴听了对写日记很感兴趣，便问周绍铭，天天写日记该写些什么，还提出要看周绍铭写的日记。周绍铭对雷正兴说："日记一般是不给别人看的，日记写什么，我可以告诉你。"接着就把写日记的方法和体会告诉了雷正兴。另外，雷正兴听说县委组织部干部彭正元会写日记，于是，他又去向彭正元请教，从而进一步掌握了写日记的方法和要求。

当年雷正兴到县里工作时，彭正元任望城县委组织部干事，比雷正兴约年长4岁，高中文化，硬笔书法甚佳，机关里很多同志都知道他坚持写日记的事，他也就成为雷正兴的一位良师。2012年12月13日我前往拜访时提起当年的雷正兴，彭正元开口就说："时间过得真快！一晃五十多年过去了。现在回忆起来，雷正兴的形象与平凡事迹还历历在目。他给我印象最深的就是：人可爱，肯帮忙，爱学习，有理想。"（见图19－2）谈起当年雷正兴向他学习写日记的事，彭正元回忆说：

图19－2　彭正元（右）与作者合影（谢冯卓2012年12月摄）

1957年秋的一天下午，我因事路过机关大门口，与雷正兴相遇。他面带笑容对我说："老彭，请你告诉我，日记怎么写才好？""你在写日记？"我反问小雷。"嗯，我在学着写日记。"小雷坦率地告诉我。我也把自己的粗浅认识说了出来："学写日记，这是好事，我也在写日记。写日记既可提高自己的文化与写作水平，又可锻炼提高分析事物的能力。”“写日记的好处确实很多。”小雷表示同意我的看法，并迫不及待地问道：“怎么写日记？”我就把自己写日记的体会和盘托出，告诉小雷：“从写日记的形式看，有无标题的，开始就写×月×日，星期×，晴（或阴、雨）；还有一种是有标题的。我喜欢后一种形式。因为日记有标题，就体现了这天日记的中心内容，看了一目了然，也便于今后归类整理。”小雷听了说：“哦，还这样讲究啊！”接着他又很有兴趣地继续问道：“如何才能写好日记呢？”“这就讲不清楚了。”我思考了一下，还是说道：“但我觉得有几点值得注意的：一是不要记流水账式的。如记每天起床、上班、下班、吃饭、睡觉，这就没有意思了。二是要记一天中有突出意义的事。选择一两件把它记全、记深、记好，不要面面俱到。三是记事时，可写自己的感受和见解，或练习写景物，逐步提高自己的写作水平。”

雷正兴就是按照这些指点，长期坚持写日记。他从望城到鞍钢、到部队在长达五六年的时间里，写下了大量的日记。雷正兴在望城工作期间写的日记，后被编入《雷锋日记》的有他 1958 年 6 月×日写的一篇读书心得。文录如下：

读《沉浮》以后，这本书给了我深刻的印象，沈浩如和简素华的恋爱故事教育了我。我认为简素华的那种坚强不屈的意志，那种高尚的共产主义风格，那种克服困难的决心和信心，那种艰苦朴素的工作作风，对群众那样的关怀，这位女同志是值得我学习的。沈浩如同志是一个有严重资产阶级意识的人，处处只为个人打算，怕吃苦，他那些可耻的行为，我坚决反对。

据陈广生介绍：雷锋牺牲后，部队组织上在整理雷锋遗物时，发现雷锋有九个日记本，其中八个写满了，一个新的尚未开写。雷锋写满的八个日记本中，有日记数百篇，其余写的内容有心得笔记、读书体会、名言摘录等等。雷锋日记为我们留下了一笔难得的极其宝贵的精神遗产。

我想当作家

(196)

像同时代的许多“文艺青年”一样，文学的魅力与对写作的兴趣，促使雷正兴产生了“当作家”的梦想并进行了写作尝试。

彭正元是雷正兴提出其“作家梦”的第一位见证人。

那天我在拜访时，提及雷正兴的这一往事，彭正元深有感慨地说：雷正兴不但工作勤奋，热爱学习、热爱生活，而且他很有理想、有抱负，想当作家，成就一番事业。那是1957年年末或1958年年初的一个傍晚，晚饭后，小雷对我说：“老彭，到堤上走走吧！”参加治沩战斗以来，每天刻写蜡纸办工地报，十分劳累，难得今天天气好，也真想出去散散步。我便回答说：“好呀，到外面看看去！”从治沩工地指挥部到大堤，不过百把米，不一会，我们俩便上了大堤上。漫步大堤，放眼四方，昨天的团山荒湖被新筑的大堤四面环抱。在薄薄的暮霭里，袅袅炊烟从远近村庄升起。劳动了一天的民工，有的在大堤上散步，有的在工棚前聊天、也有的蹲在墙角整修劳动工具……这真是一幅如诗如画的江村夕照图，令人陶醉。然而更令人感叹的是造就这份美丽奇迹的伟大人民与崇高智慧。我们都为治沩工程的巨大成就所振奋。这时，雷正兴动情地说：“如果你我能将人民群众改天换地的伟大斗争用文艺形式表现出来，那该多有意思啊！”我也有同感。小雷突然忘形地搂住我的脖子，很信任地对我说：“老彭，我想当作家，把我们刚才所说的写出来！”我有些惊异，说：“那很好呀，不过，当作家那可不简单，要有文化，有生活。”“这，我知道，当一名作家是很不简单的，要写出好的作品，是需要付出很多心血的！今后我要朝这个方向努力奋斗。”小雷充满信心地说。更可贵的是，小雷想当作家，不只是口头说说，他还能付诸实际行动。他贪婪地阅读各种文艺书籍，并且利用工作之余试着写了一些文艺作品。

逐梦团山湖农场：小荷才露尖尖角

[197]

雷正兴在《南来的燕子啊》一诗中这样写道：

> 这是一所新的国营农场，
> 也是一所露天工厂，
> 还是一个培养红透专深人才的课堂。

“农场—工厂—学堂”，是雷正兴对自己用青春的汗水和智慧参与亲手创建的团山湖农场的重要功能和作用的诗意的概说。尽管这个规模并不算很大的地方国营农场，其建制存在历史仅8个月左右，作为农场创建“元老”之一的雷正兴在场里的实际工作时间亦仅8个月左右，然而，就在这片充满希望和活力的热土上，在短短几个月的时间里，在劳动之余，雷正兴却用他那掌控拖拉机方向盘的手，执笔写下了一批脍炙人口的诗文，令人在惊讶、愕然之际亦为之由衷叹服。

“小荷才露尖尖角”。对雷正兴的这些著作文稿，人们自然无需据以从纯文学或创作技巧之类视角说长论短。因为更值得注重与难能可贵的是，这一篇篇朴素无华而情真意切的文稿，如一面面明镜，折射着作者当时的认知、思想和情感；如一块块铺路的条石，拓展着作者通达理想与希望的人生征程。

据华文出版社出版发行的《雷锋全集》（珍藏版）等书刊和文献提供的资料显示：雷正兴在团山湖农场劳动期间利用业余时间练习写作颇有所成，所见遗稿达16篇以上，兹将其篇目抄列如下，其中，计有：

诗歌9首：《南来的燕子啊》（1958年8月1日），《歌颂领袖毛泽东》（1958年），《台湾》（1958年），《啄木鸟》（1958年），《党救了我》（1958年），《以革命的名义》（1958年），《人定胜天》（1958年），《排渍忙》（1958年），《我的感想》（1958年）。

散文4篇：《诗歌札记》（1958年），《我学会开拖拉机了》（1958

年3月16日），《你带来了什么?》（1958年6月7日），《决心书》（1958年11月7日）。

小说3篇：《茵茵》（1958年），《一个孤儿》（1958年10月），《小说短章》（1958年）。

此外，还有讲话、书信、题词等遗稿数篇。

(198)

前述《我学会开拖拉机了》一文，可算雷正兴当年拿起笔杆子写的“处女作”之一。关于该文的写作发表始末，雷正兴的良师益友、望城知名农民作家熊春祐1991年3月写的回忆文章《小雷伢子会开拖拉机了》有这样的记载：

我们望城县有了自己的第一个拖拉机手，农场里的同志更是高兴，场长李庆发叫伙房加了两个菜，祝贺小雷试车成功。

雷正兴试车成功，别提有多高兴了。吃饭时，还在回味着试车的事。同志们给他敬菜，他一时还没反应过来，连身子也没动一下。大伙见他那副专心致志的样子，差点笑出声来。当天夜里，他不顾一天的劳累，在灯下写了一篇《我学会开拖拉机了》的短文。可能由于是第一次写，不知该怎么动笔，便向我讨教：“老熊，你是农民作家，有经验，请告诉我应该怎样写?”我便向他谈了新闻稿的几点要素，并说：“内容要具体，要有真情实感。你今天吃晚饭时，还在想着开车的事，这点就可以写进去……”他点点头，便跑回去，精心构思去了。深夜12点，他跑来叫醒我，要我帮他看一遍，好像等不及似的。

我一口气读完，高兴地说：“内容具体，文笔生动，想象力很丰富，写得很好。你将来写文艺作品，是大有前途的。这篇稿子，我帮你投到《望城报》去发表。”

第二天，我到县里办事，特意把稿子送到《望城报》社，交给刘国维编辑，请他审定。老刘是个有文化的人，解放初期在靖港文化馆工作，我们已是老熟人了。他也认识雷正兴，听说是雷正兴的稿子，立刻认真地看起来。看完后，微笑地点点头，说：“小雷也拿起笔杆子来了。老熊，小雷的文章，很有灵气，初次写稿，就出手不凡，后生可畏啊！这篇稿子立刻送审，发表出去应该不成问题。”事后不几天，在3月16日，《我学会开拖拉机了》果真登出来了。

这篇文章发表后，对雷正兴鼓舞很大。他又受高玉宝写书的启发，很想写一份自己的家史。已进行了初步构思，计划分10章，约10多万字，并断断续续地写出了两章，约2万字。他也拿来给我看，征求意见。我读着读着，怦然心动，潸然泪下，那童年的苦难，我不知雷正兴是怎样承受过来的。

而今在雷锋纪念馆，我很想找到那份我曾拜读过的雷锋家史手稿。问讲解员，茫然无所知，太令人遗憾了。如果能找到它，该是一份多么珍贵的文物啊。

一位女青年突击队长的形象素描：短篇小说《茵茵》

(199)

雷正兴在团山湖农场的处女作小说有着一个颇有诗意的名字：《茵茵》，这是一位年青女子的芳名。全文2200多字，写在32开的公文横格纸上，字体倾斜，但笔画工整，行文流畅，生活气息颇浓。而今所见遗稿虽然每页稿纸的左下角被焚烧变黄变黑，有些残缺不全，十分可惜，但整个故事的轮廓还是清晰的。它生动地叙述了年轻的女共产党员茵茵，担任青年火箭突击队队长后，战严寒，斗冰雪，两次出色地完成了堵口任务。后来，她一只手被机器轧断，伤好出院，身残志坚，仍然坚持出工劳动，精心饲养两头大黄牛。不难看出，雷正兴满怀激情，浓笔饱墨塑造了茵茵这个又红又专的女青年突击队长的形象（见图19－3）。

请看小说《茵茵》的几个片断：

图 19－3 雷正兴著短篇小说《茵茵》手稿（据资料图片翻拍）

严寒的冬天，地上落了深雪，河里结了厚冰，刺骨的冷风阵阵吹来，似乎使人不能再工作。

那勤劳勇敢的一万八千多个钢铁的战士，不怕千辛万苦地和冰雪战斗！民工们有的忙着挑土，有的忙着筑堤，那人山人海，好像蚂蚁一样在搬运着什么东西似的……

“茵茵”当（担）任了青年火箭突击队的队长。一次党委调火箭突击队去完□堵口任务，她领导全体队员同志□□□最艰苦的地方，那堵口有□□□尺宽，还有一丈多深的水，还结了一层很厚的冰块，任务是十分艰巨！她们和冰雪战斗，有的站着打□桩，有的站运石头，搭桥、挑土……

在第一次堵口的时候，一连下了三天大雨，水很快涨高了，不能在湖里取土筑堤，给民工代（带）来很多困难，如（于）是工地党委采取了紧急措施，在县抽水机队调来了一部抽水机，日夜不停地工作，在这紧张的时候，一个搞抽水□□同志病了，不能起床。

“茵茵”正在这□□时候，突然抽水机□□□水了，她冷静地考虑到：一定上水管出了毛病，把机器停下来吧？有五百多工人在堵口，水抽不出就会影响五百多人的工作。后来她决定下水修理，因只有她一人要撑（掌）握机子，她脱掉棉大衣，打开冰块，奋不顾身地跳到了水里，在雪水里坚持了半个钟头，才把水管修好，继续抽水。

这时“茵茵”疲卷（倦）了，坐在机器旁边□嗑睡，她手一动，不料被皮带把□□倒地皮带轮里，压着她的手，□□□□，救命！恰好有两个农民送慰问品，走此经过，听到喊叫声，急忙跑进去，只见一位女同志倒在机器上，一只手被压断了，随着皮带飞午（舞），鲜血直流。可是，他们又不懂得机器，手忙脚乱地拿着扁担打机器。

这时，“茵茵”痛苦地说：“你们不要打机器，机器是二三万块钱买来的呀！”

后来他们把“茵茵”已□□□□知觉。

她到了医院里，经医生十多天的耐心治疗，她的手慢慢好了一些。我们的党委书记亲自去看她好几次，安慰她。同志们也都非常关心她，送给“茵茵”一些鸡蛋、水果……

但“茵茵”也非常感谢党对她的亲切关怀和大家对她的照顾。她忍耐着手怎么痛，提笔坐在病床上，给大家写了一封这样的信：

亲爱的同志们：“我是多么幸福啊！我感谢你们对我的关怀。感谢党对我的温暖！□□□□受了一点伤，算不了什么！你们不要□□□心，为了人民的幸福，我就是牺牲了也是光荣的！现在我还没有牺牲，还有一只手，我还能工作哩！还为祖国的社会主义建设贡献得一滴力量！现在我在病床上还是坚持了学习，我要做一个又红又专的共产主义战士，手好了以后再和你们见面，和你们共同劳动。”

经过一个多月的治疗，“茵茵”恢复了健康，出了院，回到了农场。党为了照顾她，要她再休息二个月。可是“茵茵”呢？她不肯休息。她要求给农场养两头大黄牛。

不言而喻，若以“小说作法”要求，《茵茵》显然还缺文采，裁剪、结构亦乏匠心，还有一些错别字，有的词不达意，甚至连某些标点符号也应用不当。但是，文若其人，在这篇朴实的小说里，我们仍能看到作者那崇高的思想、理想境界。作者虚构的那个“茵茵”是“治沩工程”中的一个“奉献”者，她“奉献”得那样从容，那样忘我。她看见民工为救自己而用扁担打机器时，她竟然心疼地喊道：“你们不要打机器，机器是二三万块钱买来的呀!”此时此刻还那么忘我，一心为公的形象跃然眼前，令人感动。

团山湖农场的颂歌：长诗《南来的燕子啊》[200]

在评说雷正兴当年的诗歌创作前，我们不妨先看看这一份难得的资料，它详细记录了雷正兴的有关“诗歌”创作的学习笔记：

一、诗歌包括：骚、铭、赋、民歌、古诗、绝诗、律诗、词、散曲。

二、民歌特点：

语言精炼，含义深远，内容丰富，押韵，易于上口，易于流传。

三、形式分为两种：

1. 叙事诗，2. 抒情诗，这两种诗的区别：

（1）叙事诗是描写人物的动态现象。

（2）抒情诗是抒发作者的情感。

四、民歌文艺手法：

1. 对照：

如：牛出力来牛吃草，

东家吃米我吃糠。

2. 比喻：

要说天，天最大，

我们的干劲比天大！

3. 夸张：

孟姜女哭倒万里长城。

雷正兴把学到的诗歌创作知识和理论指导自己的诗歌创作实践。1958 年 8 月 1 日他在团山湖农场创作了一首 65 行长诗《南来的燕子啊》。在这首诗的创作中，他运用了大量的“比”、“兴”手法，并且懂得怎样押韵以及诗句的凝练、“诗眼”的苦营。他将寻觅温暖的“南来的燕子”作为了自己感情、决心和理想的载体。借以歌颂着共产党，歌颂着劳动者，他的审美情趣思想升入万里长空与南来的燕子披云并驾，飞向更加美好的未来！全诗照录如下（见图 19 – 4）：

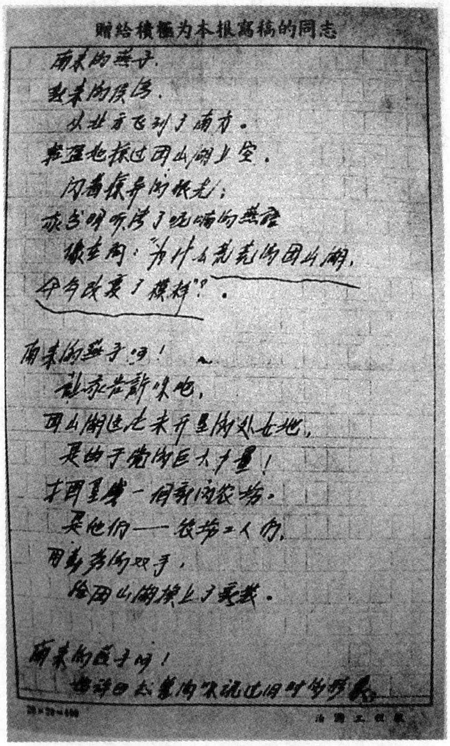
赠给积极为本报寫稿的同志

南来的燕子，

从北方飞到了南方。

南来的燕子呵！

是由于党的巨大力量！

是他们——农场工人们，

用勤劳的双手，

给团山湖换上了新装。

南来的燕子呵！

图 19 – 4　雷正兴著长诗《南来的燕子啊!》手稿（据资料图片翻拍）

南来的燕子啊!
新来的候鸟,
从北方飞到了南方,
轻盈地掠过团山湖的上空,
闪着惊异的眼光。
我听清了呢喃的燕语,
像在问:“为什么荒芜的团山湖,
今年改变了模样?”

南来的燕子啊!
让我告诉你吧:
团山湖这块未开垦的处女地,
是由于党的巨大的力量,
才围垦成一个新的农场;
是他们——农场的工人们,
用勤劳的双手,
给团山湖换上了新装。

南来的燕子啊!
也许母燕曾向你说过旧时的惨象。
往日的团山湖——
湖草丛生,满目荒凉,
洪水一到,一片汪洋,
十年前有人三次收款,三饱私囊,
围垦团山湖只是一个梦想。
如今的团山湖啊——
良田万顷,满垄金黄,
微风吹过,一片稻香。
新修的长堤像铁壁铜墙,

洪水已再不能称（逞）凶逞狂。
红旗插在社会主义的农场。
到处是谷满仓、鱼满舱，
祖国又添了一个“鱼米之乡”。

南来的燕子啊！
你可不用惊呆。
不是晴天里响起了春雷，
而是拖拉机在隆隆地开；
不是沟渠里的水能倒流。
而是抽水机在把积渍水排。
为什么草坪上格外喧腾？
那是饲养员在牧马放牛！

南来的燕子啊！
你是这样轻快地飞翔，
许是欣赏这美丽的景象：
蜿蜒的八曲河像一条白银管，
灌溉这片肥沃的土地，
团山湖与乌山对峙，
是天生成的一幅屏障。
这景象是诗情也是画意，
活跃在这诗画般怀抱里的工人，
更是些生龙活虎般的健将。
有的是双手拿惯了锄头，
有的是才放下笔杆才放下枪。
他们豪迈地这样说：
这是一所新的国营农场，
也是一所露天工厂

还是一个培养红透专深人才的学堂。
……

南来的燕子啊！
你不用再寻旧时代的屋梁，
无论飞到哪里，
再也找不着你从前住过的地方。
去年这里是荒凉的地方，
今年变成了高大的厂房，
欢迎你到新的农场宿舍来拜访。
但得请你告诉我，
你可知道你所飞过的地方，
……
新建了多少这样的农场？

第二十章

崇尚真善美
生活充满阳光

真善美植根在内心深处

㉑

什么是时代的美？

战士那褪了色的、补了补丁的黄军装是最美的；

工人那一身油渍斑斑的蓝工装是美的；

农民那一双粗壮的、满是厚茧的手是最美的；

劳动人民那被烈日晒得黝黑的脸是最美的；

粗犷雄壮的劳动号子是最美的；

为社会主义建设孜孜不倦地工作的人的灵魂是最美的。

这一切构成了我们时代的美。

如果谁认为这并不美，那他就不懂得我们的时代。

雷锋的这一则散文诗式的日记，为他所崇尚的“时代的美”作了很好的诠释，且这种美则正是他所崇尚的“时代的真”、“时代的善”的升华与结晶，这也就表明，他所崇尚的真善美已植根在内心深处。

在望城这两年间，目睹雷正兴的工作、学习与日常生活，总令人从诸多方面感受到，雷正兴崇尚真善美、追求真善美，不是停留在空泛的言词之中，而是体现在他自身的每个具体行动之上。他追求真理、坚持真理，志坚行苦；他说真话、说老实话，讲求诚信，信守承诺，言行一致，表里如一；他敢于自我批评，有错必改，严以律己；他与人为善，善解人意，爱交友，人缘好；他热爱生活、热情乐观，兴趣广泛，爱美且又创造美；他以淡泊宁静之心对待金钱、物质利益和个人生活享受，忘我利人、乐于奉献，乐于助人，处处关心人、体贴人，走到哪里，就把一片爱心奉献在哪里。

202

相关例证前已列举无数，在此再举三例：

其一，他平常是这样与人相处。

雷正兴随和、热情、大方、乐观、有朝气，亦不乏天真活泼的孩子气，团结友爱，守规矩、有礼貌。他称呼人时，或叫其职务、同志，或按年纪叫爹爹、娭毑、伯伯、叔叔、阿姨、大哥、大姐、弟妹等，“嘴甜”又爱帮助人，因而很有人缘，每到一处地方，就能和大家打成一片。人们见到他总有忙不完的事，对工作问题那么有信心、有干劲、有进取精神，一天到晚，总是蹦蹦跳跳、乐呵呵，爱笑、爱唱也爱说。因而人见人爱，凡是与雷正兴打过交道、共过事的人，几乎无不喜欢他、赞扬他。

其二，他又给商店补了九分钱。

秦中华时系五星人民公社电话总机室女话务员的妹妹，她在1993年5月写的回忆文章说：1958年秋的一个星期天，我到五星人民公社找我姐姐。我姐姐是话务员。到电话总机室门口，我就喊：“秀姐，秀姐!”只听见屋里面“哎”了一声，是个男人的声音，我很诧异，进门一看雷正兴正坐在总机前接线。我问他：“我姐姐呢?”他说：“吃饭去了。”我在食堂门口碰到姐姐，她正帮小雷端了一钵饭出来。在值班室，我姐姐当着小雷和我，一股劲地表扬小雷，说小雷勤快，肯帮忙，今天下午跟李书记刚从“点”上回来，就马上打扫院子，接着给食堂挑水……小雷未听完就摆摆手，“好了好了！这是应该做的事”，说着就走了。晚上，公社一些办公室的煤油灯都亮了，姐姐说，小雷又在做好事了，每天都帮办公室擦灯罩，点油灯，扫房子，抹门窗，打开水，忙个不停。在另一个下午，我们正在耕整试验田。当时有个口号叫“人有多大胆，田有多大产”。要高产，就得深耕（挖一尺多深）、密植。我们女同学虽然出生在农村，但挖土翻地还是力不从心，停停做做，效率很低。恰好小雷路过这里，一步跨进地里说：“要苦战三年，使农村面貌基本改观。来，看我的！”说着就挥起锄头大干起来，不一会儿就深翻了一大块地，比我们几个女同学干半天还多。我们悄悄凑了一角五分钱，买些桔子慰劳小雷。那时桔子才六分钱一斤，一角五分钱买一大堆。大家刚开始吃，小雷突然说：“不对呀，一角五分钱买不到这么多。”他到店里一复秤，果然多称了九分钱的桔子，他立即给商店补足了钱。

其三，雷正兴与冯倡亲如兄弟。

这是我大弟弟冯倡与雷正兴相知的一些往事：1957 年 4 月的一天，我按照通知到县里填报出席共青团“三大”的代表登记表，因我走得匆忙，忘了从家里带来填表上报的照片。雷正兴要帮我到西塘家里去取。我说不用，已经捎话让家里给我送来。那天下午，我弟弟冯倡赶来给我送照片。半路上遇雨，浑身淋个透湿，照片也浸湿了。雷正兴赶忙找干衣服给冯倡换上，又帮我小心翼翼地弄干了照片。晚饭前，冯倡要回去，雷正兴说什么也不让他走，赶忙从食堂打来饭菜，陪我们一道吃，唠家常。冯倡平常不怎么爱讲话，吃饭闲聊时却当着我和雷正兴的面说：“小雷哥哥真好。”本来冯倡比雷正兴大一岁，这里称其为“哥哥”，不无礼貌称道之意。雷正兴就是这样，无论什么人只要和他一接触，你就会觉得他“真好”。冯倡在长沙市读高中，放假回家后，能有机会常见到雷正兴。当年都是年纪一般不相上下的小青年，兴趣相投，很玩得来，相互也就成了好朋友，亲如兄弟。1959 年冯倡考上了长春地质学院，雷正兴获悉后即写信祝贺，相互多次通信。雷正兴在信中鼓励冯倡要珍惜深造机会，刻苦学习、学好本领，做一个又红又专的有用人才，将来更好地建设祖国、更好地为人民服务。他特别关心冯倡的身体和生活。说南方和北方气候和生活习惯相差很大，不知你习不习惯。他提醒冯倡天冷要多穿衣服，防止感冒。雷正兴还在信中说：你是学生，我已参加工作了，你需要什么就来信告诉我。雷正兴还寄给冯倡一张穿军装拉手风琴的全身照片，上有“青春之歌”四个字，这张照片冯倡珍藏多年。

我发誓一定改正缺点

[203]

雷正兴勇于自我批评，闻过则改，戒骄戒躁，不断求得新的进步。

雷正兴是幸运的。一路春风夏雨，无处不遇关爱他、帮助他的好心人。他表现好，进步快，受的赞扬多。因而在平时交谈中，我注意提醒他防止产生骄傲自满情绪。有时，我发现他在这方面出现某些苗头及时指出，他都能虚心接受。同时，我们约定相互进行监督，以求头脑清醒，提高谦虚谨慎、戒骄戒躁的自觉性。

据黄菊芳的口述回忆文章记载：

> 雷正兴进机关后，他以诚实、热情、勤奋赢得了大家的赞扬，工作上也一帆风顺。有一段时间，发现他产生了沾沾自喜、骄傲自满的苗头。组织上指定我找他谈话。那天中午，雷正兴正在宿舍里看书，我便进房敞开思想和他谈起来；我说：“小雷，平时是你找组织的多，今天是组织上派我来找你的，我们交换一下意见好吗？”雷正兴说：“那太好了，我知道组织是关心我的，我有什么缺点请指教。”我说：“你的学习和工作确实搞得不错，政治上要求进步，我们都很高兴，但是你要注意的是，在同志们的赞扬声中，头脑要冷静，在进步面前要找差距，一个人总不是十全十美的。据反映，你最近一段里有一点骄傲情绪，不知是不是真的，总之，你要有则改之，无则加勉。”雷正兴马上说：“组织上掌握的情况没错，我认为自己到机关以后，领导上相信我，重视我，表扬我，我没有把这些当成是对自己的鼓励，相反地认为有些同志虽比我早进机关工作，但是有些地方，还不如我，我就有点瞧不起他人了，但没有想到这就是骄傲。”我接着说：“是的，这就是骄傲自

满的表现，它的危害很大，如不及时改正，就会脱离群众，乃至变成你进步的敌人，今后千万要注意，耳边要敲起警钟，时刻鞭策自己，争取不停地进步，才对得起党，才不会辜负党对你的期望。”雷正兴接受意见很快，他痛心地说：“我到机关同志们对我情同手足，工作上，生活上都非常关心我。我在有点点进步的时候就瞧不起别人，这是很不对的，我发誓一定改正缺点，时刻警惕骄傲自满这个看不见的敌人。”接着，我又与他一道学习了毛主席在七届二中全会上的报告，雷正兴拿出钢笔，记录本，一边学，一边记下了有关重要部分，譬如：“务必使同志们继续地保持谦虚谨慎，不骄不躁的作风，务必使同志们继续地保持艰苦奋斗的作风……”从那次谈话后，雷正兴进步更快，时刻注意严格要求自己，同志们对他的反映也更好了。

也谈其所称“向冯健姐姐学习”的问题

[204]

如前所述，雷正兴在荷叶坝完小高小毕业选择继续升学还是回乡参加农业生产时，他经过认真思考，选择了后者，并在少先队主办的黑板上以《向冯健姐姐学习》为题写了一篇几乎占整版篇幅的文章，表示高小毕业后回乡参加农业生产的打算。在高小毕业典礼上的讲话，雷正兴表示响应党的号召，去当新式农民，驾起拖拉机耕耘祖国的土地。高小毕业后，雷正兴确也回到简家塘，在农业社参加劳动并当了队上的记工员。然而，没过多久，他又被调到安庆乡政府当通讯员；约 4 个月后，又到县里正式参加工作当公务员。于是，有人提问：当年雷正兴是否真心实意“向冯健姐姐学习”？

就我的亲历亲见亲身感受而论，我对这个问题的回答是肯定的。

实话说，当年我回乡参加农业生产时，我在西塘有一个完整而温馨的家，家庭吃、住、日常生活无后顾之忧，而这一点，恰是雷正兴所不具备的。当时，他是一个尚未成年的男性孤儿，长期寄住堂叔祖父或堂叔父家，依附别人，不能自立。面临这种状况，雷正兴若要像我那样回乡务农，家庭生活难度之大可想而知。当时，他本想继续升学，但充分考虑到经济条件不备，两难选择，他最终务实定夺，放弃升学打算，决定留在家乡。这种精神难能可贵。然而，现实生活的障碍实难以逾越，他不得不转而作出新的选择。其理其情亦不难理解。在这里，问题的关键不在于他作出了新的选择本身，而更重要的在于新选择了什么？以一种什么样的目的、态度作出这种新的选择？

要雷正兴“向冯健姐姐学习”，张兴玉书记从我与雷正兴第一次相见时就当面这样提，此后又多次提及。张书记不止是口头上说说，而且告诉他要从在政治思想上积极要求进步、热爱农村、不怕艰苦、联系群众等方面进行学习。张书记经常鼓励雷正兴说：你也要像她一样，做出优异成绩争取去见毛主席。均无异耳提面命。无疑，这也是张书记提出要雷正兴“向冯健姐姐学习”的真实意义所在，而绝非动员雷正兴不要在县委机关工作而重回简家塘当农民。事实证明，雷正兴的确很好地按照张书记的指点，自觉地把这种学习体现在自己的实际行动上。

老“团干”刘盛明时系青年团湖南省委机关干部，2012 年 12 月，他在一篇文章中回忆与雷正兴一次谈心的事，其内容兴许可供参考，兹照录如下：

> 1957 年春初，我随湖南团省委书记张德隆同志出差到望城县，主要是要去西塘高级农业合作社，了解全国回乡知青典型冯健的先进事迹和农村基层团支部工作的经验。当天我们住在县委招待所，在县委机关小食堂吃饭的时候，我遇到了当时是县委书记张兴玉的通信员雷正兴。我们两个年轻人，一见如故，一起到厨房端饭上菜，很快就熟悉了。晚上，他到我住的房间来看我，两人无话不谈，直谈到深夜才各自休息。
>
> 当晚雷正兴对我谈的一些内容，现在我仍记忆犹新。他说他要以冯健姐姐为榜样，向冯健姐姐学习。冯健姐姐是一个回乡女知青，决心把青春献给建设社会主义新农村，像男孩子一样积极参加

农业生产劳动，还带头养猪、搞技术革新、办夜校帮农民扫盲识字，特别是组织青年突击队，去干急、难、新、脏、重、险的劳动，在春耕生产紧张的季节，带头参加人拉犁的劳动，解决牛力不足的困难，真是了不得。他决心认真学，把这种好思想、好精神品德，真正学到手。他还告诉我他工作所在单位离冯健姐姐家不远，有时间就多到她那里去现场实地学，求得她的直接帮助指教。

205

其实，这种学习也是互动式的。那时，我们都青春年少，正在成长时期，又有张兴玉书记以及当时的县委副书记赵阳城、黄洪泉同志那样的好领导和良师，从而使我和雷正兴之间的交往更具有积极向上的意义。我们见面时，一有时间就互相问长问短、天南地北无话不谈。我们常在一起，抒发对党、对毛主席、对新社会的热爱和对美好未来的向往，谈论青年人应该怎样学习、工作、劳动和生活，谈论对人生、理想、前途、事业、幸福的看法，有时还互相开展批评，互相帮助，不断进步。

记得有一次雷正兴问我："健姐，听说你在学校是少儿队大队长，在农业社本来是会计，1954 年还被选为第二社长，成了干部，为什么现在又要去当饲养员养猪?"我反问他："干部不能当饲养员？还是养猪人低一等?"他连忙解释说："不是这个意思，不是这个意思，我是说在社里当干部比当饲养员贡献大，何必去养猪。"为了回答这个问题，我就把经过情况作了说明。我说，今年县里号召大力发展养猪，我们社是个重点。但是，由于旧思想作怪，社员群众中有的人轻视养猪，不想当饲养员，认为是累事、脏事、丑事，特别是认为一个姑娘去当饲养员名声都不好听。因此，不管县里怎么号召，发动起来的人不多。其实，发展养猪是项重要的事业，猪全身都是宝，猪粪可以肥田，其他都可以出口，每吨猪肉能换回六吨钢材。养猪不仅对社员有好处，还有利于国家建设。那怎么才能把大家发动起来多养一些猪呢？我看干部不带头是不行的，社里开会时，我就提出不当第二社长，要求去养猪。起初，社里几个负责人都不同意，有的社员说我“出风头”，家里说我“疯了”。当时，好在县里支持了我，张书记不仅在思想上积极鼓励我，还送给我几本科学养猪的书，于是，我当了一名饲养员。社里很快建立了一个养猪场，我带领两个男社员饲养了80多头猪。这样，很快把全社的养猪事业带动起来了。雷正兴目不转睛地注视着我，认真听我说，我话音未落，他突然拉住我的手说：“健姐，我懂了。只要对党对人民有利的事，不论是什么工作，都是重要的，都能作出自己的贡献。”从这以后，雷正兴对我养猪的工作更关心了。见面时，常问我养的猪长得快吗？每次来西塘，他都要跟张书记等同志一道，到我们社的养猪场看一看，有时还参加劳动，为我们社里养猪事业的发展而高兴。

雷正兴还注意在思想上帮助我。有这样一个例子：那时养猪的条件差，完全靠体力，一个十八九岁的女青年要做一个强男劳力的工夫。又因为我是团总支书记，那时团的活动很多，晚上常是点起煤油灯开会、学习、搞文娱活动。这样，我休息、睡眠时间更少，感到有些吃不消。日子久了，我也产生了一点畏难情绪，但又觉得名声在外“骑虎难下”。那时，口里虽没讲，事情也在做，但思想上确实有些想法，有点后悔自己当初想的太简单。我觉得雷正兴是个可信任的人，有次见面，我把心里的想法告诉了他。这时，雷正兴却一改平时那种“小弟弟”的样子，真像个大哥哥似地开导我说：“你不记得张书记多次和我们讲刘胡兰、吴运铎同志的故事了？他们死都不怕，你还怕困难？做革命工作，任何事情都不可能没有困难，现在苦一点，这是为了建设社会主义新农村，你应该很好地坚持下去。”

雷正兴的这些话，对我既是批评，又是鼓舞和帮助。我还感到雷正兴这段时间的进步比自己快，我也不能落后。这样，我又振作起来，在饲养员这个岗位上坚持下去，并比以前干得更好些。

从对四种鸟的人格化比拟看胸怀

[206]

那是在治沩工程建设的日子。一个雨后初晴夕阳西照的傍晚，《治沩工地报》记者刘大谨和雷正兴正从第五大队回指挥部。这时一群寒雁从天空飞过，一时排成“人”字，一时又排成“一”字，队列整齐，间隔有距。就在赞颂这些寒雁的组织性、纪律性的同时，刘大谨说了一声：“这雁阵多富于诗意啊！”雷正兴说：“雁的整体精神的确是值得赞扬的。”刘大谨好奇地问他：“在鸟类中，你还喜欢哪一种？”雷正兴不假思索地说：“我最喜欢啄木鸟。”这时，刘大谨不置褒贬，即兴向雷正兴讲起了关于啄木鸟的故事来：据说啄木鸟原本是一位青年妇女。有一次，她正在做馒头，有一个神仙变成老太婆，向她乞讨一个充饥。这少妇便把手中那个拧去一半，准备做得小一点给老太婆，当她做好后还是觉得大了一点，又把它减去一半，这样一连减少上十次，直到小得不能再小，才说：‘等这个蒸熟了，你拿去吃吧！’说完转过身来，老太婆不见了，只听到门外传来隐隐约约的声音：‘好吝啬的女人啊！我要叫你求食不易哩！’这时少妇感到全身不适，定睛看时，自己身上长了羽毛，一摸嘴脸，嘴巴也变得尖利而坚硬了。

刘大谨告诉雷正兴：“这是我读中学时，在英语课中从《天方夜谭》里读到的故事。”谁知雷正兴听了颇为反感只笑笑说：“这只是作者虚构的一个故事，不健康的因素多，它除了教育人们不要吝啬刻薄这一点外，主要是污蔑了艰苦体力劳动，认为艰苦的体力劳动者，是前世没做得好事，是神仙给予他们的一种惩罚。用这种方法宣扬宿命论来磨灭人们的反抗意志。其实，生活中的啄木鸟，是勤劳、有贡献的益鸟，它是森林的卫士，害虫的克星，人类是十分喜欢它的。”接着，雷正兴给我朗诵了他自己写的一首诗：

把自己当作啄木鸟吧！
用辛勤而艰苦的劳动，
为万木除病灭害，
使树长得挺拔参天，
绿化原野，
造福人类！

千万别把自己比作鹦鹉鸟啊!

成天只会学舌别人

为少数人——富豪们、权贵们

赏心悦目

对广大的劳苦大众

不给一点什么,

不作些微贡献。

㉗

人们都喜爱百灵鸟,因为它不仅长得小巧玲珑,而且天生一副好嗓子,善歌唱,歌声婉转悦耳;还会用双翅扇动,做出优美的舞姿。百灵鸟鸣叫还富有韵律,可以叫出不同的音调和小段来,所以养鸟人说百灵鸟叫声是有“曲牌”的。另外,它还会模仿鹰、猫、画眉等鸟兽的叫声,真可谓“百鸟之灵”了。

据时任望城五星人民公社洪山大队妇女干部聂建辉口述回忆文章记载:

雷正兴在原五星人民公社担任通讯员的时候,曾自称为“百灵鸟”。1958年11月初旬,他招工去鞍钢与我辞别的时候,专程到我当时工作的洪山大队,邀我一同去鞍钢当工人。考虑当时工作情况和气氛,我说公社党委和大队党总支都不会同意我去。去年株洲冶炼厂招工时我报了名,原乡党委因我是大队的妇女和团的骨干就没有批准我去。雷正兴听后长长地叹了一声气,然后向我要签名本为我题词留念。当时,我手边只有做记录的本子,第一页留有空白,我顺便递给他,他稍稍思索一下,便挥笔写下了这样的留言:

聂建辉同志:

今日百灵鸟飞去,不知何日相会,让我们在社会主义建设事业中,共同奋斗,携手前进。

雷锋　1958.11

我接过笔记本，看到题词中他自称为“百灵鸟”，感到很有趣。回忆我们几个月的交往，在我的心目中，他的确像一只天真活泼的“百灵鸟”，给我们带来无尽的快乐。他额前搭着几绺刘海，圆圆白白的脸上，常常荡漾着笑波，身着白衬衫和背带裤，性格开朗，爱唱歌的他常像喜鹊一样，边跳边唱，既唱流行的革命歌曲，也哼些花鼓戏和民间小调，显得很是英俊潇洒。

雷正兴每次送通知、文件到大队，总喜欢要我们请客。买些糖果招待他。一次，我冲着他说：你是公社大干部，为什么要我们这些小干部买呢，首先你要请客。他振振有词地说：“我到你们大队是客，你们是主人，主人招待客人，是理所当然。”我们在大队部左边供销社里买些小花片和发饼招待他。以后我们到公社开会，也喜欢到他房子里玩，他也买些糖果回敬我们，显得很是热情。

当时，雷正兴虽已年近十八，由于他个子矮小，又有一张圆圆的娃娃脸，所以总让人感觉他没有脱离孩子气。记得一次他送通知到我们大队，我正在办公桌上聚精会神地工作。等我起身时，才发现自己的两根长辫子被系在了椅子上。我知道是雷正兴这个小调皮搞的“恶作剧”，我解开辫子后，边骂边追赶他，他哈哈直滚地朝回公社的那条路走远了。

那些笑声至今还常在我的脑海里回响，这天真活泼的“百灵鸟”，真让人难忘呀！

生活充满阳光

(208)

雷正兴崇尚真善美，追求真善美，还体现在他热爱生活，热情乐观，朝气蓬勃，爱美且又积极创造美，兴趣爱好相当广泛。

雷正兴爱整洁、美观，很会安排生活。在望城，我几乎每次见到他穿的衣服虽然很普通、很朴素，但总很整洁，洗得很干净，破烂的地方缝补如新。穿在外面的衣服大都选较好的，穿在里面的衣服虽有的补丁叠补丁，但内衣衣领白白的，且翻露在外上衣衣领外面，这样的穿着打扮，也就使雷正兴那小个子身段较为显眼而又英俊。雷正兴穿的鞋袜也是很干净，他常穿一双普通的胶底“解放鞋”，鞋面不见尘土。雷正兴睡的虽是极普通的单人木板床，但一尘不染，卧具整理得很好，盖的被子虽很陈旧，但洗得很干净，折叠得有棱有角，整整齐齐。雷正兴初到县委机关时，住在县委大门旁的一间房子里，跟交通班（通讯班）几位伙伴朝夕相处。他一来，就给房子搞大扫除，抹洗门窗，整理室内陈设。房里床铺、桌椅等物都摆放得井然有序，既便于保管，又使用方便，

雷正兴很爱美，爱欣赏山水花草等自然美景。望城农民喜欢种“红花草”（学名紫云英）肥田。每到阳春三月，红花草盛开，如火如荼。雷正兴最喜欢观赏这种美景。他看不够，还要采摘一些带回住地养在盛水的小玻璃瓶里供观赏。有次雷正兴和县里其他几个同志一道送我去出席一个会议，他还特意采一束红花草送给我。红花草适应性强，易种易管，花儿美，肥力大，是农家一宝。我想，雷正兴的这种审美情趣表明，他爱红花草，也许还不只在于一般美的欣赏，更在于爱它的那种无私奉献的品格。

209

雷正兴很喜欢照相。在望城，雷正兴留下了多张不同时期的个人单照或集体合影。那时，县城里仅有一家个体的“戴丽”照相馆。雷正兴在那里照个几次相，给其老板戴杰留下了很深印象。他留下的照片，有的具有特别纪念意义。1957 年 2 月 8 日，雷锋入团宣誓后，特意在戴丽照相馆拍了一张单照。他头戴青色呢帽，身穿蓝色列宁装，胸前佩戴着圆形白底红字的“中共望城县委会”证章，洋溢着青春气息。雷正兴在望城工作期间与张兴玉、赵阳城等领导同志先后有三次很有意义的集体合影。一是 1957 年秋天，与县委张兴玉等 3 位书记、6 位部长、1 位县妇联主任等领导同志在县委办公楼前的合影。另一张是 1957 年冬治沩工程总指挥部部分领导同志 9 人的合影。还有一张是 1958 年 10 月 31 日 50 多人的合影，这是当时县委机关全体工作人员为欢送张兴玉同志荣调岳阳地委任书记的合影（见图 20－1）。我与雷正兴的合影仅

图 20－1　雷正兴（前排左二）1958 年 10 月 31 日与望城县委领导和机关干部合影（据资料图片翻拍）

有一次。记得有一天，一位记者采访我，雷正兴也在场，待记者给我摄完相后，他很机灵地说：“健姐，我们俩姐弟也来照个相。”记者立即满足了他的愿望，这是在望城，也是在雷锋一生中，我们俩人唯一的一次合影。可惜这张合影未能索存，深以为憾。雷正兴到鞍钢以后不久，给我写信谈了他在鞍钢的情况，并寄来了他离湘前在望城县戴丽照相馆单照的一张右手握书卷的全身相。雷锋到部队后又给我随信附寄了一张照片，这就是前面提及的有“雷锋 1961 年 6 月 4 日”亲笔题词的照片，也是我收到的雷锋最后一次题赠的照片。

(210)

雷正兴兴趣爱好相当广泛。他爱鼓乐，小鼓、腰鼓、口琴、手风琴等都弄得不错。他爱看电影、爱唱歌、跳舞、爱参加演戏、表演节目。在西塘，有时我拉二胡，他跟着伴唱。雷正兴爱骑马、爱游泳、打乒乓球、打篮球，业余时间经常活跃在乒乓球桌前和篮球等运动场上。1957 年 7 月 20 日，雷正兴还特意身穿写有“锻炼”两个大字的白短袖衣和白色运动裤单照一张全身相俨然一个运动员模样（见图 20－2）。

前面说过，早在雷正兴读高小时，即曾上台男扮女装演哑剧《小

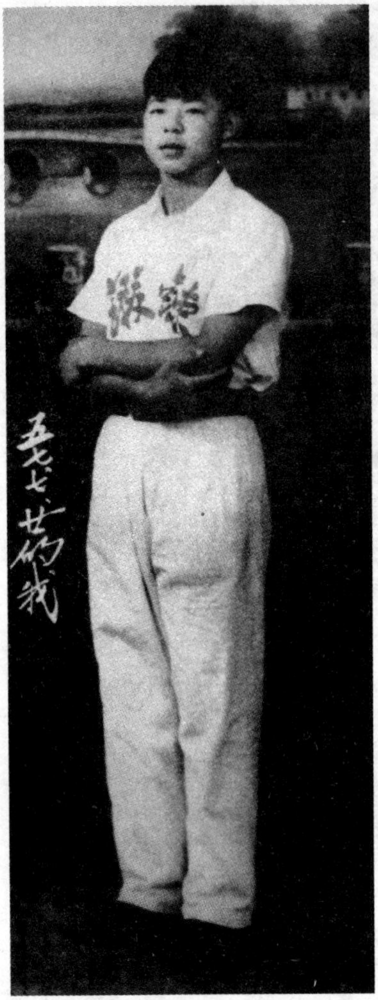

图 20－2　雷正兴 1957 年 7 月 20 日留影（据资料图片翻拍）

渔女》，在剧中扮演一个智斗妄图奸污她的侵华日军士兵的勇敢的渔家姑娘，惟妙惟肖，赢得满堂喝彩。无独有偶，在团山湖农场，雷正兴还有一次权充“女篮队员”上场参赛的“记录”。那是 1958 年夏季的一天，望城县举行篮球比赛，二中女篮夺冠。团山湖农场女篮不服气，下战表邀请二中女篮到农场再比高低。雷正兴在场外观战还负责招待茶水。这场球双方互不相让，拼得很凶。农场女篮出师不利，下半时被罚掉两个，这可让队员人数本来就不多的农场女篮犯愁了，竟然凑不够五人再战。也不知是谁出了这样一个“鬼点子”，提出雷正兴替换。裁判员同意，对方也没反对。雷正兴也不推辞，就在众人的欢笑声中粉墨登场。因他留着“刘海儿”发型，穿件红背心，个儿不高颇显苗条，还真像个“俏妹子”。不过，虽有这个“假妹子”上阵，农场女篮最终还是没赢过二中女篮。终场时，双方队员握手致意。雷正兴与对方主力队员杨必华打趣说：“你投篮蛮准，不过只赢我们三分球，不算英雄，我们下次见。”杨必华逗雷正兴说：“下次？下次谁还跟你打呀！”也是无巧不成书。几个月之后，杨必华也应招报名去鞍钢当工人，与雷正兴在车上相逢。提起几个月前的那场球赛，两人都哈哈大笑。杨必华甚至笑着“挖苦”说：“你们农场真够呛，女队员凑不齐，竟好意思让你这个男队员跟我们打，不像话！”

兴许毕竟是长大一些了，在县里工作这两年间，雷正兴似乎并没有给人们留下打陀螺、滚铁环“高手”之类的记忆。但在空闲时间用手指代枪作瞄准射击的姿势东乒乒、西乒乒，打个水漂漂，甚至在无害的前提下逢场趁人不注意时抽掉其坐凳而逗笑之类小小“恶作剧”则仍有所耳闻。这也难怪，“少年壮志不言愁”嘛！

第二十一章

挥手自兹去
离湘万里征

且说雷正兴离湘前夕的一段心路历程

㉑①

那是火红的年代。

那是激情燃烧的岁月。

1958年秋，形势的发展变化，使雷正兴的工作面临诸多新的情况，这也就进而促成他在人生道路上又一次作出新的抉择，并得以谱写其人生历史新的光辉篇章……

一是随着“大跃进”和人民公社化的高速推进，雷正兴亲手参与创建的团山湖农场在存在约8个月之后，即由国营而下放给五星人民公社管理。这种体制上的变化的冲击，意味着雷正兴原先的“农场工人”的身份改变，他能否继续当拖拉机手亦是未知数。

二是随着五星人民公社的建立和团山湖农场的下放，雷正兴被调任该公社通讯员，表明他事实上已离开了原先的工作岗位。

三是望城县委主要领导人事变动：张兴玉书记职务升迁，调离望城任岳阳地委副书记；赵阳城升任中共望城县委书记。

上述三个方面的变化，必然使爱思考的雷正兴对自己“该怎么办”的问题重新作认真的思考与抉择。

对此，显而易见，县委主要领导人事变动的本身，对雷正兴而言不会有什么负面影响。因赵阳城书记从来就像张兴玉书记一样无微不至地关爱和培养雷正兴。尤其是他在治沩工程指挥部当通讯员那段时间，给赵书记留下了极好印象，赵书记像张书记一样，都非常喜欢这个“小雷”。事实上，就在张与赵两位书记工作交接期间，相关部门曾已将雷正兴调来县委机关工作了一段时间。问题的关键在于雷正兴本人对此态度不鲜明、不主动、不积极，给人们的印象是：“机关留不住他，他不想回机关工作。”

(212)

这倒使我联想起那次雷正兴来西塘欢送我上大学时谈到的他的某些想法。兴许，亦有助于管窥是时的雷正兴的一段心路历程。

1958 年 10 月，组织上决定保送我到湖南农学院读书。雷正兴听到这个消息，又高兴又羡慕，他甚至萌生了与我同去上大学的想法。

在我离家上大学前夕，约是 9 月中旬的一天上午 9 点来钟，雷正兴特地跑来西塘我家送别。他未进门就大喊：“婶婶，健姐。”我一听就知道准是小雷来了。果然。只见他一路走来满头大汗，气喘呼呼的。我妈忙招呼：“伢子，快进屋坐，快坐，休息一下。”她又叫我：“健姑娘(父母对我这个长女的爱称)，你快去打盆水来，让小雷洗个脸凉快凉快。”我妈又转身给小雷泡了一碗热茶。小雷对我父母很热情、有礼貌。小雷尊称我父亲叫“叔叔”、称我妈叫“婶婶”。我妈贤慧、热情、善良。她听说了小雷的身世，对小雷很同情。她像对自己的孩子一样，小雷来我家，我妈每次总要设法给他弄点吃的，就是吃蔬菜饭，也要多放一点油，让他吃了能增加一点营养。我大弟冯倡与小雷两人亲如兄弟。我几个弟妹也都一样，与他见面就“小雷哥哥”叫个不停。这无疑让小雷油然而生了一种“家”的感受。这次，我妈又忙着抓鸡宰杀，张罗饭菜，留小雷在我家吃午饭。

这时的雷正兴与我一年多前第一次见到的那个“小雷”相比，不仅个子长高了，身体壮实了，思想认识也有了很大进步，成熟多了。他对我讲了很多祝贺和鼓励的话。他要我很好地珍惜上大学的机会，安下心，集中精力，刻苦认真学习，但要注意保护身体。他还说农村需要有文化有知识的人，学成毕业后就回家乡来建设社会主义新农村。

雷正兴很羡慕我能有这样好的学习机会。不久前他曾说过他也想去上大学。这次交谈中他又很认真地说："健姐，我真想跟你一块去农学院读书。"那时，我当然也希望雷正兴能和我一道去上大学，可是，这要由组织上来决定，我个人爱莫能助。我安慰他说：今后有的是机会。你在农村广阔的天地里，在实践中同样可以学到许多书本上没有的知识。你很聪明，好学、肯钻，可以自学提高，达到大学水平。相信你一定会比我强。他也表示了他一定要很好地听党和毛主席的话，继续前进的心愿。

雷正兴想去上大学，确也是他当时的真实思想。听说雷正兴确曾向县委几位领导请求过。因为上级只点名要我去，名额有限，雷正兴渴望上大学的愿望未能实现。

交谈中，自然也谈到了雷正兴当时的工作等情况。他说团山湖农场下放了，他不开拖拉机了，在五星人民公社当通讯员。到处都遇到了好心人。老场长李庆发是公社书记，对他很好，就像父亲一样关照他。同志们也很关心他。大家都相处得很好。我记得雷正兴还提到："县里要我回去，我不太想，因为在下面能更好地锻炼自己。"

那次，雷正兴赠送了一支"英雄"金笔给我作为纪念。此前（具体时间记不起来了）我曾赠送了一张个人半身相片给他。这也是我送给他的唯一的一张相片。想不到他把这张相片从望城带到鞍钢，从地方带到部队，一直珍藏着。雷锋以身殉职以后，陈广生在负责参与清理雷锋遗物时，发现了这张我当年赠送的相片。1963 年陈广生第一次来采访我时，就提到过这张相片。在他写的散文《难忘的红花草》中即有记载，这是后话。

那次雷正兴在我家吃了午饭又急着回工作单位。临走时，我妈还煮了一些鸡蛋送给他带回去吃。我送他走小路（近路）经同福黄田到白沙洲，我才与他分手往回走。临别时，他还一再希望我今后继续帮助他，互相多联系。可惜，从这以后，我就再也没有与雷正兴见过面。想到那次见面，竟成永诀，每念及此，至今心里都非常难过。

我愿把我的青春献给祖国

⑬

遵循鼓足干劲、力争上游、多快好省地建设社会主义的总路线，国家为确保钢铁工业发展，1958 年 10 月下旬，鞍钢来人到望城县招工。雷正兴闻风而动，积极要求参加鞍钢建设。当时，县里很多同志舍不得雷正兴走，劝他留下来。但雷正兴决心大，一再请求领导放行，终于得到了批准。雷正兴从而又迈出了自己人生新的重大一步。

鞍钢招工的信息是张希文告诉雷正兴的。张希文系原望城县委交通班通讯员。当年雷正兴到县委机关当公务员一来就与张希文住同一房间。张希文比雷正兴年长 4 岁，两人情同哥俩，一起上班、一起学习、一起生活，相互配合，努力工作。那天，张希文听到鞍钢招工的信息立即匆匆赶到五星人民公社驻地周家坝告诉雷正兴，问他愿不愿报名。听到这个信息，雷正兴几乎高兴得跳了起来，他毫不犹豫地说："我报名去鞍钢，那是国家的钢铁基地，可以大显身手。"雷正兴还动员张希文也报名一同去鞍钢。雷正兴向领导请了假，赶回县城报名。也就在这一次，在鞍钢发给的招工登记表上，小雷——人们熟知的"雷正兴"的名字，第一次被改称为"雷锋"。紧接着——1958 年 11 月 7 日——雷锋庄严地写下了"我自己申请，经望城县委批准"去鞍钢当工人的《决心书》。兹据《决心书》手稿，全文照录：

> 我是一个孤儿，我 7 岁时，父母双亡，无人照管。自从来了人民的大救星——共产党，她把我从火坑中拯救了出来。党给我吃的穿的，还送我读书，1956 年我已高小毕业。
>
> 几年来，由于党的不断教育和培养，使我从一个幼稚无知的孩子，成长为一个有一定知识、觉悟的共青团员。1956 年 11 月，党把我调到望城县委会当公务员，保卫首长。因工作需要，在今年又调我去农场学习驾驶拖拉机，经过 8 个多月的学习，现已成为了一个驾驶员。

根据国家形势的发展，钢铁生产占了目前的重要地位，我自己申请，经望城县委批准，我来鞍钢学习，我愿把我的青春献给祖国，我愿永远作鞍钢的工人，服从组织的调配，到工厂后，我一定刻苦学习，积极工作，顽强的劳动，一定苦干苦钻，不骄不傲，虚心向群众学习，克服一切困难，发挥一个共青团员的应有热能。

我永远跟共产党走。我一定争取在钢铁战线上当上英雄和模范，我要为祖国人民的幸福生活而奋斗到底。

望城县委机关

雷　锋

58.11.7

资料显示，1958 年鞍钢前后分批来湖南招工，计约 200 人左右。此次系最后一批。鞍钢当年的招工对象明确为城镇的无业青年和乡村中的青年农民。此次在望城县招的百名青工中，像雷锋这样的资历则绝无仅有！

须知，就是这个雷锋，他本已有了很好的工作和成就事业的条件。他是县委书记喜爱、组织领导信任、机关同志拥戴的县委机关公务员，且无论他在机关当“三员”或是在治沩工程指挥部当通讯员，或是在团山湖农场当拖拉机手，所到之处，无不口碑载道。此时，他却要丢掉过去的一切本钱，“而今迈步从头越”，因而难免会使许多人对他的这种人生选择和事业安排感到难以理解甚至莫明其妙！然而，在雷锋的心目中，他则坚定地认为此举实属应该而且必要。这从他到鞍钢报到上班之后，与所在的鞍钢化工总厂洗煤车间白明利主任的初次对话中可见一斑：

“你在农场开拖拉机，每月工资多少？”

“32 元。”

“你知道在这里当学徒，每月工资多少？”

“我没问过，不晓得。”

“我告诉你，在这里学徒每月只有22元，比农场少拿10元，你不怕吃亏？”

“吃亏？不，我不是为钱来的。”

“那你大老远地到鞍钢来为什么？”

“为了炼钢嘛，为了‘1070’嘛！”

1070万吨钢是当时中央为1958年确定的全国钢产量指标。

改名抒壮志

(214)

众所周知，雷锋乳名“庚伢子”，正名“雷正兴”。在望城，当年除彭德茂乡长和小雷原住的简家塘一带的乡亲及亲友多称呼其“庚伢子”之外，人们大多以“小雷”或“雷正兴”相称。案头相关资料，对雷正兴改名雷锋的由来流传多种“版本”，虚实杂陈。在此，特秉持第一手可信材料，据实记录其始末。

其实，小雷改名的念头还是在1957年2月入团以后不久产生的。小雷入团后，感觉“雷正兴”是个孤儿的名字，自己早已不是孤儿了，还用这个名字不怎么合心意，想改一改，并希望改个单名。那天，他征求张兴玉书记的意见，张书记说：“行”，并帮助他琢磨改个什么名字好。张书记还真动了一番脑筋。想来想去，想到了“山峰”的“峰”。张书记认为，这个名字符合他的性格，体现他的志向。于是就对小雷说：“你若改名，就用山峰的‘峰’，叫‘雷峰’怎么样？”小雷一听就很乐意，当即把“雷峰”两个字记在了本子上。他从心底里感激张书记这位亲如父辈的师长，为他这个孤儿起了一个响亮而又有深刻含义的名字。不几天后，小雷蹦蹦跳跳跑到冯乐群办公室，欣喜地告知了张书记为他改名的事。冯乐群一听即赞赏说：“这个名字改得好！”对此，冯乐群1992年6月26日写的回忆文章有这样的记载：

雷正兴入团以后不久，他找到张兴玉书记，要把雷正兴这一名

> 字改为单名。张书记考虑了一段时间，回答他说，你就叫做雷峰，行吗？峰是山峰，是高峰，这一定会永远激励你奋发努力，攀登高峰。雷正兴点点头，从心底里感谢张书记这位亲如父母的长者，为他这个孤儿起了一个响亮的而又富有深刻含义的名字。一天，他跳跳蹦蹦跑到我的办公室，欣喜地把张书记为他改名的事告诉了我。我说这名字改得好，除了永攀高峰这个深远意义之外，还有另外一层意思。杭州西湖之畔有座雷峰塔，是扶正祛邪之物，这样取名也可以鼓励你向一切不良倾向作斗争。当时在县委机关的同志都亲切地称他“小雷”，很少有人叫他“雷正兴”，而“雷峰”这个名字就更是鲜为人知了。

然而，雷正兴对自己改名的思考仍然还在继续。约在1958年秋的一天，雷正兴又找到冯乐群说：“我想把山峰的‘峰’改为先锋的‘锋’，你看好不好？”冯乐群反问这是为什么？雷正兴显得有些激动地解释说：“我现在已经成为共青团员了，将来要加入中国共产党。共产党是工人阶级的先锋队，成为其中的一员，做个先锋战士更有意义，对吗？”听这么一说，冯乐群即表示赞同说：“改为先锋的‘锋’字意义更重大，意味更深长。”

对雷正兴改名前前后后的想法，事后，张兴玉书记曾谈过他的一点看法。1981年3月，陈广生再访张兴玉书记谈起雷锋改名的事，张书记回忆说：给小雷改名雷峰，当时只是说说而已，没有特殊理由是不能随便改名的。没想到他去鞍钢报名时果然把名字改了——把山峰的“峰”又改成了冲锋的“锋”。当了兵，他就只想冲锋了。

中国素有“以名言志”的传统，雷正兴改名字正是为了言志。况且雷正兴改名字不是一时冲动，而是反复思考的结果。在思考过程中，他可能向好几位亲近、要好的领导、同事、友人讨教、征求意见。我依稀记得小雷什么时候也曾向我讲过他想改名字的事。但我只当他说来好玩一样，未当回事。他正式改名“雷锋”是他到鞍钢以后给我来信方知。回顾雷锋改名原委，虽而今对其细节未可尽知，但有一点应予肯定：张兴玉书记是第一位为雷正兴改名字为“雷峰”的人。至于后来“峰”与“锋”的演绎，则主要系小雷自主所成。张兴玉书记听说后亦欣然支持。

现在，雷正兴正式改名的机会到来了。这天，雷正兴为去鞍钢在和张希文离开周家坝赶回县城报名的路上，又想起了改名的事。据张希文1993年8月28日口述回忆文章记载：

1958年10月下旬，鞍钢来到我县招收工人，办事员住在县招待所。平日，我听雷正兴说过，他想到工厂去当工人，支援祖国社会主义建设。我于是连忙赶到周家坝，把鞍钢招工的消息告诉了他，问他愿不愿意报名。听到这个消息，雷正兴高兴得几乎跳了起来。他毫不犹豫地说：“我报名去鞍钢，那是国家的钢铁基地，可以大显身手。”他也劝我一同去鞍钢。

雷正兴向公社领导请了假，与我一起去县招待所报名。我们并肩走在新修的团山湖垸的大堤上，放眼远方，一抹彩霞横在天际，远山溶在霞光里，像画一样美丽；沩水河清澈透亮，片片白帆驶向宽阔的湘江，充满诗情画意。我们仿佛已经成了一名钢铁工人，正在通红的炼钢炉前劳动，心里格外高兴，跨步格外轻快。当走到三汊河口时，雷正兴突然停住脚步，若有所思地对我说：“希文，我雷正兴这名字，是幼时叔公给起的，包含有家道兴旺的意思，旧社会，我连家都没有，还说什么兴旺呀！我不喜欢它，一直想改个名字。近年来，常在乌山、金山等地走，觉得山能登高望远，不会迷失方向，心里想改名叫雷峰，可是一直没改成，现在就趁报名当工人的机会，坚决改过来。”

“现在想改什么名字？”我问他。

他十分神往地说：“现在全国大跃进，全党全民大炼钢铁。钢铁元帅已经升帐，我又想去鞍钢当工人，我想我的名字应该改得既与钢铁结缘，又要表达我打冲锋，争先锋的心愿。我觉得叫‘雷锋’蛮好。你看呢？”说着，他十分诚恳地望着我，征求我的意见。

我连声称赞说："改得好，改得好！"

看到雷正兴改了名，我也想把名字改一改，但我只读了三个月的书，文化不高，我很钦佩雷正兴的聪明才智，就请他帮忙。雷正兴深思了一会说："你那个名字叫希文，是希望有文化的意思，缺乏主动作战的精神。我看叫建文吧，发挥主观能动作用，建设社会主义，建设新文化，表现出主动创造的精神。"

我听了他的分析，觉得很合心意，便连连点头："要得，要得！"到了招待所，天已黄昏，我们分别找到招工的同志，各领了一张招工表，坐在灯下认真填好。在姓名一栏里，他庄严地写了"雷锋"二字，我郑重地写上"张建文"三个字。

资料显示，雷正兴改名雷锋后，"锋"与"峰"仍时有互用。如雷锋参军后，1960 年使用新的日记本，扉页上剪贴着的黄继光画像，在画像右侧写的向黄继光学习的 7 行誓言后，即签名"雷峰"，加盖的两处印章亦刻"雷峯"字样。另有一说他亦用"雷烽"之名发表过文章，待考。

题词互勉励

[215]

临别留影、互赠照片、题词互勉由来已久。在万象更新、生机勃发的 20 世纪 50 年代，这种积极向上的人际交往方式蔚然成风。生情热情、活跃、爱交友而又知恩图报的雷锋自然免不了也要赶一赶这个时尚。

1958 年 10 月 31 日，以望城县委机关办公楼为背景，拍摄了一张五十多人的大合影，张兴玉书记（前排右二）、赵阳城书记（前排右三）等县委主要领导同志在前排就坐，雷正兴亦坐前排左二。照片上端印有两行显目的文字：

鼓足革命干劲，奋勇前进，为共产主义奋斗到底！

1958.10.31 于中共湖南望城县委

因为在合影之后第 12 天，此时已正式改名叫雷锋的他正式离开望城北去鞍钢。出于这种时间上的巧合，所以有人误以为这是为欢送雷锋去鞍钢留影。其实合影缘由并非如此。因其合影起因系望城县委机关全体干部欢送张兴玉书记调离望城去岳阳工作。故照片中张书记三个小孩坐在前排，张书记夫人郑桂先站在第二排。当时，因小雷不在机关，事前，张兴玉书记特意要人将小雷从乡下找回来参加合影。因此，不能舍本逐末，认为这张合影是望城县委领导和机关全体同志欢送雷锋去鞍钢。不过，事也凑巧，这样一张高规格的“全家福”式的大合影，对雷锋而言则可谓“不是欢送，胜似欢送”。

雷正兴改名离湘去鞍钢前夕，启用“雷锋”这个名字为友人题词留念。五星人民公社总机室话务员秦秀桃的妹妹秦中华时为望城县农校在读学生。雷正兴是公社通讯员与总机室打的交道多。故在秦中华常来总机室看望姐姐时也就认识了雷正兴。1958 年 11 月 1 日，秦中华去看望姐姐又巧遇雷正兴。话别时，相互题词留念。据秦中华 1993 年 5 月写的题为《年轻的人　火热的心》一文中记载：

1958 年 11 月 1 日，我又到姐姐那里去玩。闲谈中姐姐说：“鞍钢、湘钢来招工，小雷报名去鞍钢。”话音刚落，小雷已经跨进总机室了，他高兴地说：“钢铁元帅要升帐，组织上已经批准我去鞍钢当工人。”

我姐姐的脸色有些异样，用一种很羡慕的心情说：“好啊，你飞走啦！”小雷笑笑，转身见我坐在床沿，便对我说：“中华，你也报名吧！我们一起去，那该多好啊！”我也很动心，但我农校还未毕业，就对他说：“我正在读书，暂时去不了。”

“也好，等你毕业了，我随时都欢迎你。”仿佛他已是鞍钢工人了。说完，他递过一个深蓝色小日记本，十分恳切地说：“请你们题个词留念吧！”我姐姐笑着说：“中华文化高，你当全权代表！”

我当仁不让，拿起笔来在他日记本上写了：

“雷锋同志分别留念：中国有无数的你——共青团员，华美的社会主义就能实现。秦中华，写于望城县，1958 年 11 月 1 日。”

我姐姐抢过笔记本先睹为快，看后高兴地说：“写得好，我也是这个意思。”雷锋过去，看过一遍后，眉尖一挑说：“谢谢鼓励。蛮有肚才呀，把‘中华’两字也藏在里面了，我会把它记在心里的。”说得我脸也红了。“礼尚往来，请你也把日记本拿出来，让我也题个词作留念吧！”“那当然啦！”我一边说一边从背袋里摸出一本和他那本一般大小的深红色日记本，也是上月发的望城县第一届建设社会主义青年积极分子大会的奖品，请他题词。他略加思索，便写起来。我接过日记本，只见八行排列有致，字体倾斜的文字：

“临别留笔（言）：亲爱的同学，革命的朋友，愿你跨上战马，高举战旗，在社会主义建设中让我们携手前进！雷锋提（题）赠于望城。58. 11. 1。”

我很感激他对我的鼓励，也深知他的厚望，说：“让我再给你写一篇吧！”拿过他的日记本，写下了既厚望于他，也鞭策于自己的两句话：

“分别同学，相会英雄。学友，秦中华写，1958 年 11 月 1 日。”

雷锋接过日本本，仔细琢磨了一阵又拿过我的日记本，深情地说：“刚才给你的题词，意犹未尽，让我再写一段话给你作为对你这段题词的回报与共勉。”说完，他又在我的日记本上写了第二篇赠言：

“小秦，你是党的忠实女儿，愿你的青春像鲜花一样，在祖国的土地上散发芬芳，‘伟大的理想产生于伟大的毅力’，请你记住这两句话，祝你在平凡的工作上，锻炼成为一个真正的共产主义战士！雷锋提（题）赠，58. 11. 1。”

我们两人题过来，题过去，把总机旁的姐姐弄懵了。她又抢过我的日记本看了半天。突然，像哥伦布发现新大陆一样，惊讶地说：“哎呀，你什么时候改名雷锋的?”雷锋笑笑说：“这次报名时改的。今后，我要争当革命的开路先锋。”不知怎的，我姐姐像犯了红眼病似的，说：“我秀挑这名字，也不好，我也要改改名。我也要与你一样建设祖国去。”那时，大家都认为搞工业才叫建设，当即，就改名叫“秦建”，后又演变叫“秦健”。1959 年初，她真以秦健这个名字报名参加了铁路工作。

这天夜里我们与雷锋漫谈理想与抱负，简直忘了一切。他到鞍钢后，给我来过好几封信，并寄给我一张他在天安门前骑摩托的二寸照片，照片后面对角方向题了词：“小秦同志留念：革命的朋友，伟大的友谊。雷锋赠送。58.11.28。”我也每次回了信。后来，我毕业了，东奔西走，他也换了工作地方，我们就失去了联系。

(216)

在赠给雷锋的题词中，有署名“你姐黄丽”的人于 1958 年 11 月 9 日写的一篇达 350 余字的“临别留言”，写在雷锋一本日记的扉页上。全文如下：

亲如同胞的小雷弟弟：

你勇敢聪明，有智慧，有远见，思想明朗，看问题全面，天真活泼，另（令）人可爱。你有内在的美，和外在的美，对任何同志都抱着极其信任的态度，等等。这一切结合起来，才算得我心爱的弟弟……

弟弟，你值得人羡慕的还多着哩，是青年中少有的，在建设社会主义中是会做出很大的贡献的。你的干劲和钻劲使你勇往直前。希望你的建设共产主义的事业中把你的光与热发遍全中国，全世界，让人们都知道你的名字，使人们都热爱你，敬佩你。弟弟，希望你实现姐姐的希望。

在临别之前，要把我内心的千言万语说完是办不到的。我是不

愿意弟弟离开的。但祖国钢都需要你和等着你呢。弟弟，前进吧！前途是伟大的，光明的。姐因文化太低，不能把我内心想说的都写出来，只好就此停笔。

你姐黄丽

1958. 11. 9

事隔38年之后，经雷孟宣、胡道明等多方查访，得知当年留言的这位“黄丽”即王佩玲。原本望城坪塘区供销社门店女营业员，开办团山湖农场时，她被下放到团山湖农场当工人，与雷正兴相识。1958年3月13日，雷正兴在赠送给王佩玲的一个日记本上，曾题写了这样的赠言：

王佩玲同志：

你是党的忠实女儿，愿你的青春像鲜花
一样，在祖国的土地上散发着芬芳！
伟大的理想产生于伟大的毅力！
请你记住这两句话，在平凡的
工作岗位上，祝你成为一个真正的战士！

雷正兴　提赠于农场

由于当年这位“黄丽姐”题词未署真名，且事后强隐真情达38年之久，其事其情颇有点扑朔迷离，以至仁智各见，一度引发诸多不同版本的解读。

依依惜别吐衷肠

[217]

雷锋是个懂事明理、知恩图报的热血青年。他深深地热爱着养育他的望城这片热土和望城人民，因而在离别之前难分难舍。离别前他做的一件大事就是专程去韶山瞻仰毛主席故居。随后，他马不停蹄，走这里走那里，从这家到那家，满怀赤子之心，向长期以来给他以教育和培养，给他以关怀、帮助和温暖的张兴玉书记、赵阳城书记等领导、同志、同事、亲眷、乡亲和友人等等表达由衷的谢意和敬意，倾诉衷情……

雷锋回到那曾生活过16年的简家塘。因当时公社办了公共食堂，简家塘那几间破旧茅屋已被拆除，原先的住户搬住到附近的罗家大屋。雷锋无限深情拜见了那位义重恩深的六叔祖父，说了许多感激的话语。老人对侄孙儿千叮咛万嘱咐。他还登门拜访了附近的几家亲戚。晚上，雷锋与六叔祖父以及堂弟雷正求同睡一床，仍有说不完的话。第二天上午含泪告别时，他一再请六叔祖父多加保重，并说“我会回来看望你们的”。

此时此际，雷锋还抽身自简家塘走到荷叶坝。去到母校和同驻院内的原安庆乡政府办公地，渴望能与他心中经常思念的彭德茂大叔以及夏柳等各位老师相见。

雷锋再次漫步沩水大堤，来到创建还不到一年的团山湖农场，向留守在场里忙于秋冬种的伙伴们告别。初垦的田野、泥土的清香、热情的欢歌笑语，使他心里感到一切都那么亲切而难以舍离。农场的青年伙伴们凑钱买来一只红色的皮箱赠送给他作为远征的纪念。这只皮箱至今还作为雷锋遗物供人们观瞻。

雷锋在行期快到之时，突然想起了就读望城一中的17位同学还未告别，于是立即向他们打了个电话，将他们邀到他原在县城的住处，买了一些瓜子、糖果、饼干等候。但是，那天不凑巧是星期天，接电话的是一个女同学谢金兰，他们同住在荷叶坝完小附近，是要好的同学，仅她一个人到了会。那是一次非常甜蜜的谈心，温馨弥漫于他与她的心田。久远的儿时，同学的少时，以及相处相交的历历往事，都在一种激动与感叹里流淌。因为他马上就会离去，奔向遥远的北国，彼此的心中充满了别恋之情。但是，她知道他必然远走高飞——他是一个有志男儿。争相倾诉或相对无言都似瞬间度过了。她到了应该告别的时候，雷锋请她捎带了足够的糖果和瓜子。在几乎所有的同学都吃到了这些东西的时候，雷锋却已经坐在了北去的列车上，直奔鞍钢而去了。

218

那天上午，雷锋还不动声色地悄然去到五星人民公社秧田大队，专程看望了他那位“大姐姐”黄菊芳。那天，房东金六爹的屋外，隐约传来一阵呼声：黄菊芳同志，黄姐，黄姐……黄菊芳听到后，走出门一看，原来是雷锋。她连忙招手将他迎进屋里，倒上一杯热茶给他，问道：“小雷，你怎么到这里来了？”“我已招到鞍钢去当工人，是特此来向你辞行的。我打听到你在秧田大队，但不知你落户在哪家，问来问去，才找到了这里。”雷锋回答。

这时候，黄菊芳眼眶湿润了，想不到自己被划为“右派”后，遭到一些人的白眼和冷落，小雷还特此来看她，向她辞行，她有一肚子话想向他倾吐，但一下咽住了，不知从何说起，只是连连向他祝福：祝你到鞍钢后，在建设社会主义钢铁事业中，贡献你的光和热。老弟，好好地干吧，你的前途是远大的！

雷锋也很了解黄菊芳的为人，她出身很贫苦，与自己是一根藤上的苦瓜，参加革命后，工作积极，又很能干，任过区长，组织部的中心干事，县政府的人事科副科长，为什么仅写一张大字报，一夜之间就变成个“右派”。个中原因是复杂的，雷锋感到迷惑不解。但他很理智，有独立见解。在当时那个时候去看“右派”，向她辞别，是绝对不允许的，属于阶级路线界限不清，若被不明真相的人知道了，至少要受到严厉的批评。雷锋却不顾这些这样做了，这是需要胆识的。

在黄菊芳送走雷锋的时候，他们漫行在田间的小路上。小雷安慰这位大姐姐说：“黄姐，你莫着急，你的为人我是很了解的，事久见人心，你的问题将来总会解决的。”他的话语不多，却字字铭刻在黄菊芳的心里。

时过境迁，历史作出了正确的结论。党的十一届三中全会以后黄菊芳被错划“右派”的问题终于得到平反。

219

据李庆发题为《灯下话别》的口述回忆文章记载：

1958年11月8日下午，雷锋领着一位男同志来到五星人民公社办公室，向我介绍说："李书记，这位是鞍钢来望城负责招工的同志。"听说是远道客人，我忙着起身说："欢迎！欢迎！"这位鞍钢客人向我说明来意，告诉我说："小雷已被录取去鞍钢支援工业建设，今天特来辞行的。"我非常高兴地把客人让进屋里说："你们的眼力真好，一下就看中了我们小雷，我们也只好忍痛割爱。小雷年纪不大，从小失去父母，你们可要好好照顾他！"接着，我将雷锋的身世以及在县委机关、治沩工地、团山湖农场的良好表现，详细地作了介绍，鞍钢同志边听边点头，不时地望着雷锋微笑，似乎在说：一个多好的青年。末了，我郑重地强调了一个事实：雷锋根红苗正，已经是一名共青团员、熟练的拖拉机手，到鞍钢时，希望多加培养。鞍钢客人十分理解地表示，回厂后一定向领导汇报这些情况。

当晚，鞍钢同志在公社留宿。作为对客人的招待与对雷锋的欢送，晚餐特别加一盘红烧鱼与一盘炒鸡蛋，我们在机关的几位领导出席作陪。

晚上，在我小小的斗室，雷锋与我作了彻夜长谈。

"小雷，你在我身边工作一年多，明天要离开，我真舍不得呀！"

"李书记，旧社会里，我是一个无依无靠的孤儿，是党和毛主席把我从水深火热之中救了出来，先送我读书，后让我参加工作，今天又送我参加祖国工业建设。这一切全是党的关怀与照顾，我一辈子感激毛主席，感激共产党。"

"是呀，到了新的岗位，你要继续努力，听党和毛主席的话，服从领导，团结同志。"

"我会的。李书记，我到县委机关工作以来，张书记、赵书记、您，还有其他领导和同志，像父母兄长一样关心我、教育我、培养我，使我得到幸福与温暖。说句心里话，我也是舍不得离开你们的，也舍不得离开生我养我的家乡……"此时此刻，他有多少话要诉说，他有多少情要倾吐啊！他终于抑制不住了，一头扑在我的怀里，泣不成声地说：“李书记，李叔叔，我，我……”我也不能自已，噙着泪水说：“小雷，你是个好孩子，要向革命前辈学习，放心去吧，为建设祖国努力奋斗。你热爱家乡，家乡人民也惦记你……”我用一些慰勉的话鼓励他，也想控制住自己的情感。

皎洁的月光把房屋照得透明，窗纸上的树影在轻轻摇动。这一夜，我们谈了很多很多。

第二天，朝霞满天，阳光灿烂。早饭后，雷锋背着被子，鞍钢同志给他提了小柳条箱上路了，同志们把他送出机关大门。我一直送他到徐家桥渡口。我抚着他的肩说：“小雷，到了鞍钢要常来信。”雷锋像个懂事的孩子，不住地点头，泪水噙在眼眶里，强忍着不让它落下来。他双手用力握住我的右手恳切地说：“李叔叔，到了鞍钢后，我一定好好干，决不辜负家乡人民的嘱托，决不辜负您的期望。我会给你们常来信，向家乡人民汇报我的思想和工作。将来，我还会回来看望你们……”他又说不下去了。我强忍住眼泪，把他们送上渡船，望着小船在金灿灿的霞光中慢慢驶去……

湘江有幸欢送有志男儿

(220)

资料显示，按照鞍钢来望城负责招工的同志的统一规定，凡经同意招收的应招青工，统一于11月12日下午到长沙火车站集中，于当晚九点一刻（亦有说九点五十分钟），乘途径长沙去北京的火车前往，车票届时在长沙火车站上车前分发到人。前往长沙火车站集中方式各随其便。有的人自行决定直接到集中地等候。雷锋与张建文等人就便在望城县城集合，由湘江望城码头搭下午三点多的客班轮船去长沙。

1958年11月12日午后，雷锋一行约二十多人，各按约定时间陆续赶往望城客轮码头候船处集合。

此时，望城客轮码头候船处内外人声鼎沸，气氛异常热烈。去鞍钢的青工们各自都带着箱、筐、篮、袋、大包小包等各种行李。雷锋的行李用一条小扁担挑着，比较简单，主要有两口箱子：一口旧柳条箱，一口新的红色皮箱，是团山湖农场团支部赠送的。因箱子里装了很多书，其中有《湖南革命英烈传略》、《钢铁是怎样炼成的》等等，装了几个日记本，还有很多照片，故颇显沉甸甸的。前来送别的亲属、友人很多。雷锋没有亲属送行。但县委赵阳城书记、相关部室领导、同事、友人等来到了望城码头，他们都是前来为雷锋、当然也同时为所有同去支援鞍钢建设的青工们送行的。握手、拥抱、话别。雷锋的眼里总含着热泪。上船了，起航汽笛拉响了，客轮缓缓离岸进入江心上行。湘江奔流。雷锋久久站立在船的右舷，不停地向码头上、堤岸上送别的人群挥手致意，此刻，热泪再也无法控制夺眶而出……

雷锋和他的同伴们乘坐的普通列车，正点自长沙火车站出发后，一路向北途径武汉稍作停留，至北京停留几小时之后，即改乘前往沈阳方向的列车，于11月15日中午12点到达目的地。

对此，雷锋1959年2月24日刊登在《鞍钢报》上的《我学会开推土机了》一文中这样写道：

> 1958年11月15日中午12点，火车开到鞍山车站停住了。我挑着行车下了火车，抬头一看，真把我惊呆了！那多得像春天里生长的春笋一样的烟筒，那密如繁星的炼钢炉，那沸腾的钢水，那堆得像山一样的钢材，那机器的响声比春雷还凶，祖国的钢都是多么的伟大啊！我真爱上了它！……

时光流逝，气象万千。

2012年9月，在张建文的陪同下，我与雷锋当年在望城县委机关工作时的同事冯正其、胡庆云等同志，专程前往湘江望城客轮码头，寻觅雷锋离湘前最后留下的足迹（见图21－1）。因距码头下游几百米处，湘江长沙综合枢纽工程正加紧兴建，当年的望城客轮码头已废弃不用，仅有登船石砌码头和台阶尚存，且待工程竣工后，亦将没入水中。而随着旧码头使命的终结，代之而起的湘江长沙综合枢纽工程将在这里铸就

图21-1 作者（左一）与胡庆云（左二）、冯正其（右二）、张建文（右一）重访雷正兴1958年11月12日离湘时的湘江望城码头原址（谢冯哲2012年9月摄）

新的如诗如画的壮丽景观，这不正是雷锋当年为之奋斗的理想在新时代的升华与物化吗？

“良友远离别，各在天一方。”（汉·苏武《诗四首》）

雷锋当年离湘时我因在校读书未及送行，深以为憾。睹物思人，感慨系之。不揣冒昧套改诗圣李白五律《送友人》，追记其事其情：

大雁飞霜天，湘水奔洞庭。
此地一为别，扬帆万里征。
浮云游子意，落日故人情。
挥手自兹去，起航汽笛鸣。

2012年1月策划
2013年1月草成
时年七十有五
于长沙湖南省总工会寓所

主要参考文献

《中共中央关于深化文化体制改革推动社会主义文化大发展大繁若干重大问题的决定》，《人民日报》2011年10月19日。

中共中央办公厅：《关于深入开展学雷锋活动的意见》，《人民日报》2012年3月2日。

周强：《深入开展学雷锋活动大力弘扬雷锋精神——在全国深入开展学雷锋活动座谈会上的发言》（2012年3月2日），《湖南日报》2012年3月3日。

梅克保：《与时俱进，推动学雷锋活动常态化》，《湖南日报》2012年4月9日。

陈润儿：《用雷锋精神引领社会风尚，使雷锋故乡成为道德高地》，《湖南日报》2012年2月29日。

中共长沙市委宣传部、中共长沙市委政策研究室：《论雷锋精神的时代价值》，《湖南日报》2012年3月4日。

谭小平：《雷锋家乡学雷锋重在常态化》，《湖南日报》2012年3月4日。

胡绳主编：《中国共产党的七十年》，中共党史出版社1991年版。

林增平、范忠程主编：《湖南近现代史（1840～1949）》，湖南师范大学出版社1991年版。

望城县地方志编纂委员会编：《望城县志》，三联书店1995年版。

中共望城县委党史联络组、望城县史志档案局编：《中共望城县党史大事记》，长沙，2003 年。

中国共产党望城县历史编审委员会编：《中国共产党望城县历史（1921～2008）》，中共党史出版社 2007 年版。

中共望城县委党史联络组、望城县史志档案局：《毛泽东与望城》，长沙，2001 年。

中共望城县委党史联系组、望城县史志档案局编：《雷锋家乡学雷锋五十年——望城县学雷锋大事记》，长沙，2012 年。

林建公主编：《雷锋辞典》，白山出版社 1992 年版。

中共辽宁省委宣传部、中共抚顺市委、抚顺雷锋纪念馆编：《雷锋画传》，人民出版社 2012 年版。

邢华琪编：《雷锋全集（珍藏版）》，华文出版社 2012 年版。

陈广生著：《毛主席的好战士——雷锋》，中国青年出版社 1963 年版。

陈广生著：《雷锋》，解放军出版社 1988 年版。

陈广生著：《我们的朋友雷锋》，辽宁少年儿童出版社 1990 年版。

陈广生著：《雷锋在我心中》，上海大学出版社 2002 年版。

陈广生、胡世宗著：《雷锋》，春风文艺出版社 2003 年版。

陈广生、朱亚南著：《雷锋评传》，京华出版社 2003 年版。

陈广生、朱亚南著：《雷锋全传》，解放军文艺出版社 2012 年版。

王德昌、关大全主编：《忆雷锋》，春风文艺出版社 1992 年版。

戴明章编著：《回忆雷锋》，内蒙古人民出版社 1999 年版。

殷云岭编著：《雷锋传》，中国青年出版社 1998 年版。

师永刚、刘琼雄编著：《雷锋（1940～1962）》，三联书店 2006 年版。

中共湖南省望城县委员会、湖南省望城县人民政府编，陈克新主编：《雷锋在故乡》，中南工业大学出版社 1991 年版。

胡道明著：《走近雷锋》，长沙，2000 年。

雷锋学校主编，胡道明执笔：《雷锋轶事》，湖南人民出版社 2003 年版。

谢迪安著:《中国之子——跨世纪雷锋纪事》,2006年。

李从军、张严平、赵承、肖春飞著:《永恒的召唤——雷锋精神世纪交响曲》,《新华文摘》2012年第9期。

冯健:《为共产主义奋斗终身——回忆雷锋学习雷锋》,《长沙晚报》1963年3月14日。

冯健:《为人民工作行行都光荣——向雷锋学习》,《中国青年报》1963年4月20日。

冯健:《我所见到的雷锋琐忆》,1991年。

冯健:《我所认识的雷锋》,《望城文史》1991年第7辑。

冯健:《我在望城所见到的雷锋》,《雷锋精神研究》2006年。

冯健:《轸怀与感悟——凭吊雷锋墓漫记》,《湖南日报》2007年3月23日。

后 记

本书是雷锋在湖南望城18年——即其人生的“南方时期”——生活、学习、工作、实践的首度集中而系统的综合记录。

本书是作者在望城所见所闻的雷锋生平事迹的真实写照。

本书是作者与雷锋生前身后半个多世纪姐弟情怀的一次倾诉；抑亦作者研究雷锋生平事迹与雷锋精神的粗浅尝试。

本书辑录诸多鲜为人知的轶闻趣事、凡人小事，再现由庚伢子而雷正兴而雷锋的成长印痕，还原本色，有益读者借以认知自望城起步的平民英雄雷锋。

本书力求集史料性、学术性、可读性、纪念性于一体，可供认知雷锋成长历程，学习、宣传、研究雷锋事迹与雷锋精神之参考……

上列几行公益广告式的文字，对本书写作原委、基本内容、写作特点等作了概括，相关情况在本书《开篇的话》中亦有较为详细的述说。在此不再赘言。

鉴于本书以史料性居首而非一般文学性人物传记之类，故在撰著过程中，不惜篇幅，分题分类大量引用了相关材料，以求突出特色，富集和保存相关史料。即如前述，本书所选材料以口述史料为主，由来有三：一系我亲历亲见所忆；二系这些年来，我在与雷锋生前在望城有交往的各级领导、同事、老师、同学、旁系亲属、亲眷、友人以及普通老百姓等的访谈中所得；三系见诸相关书刊、回忆文章与文献记载。对其第三个方面的文献资料，在此，我特别要提及陈广生、戴明章、殷云岭、陈克新、胡道明等人创作或主编的著作。这些著作，特别是陈广生同志的著作，因作者自1963年3月起至新世纪之交，先后13次来湘采访，其中1964年秋冬在距雷锋故里七八里路的岳麓公社岳麓大队参加农村“社教”（社会主义教育）半年，有机会、有条件接触几乎所有当时健在的了解雷锋生前方方面面情况的人，从而得以蒐集、发掘、抢救了大量丰富的第一手材料，据以撰著成书，尤其珍贵而难得。正因为有如此之多业已集结成书出版或存归档案的成文的资料以及散见民间或个人记忆中而尚未成文的素材作基础，笔者方得以进行萃取、整理、集录工作，以求较为系统而全面地保存雷锋在湘18年的珍贵史料，为贯彻落实党的十七届六中全会决定精神贡献力量。

本书对雷锋在湘活动的时间点截止于1958年11月12日——即其离开望城北去鞍钢之日。其实，在此后的4年间——即其人生的“北方时期”——无论在鞍钢还是在部队，雷锋身居“关外”，心系故里。八千里路云和月，游子思乡情未了。雷锋始终没有忘记养育他的望城故土。虽因时间等条件的制约，雷锋离湘北去后再也未能回到家乡大地，但他与家乡领导、母校老师、同事、同学、亲戚、友人等一直保持着密切的书信联系。与我的书信联系亦很密切，且始终以“冯健姐姐”或“健姐”相称。雷锋离湘北去4年间情系家乡给家乡人民留下了无数美好记忆。雷锋以身殉职以后，望城人民深切怀念雷锋，响应毛主席号召，深入持久地开展学习雷锋的活动。雷锋活在望城人民心中，望城人民永远与雷锋精神同行。不言而喻，所有这些方面的历史与事实，同样应该是雷锋人生历程及其身后人文历史的不可或缺的重要组成部分。鉴于此意，笔者希望争取在本书修正再版时能予以补充，以其让人们对雷锋22年人生岁月中及其身后与湖南相关的史料有较为系统而完整的了解。

本书得以忝在《中国榜样：永远的雷锋》大型丛书之列出版，应特别感谢中国雷锋精神文化促进会、中国社会福利基金会学雷锋基金管委会、中国财政经济出版社的热忱支持。在此，谨对冷宽、田永清、高学敏、李天文、邢德铭、卢关平等领导和同志表示衷心谢意。

湖南长沙望城雷锋纪念馆、望城区史志档案馆，以及胡庆云、冯正其、易正昌、雷孟宣、谭荒芳、张建文等同志对本书写作给予了多方面的支持，一并致谢！

本书引文原作者或相关受访者，其相关著述部分在“主要参考文献”中单列，尚有部分个人恕未一一列名，敬希见谅，并致谢意与歉意。

在本书撰著过程中，我老伴谢凤阳——湖南人民广播电台原副台长、高级编辑、科普作家、学者、享受国务院颁发的有突出贡献专家津贴——在策划、实地考察、资料蒐集、统稿、润色等方面，鼎力相助。从这个意义上视之，诚如那首流行歌曲所云：本书之成，可谓有我的一半也有他的一半。

作者才疏学浅，再加垂暮之年，力不从心，拙作疏失、偏颇、错误之外必有所在，恳请读者与方家诸君批评指正。是所至盼。

2013 年 1 月　谨识

作者简介

冯健，女，1937年8月生，湖南省长沙市望城县人，汉族。1956年3月加入中国共产党。1953年在长沙市高小毕业后回乡参加农业生产，积极推进农业集体化。被评为省劳动模范、全国青年社会主义建设积极分子。1955年9月、1957年5月、1964年3月，先后三次受到毛主席等党和国家领导人亲切接见。与雷锋同乡，1956年初冬与雷锋相识，系雷锋生前好友之一。1962年12月湖南农学院本科毕业后，被分配到长沙县农业局从事农业技术推广工作。1964年5月调共青团湖南省委任学校部长。1973年调湖南省总工会工作，历任女职工部长、常委、总工会副主席、巡视员、纪检组长，党组成员，省女职工委员会主任等职。曾当选为共青团第九届中央委员，全国女职工委员会委员；政协湖南省第四、五届委员；省首届青联员委；省妇联第二、四届委员，第五、七届常委；长沙市第十届人民代表。全国先进女职工干部，省直机关优秀党员，省离退休干部先进个人。